2019 좋은 방송을 위한 시민의 비평상 수상집

저기요, 그렇게 아름답지 않아요

방송문화진흥회 엮음

한울

이 도서의 국립중앙도서관 출판예정도서목록(CIP)은 서지정보유통지원시스템 홈페이지 (http://seoji.nl.go.kr)와 국가자료종합목록 구축시스템(http://kolis-net.nl.go.kr)에서 이용하실 수 있습니다. CIP제어번호: CIP2019049209

발간사

좋은 방송 프로그램은 시청자 여러분의 적극적인 참여와 호응, 건전한 비판 속에서 제작됩니다. 방송에 애정을 갖고 비판하는 시청자는 방송 프로그램 발전의 필수 요소로, 방송사와 프로그램 제작자들에게 더없이 고마운 존재입니다.

좋은 방송 프로그램 비평문은 주제와 전개 과정의 참신성, 글의 주제에 맞는 일관성, 근거의 적합성을 담보한 내용의 타당성, 글에 완성도가 있어야 합니다. 이러한 요소를 갖춘 좋은 비평문을 읽으면 설사 그 프로그램을 시청하지 않았더라도 프로그램이 눈앞에 펼쳐진 듯한 기분을 느끼게 됩니다.

올해 응모된 방송 비평문에는 프로그램 해독과 비판이 적절히 포함된 글이 다수를 차지했습니다. 하지만 일부는 프로그램 해독에 집중한 듯 보이는 글도 있었고, 해독 과정은 건너뛴 채 바로 프로그램 비판으로 넘어간 글들도 있었습니다. 해독에만 그친 비평은 아쉬움을 남기기 쉽고, 비판만 제시한 글은 해당 프로그램을 시청하지 않은 독자들을 소외시킬 수 있다는 점에서 양자의 조화가 더 필요합니다.

올해의 비평문들이 다룬 프로그램은 지상파 프로그램보다 종편을 비롯한 유료 방송 채널의 프로그램이 더 많았습니다. 이는 요즘 방송 시장의 현실을 말해주는 것으로 지상파 프로그램 제작자들에게는 채찍이 될 것으로 생각합니다.

　매년 프로그램 비평의 수준이 높아지는 것을 체감하면서 방송 비평이 전문 비평가들과 제작진만의 영역이 아니라 시청자와 함께하는 영역이라는 점을 새삼 인식하게 됩니다. '좋은 방송을 위한 시민의 비평상'이 시청자의 생각을 제작자에게 전달되는 통로가 되어 시청자의 사랑을 받는 양질의 프로그램이 더욱 많이 제작되기를 기대합니다. 시민의 비평상을 수상하신 분들에게 축하의 인사를 드리며 응모에 참여해 주신 모든 분들에게 감사의 인사를 드립니다.

　매년 공동 주최로 시민의 비평상에 관심과 애정을 보여주시는 MBC 관계자분들과 심사를 해주신 최기화 심사위원장님과 심사위원님들, 수상집을 발간하는 데 도움을 주신 한울엠플러스 관계자분들에게도 깊이 감사드립니다.

　시청자들께서도 방송 프로그램에 애정과 관심을 갖고 건전한 비평에 더 많이 동참해 주신다면 시민의 비평상이 방송 프로그램과 비평 문화 발전에 더욱 기여할 것으로 생각합니다.

　방송문화진흥회는 앞으로도 시민들 사이에서 건전한 방송 비평 문화가 형성될 수 있도록 역할을 할 것입니다. 시청자와 제작자 간의 소통이 되는 좋은 방송을 위한 시민의 비평상이 되도록 노력하겠습니다. 감사합니다.

2019년 12월
방송문화진흥회 이사장 김상균

케이블이나 위성방송의 시작은 방송 채널 수의 증가와 함께 다양한 프로그램의 시청을 가능하게 해주었고, IPTV의 등장은 실시간 방송 이외에 VOD 시청을 활성화했다. 시청자들은 방송사의 편성에 따라 시청하는 것이 아니라 스스로 콘텐츠를 선택해 원하는 시간에 시청하는 '주도적 시청'을 경험하기 시작했으며, 방송은 쌍방향성을 기반으로 새로운 서비스를 만들어냈다.

지상파방송의 디지털 전환이 완료된 지 10년도 안 되는 시간 동안, 더 짧게는 지난 1년 동안 집중적으로 일어난 이런 변화들이 올해 시민의 비평상에 접수된 비평문에서도 찾아볼 수 있었던 점은 의미 있는 일이었다.

방송이 기존의 모습으로만 존재하는 것이 아니라 다른 플랫폼과 융합하며 시대의 변화를 방송 프로그램에 어떻게 담아내고 있는지, 그 변화들이 어떤 방향을 향해 가고 있는지 찾아보려고 한 점은 방송의 발전에 방송 비평이 어떻게 기여할 수 있는지를 보여준 것이라 생각된다.

작년 응모작들보다 불필요한 인용이나 멋을 부린 문장 표현은 줄었고, 방송 산업의 변화에 대한 이해가 깊어지면서 비평문의 전체적인 수준은 향상되었다. 하지만 올해 응모작들 역시 드라마나 예능 프로그램에 집중되어 있었다. 비평의 방식은 인상비평이 주를 이루었고, 배우의 연기, 작가나 감독의 연출 방식, 카메라 따위의 기술적인 변화 등 프로그램을 구성하는 다양한 요소에 대한 분석은 충분히 담아내지 못했다. 어떤 방향으로 어떻게 프로그램을 분석하려는지 글쓴이의 의도가 명료히 드러나지 않은 경우도 많았고, 결론 부분에서 흐지부지되어 용두사미로 마무리된 경우도 많았다.

방송 비평은 방송 감상문과는 다른 관점을 갖고 있어야 한다. 시대의 거울인 방송이 어떻게 그 시대를 담아내고 있는지, 무엇을 이야기하려는지 프로그램의 기획 의도를 파악하는 것에서부터 시작해야 할 것이다. 기획 의도가 프로그램 안에서 정확히 구현되고 있는지, 출연진들은 그것을 어떻게 표현하고 있는지, 카메라를 비롯해 방송의 기술적인 면들은 이를 어떻게 표현하고 있는지, 유사한 프로그램들과는 어떤 차이점을 갖고 있는지, 프로그램이 갖고 있는 부족한 점들을 보완하기 위한 현실적인 대안들은 무엇인지를 좀 더 상세하게 살펴봐야 할 것이다.

이제 방송은 지난 60여 년 동안 우리가 경험했던 방송이란 개념을 뛰어넘어 새로운 영역으로 빠르게 확장되고 있다. 방송 비평이 그런 변화를 꼼꼼히 담아낼 때 방송은 다양한 시선으로 보다 풍성한 콘텐츠를 만들어낼 수 있을 것이다.

매년 방송문화의 발전을 위해 시민의 비평상을 시상하고 있는 방송문화진흥회와 MBC에 감사드리며 수상하신 모든 분들에게 이 자리를 빌려 축하의 말씀을 드린다.

2019년 12월
심사위원 일동

차례

3   발간사

5   심사평

최우수작

---

11   **"저기요, 그렇게 아름답지 않아요."**   김완신

       치매를 다루는 드라마의 인식 부재에 관하여

우수작

---

22   **골목길 소생 프로젝트의 딜레마**   김은하

       SBS 〈백종원의 골목식당〉에 대하여

32   **도대체 인권은 어디에**   정현환

41   **우리는 모두 인생이라는 여정의 '트래블러'다**   양진국

50   **진짜 어른을 찾아서?**   권윤지

       tvN 예능 〈알아두면 쓸데없는 신비한 잡학사전〉을 중심으로

가작

---

59 **좋은 사람들의 행복 찾기**   여인욱
   tvN 〈스페인 하숙〉

68 **공간의 변주, 로드 TV로 진화하다**   방연주
   tvN 〈유 퀴즈 온 더 블럭〉을 중심으로

76 **좋은 사람이라서 이기는 세상은 가능한가**   이준목
   tvN 〈60일, 지정생존자〉, 한국적인 민주주의 리더십에 대한 질문

86 **생활인의 철학, '자만추'의 미학**   한재연
   tvN의 〈유 퀴즈 온 더 블럭〉

96 **상처도 돈이 되는 세상, 정의로운 예능은 없다**   우희준

104 **이단아의 질문**   이재정
    tvN 〈유 퀴즈 온 더 블럭〉

112 **영화인들을 위한 '알쓸신잡'**   최하정
    방구석에서 만나는 아는 영화의 모르는 이야기

120 **그들의 작은 TV가 쏘아 올린 콘텐츠**   윤여빈
    2019년 트위치와 지상파의 융합, MBC 〈마이 리틀 텔레비전 V2〉

130 **타인의 고통을 향한 은밀한 즐거움**   이선옥
    쌤통의 심리학: 뒷담화 쇼?! 채널A 〈풍문으로 들었쇼〉

137 **눈부신 그대들에게**   이수민
    위로가 필요한 시대에 전하는 메시지

입선

146 **방을 구해드립니다** 권순현
MBC 〈러브하우스〉에서 EBS 〈방을 구해드립니다〉까지, 어른들의 집과 청년들의 방

154 **'캐슬'과 '머니' 감당할 수 있으시겠습니까?** 최미지
같은 소재 다른 반응, JTBC 〈SKY 캐슬〉과 MBC 〈공부가 머니?〉

164 **완전히 무너져야 했을 그들만의 성** 정연우
비지상파 시청률의 역사를 다시 쓴 JTBC 드라마 〈SKY 캐슬〉에 대한 통찰

173 **다른 포맷, 결국은 하나의 이야기: 상품화된 아이들** 노동원
KBS2 〈아이를 위한 나라는 있다〉와 〈슈퍼맨이 돌아왔다〉 그리고 SBS 〈리틀 포레스트〉까지

182 **"나의 가장 행복한 시간으로 같이 떠나보시겠습니까?"** 박영주
JTBC 드라마 〈눈이 부시게〉

196 **지하실에는 무엇이 있었나** 권나은
치매 노인이 들춰낸 역사, JTBC 〈눈이 부시게〉

206 **미디어는 청년을 재현할 수 있는가** 이은서
MBN 〈오늘도 배우다〉와 JTBC 〈요즘애들〉

215 **전지적 참견이 빚어낸 불협화음** 원보영
MBC 〈전지적 참견시점〉이 내포한 불평등

223 **여자들만의 힐링 캠프는 실현될까?** 정남

232 **After Moon and Before Sunrise** 김승훈
JTBC 〈슈퍼밴드〉의 화려한 폐막, 성장하는 내일을 기대하며

242 **가족공동체와 개인의 삶, 따뜻함 이면의 그림자 속으로** 박진하

248   **TV, (가짜)뉴스를 말하다**   권태경
MBC 〈당신이 믿었던 페이크〉, KBS 〈저널리즘 토크쇼 J〉

257   **여성은 더 이상 약하지 않다**   김성욱
tvN 드라마 〈검색어를 입력하세요 WWW〉

266   **오르막길을 뛰던 순간, 어느 샌가 내리막길을 달리다**   우태희
애니메이션 〈런닝맨〉 시즌 2

274   **판타지로 만난 노동**   연우진
tvN 〈일로 만난 사이〉

283   **브라운관 속 카멜레존**   허민선
tvN 〈유 퀴즈 온 더 블럭〉과 KBS1 〈김영철의 동네 한 바퀴〉

291   **녹두꽃과 불꽃이 만개한 세상**   금용선
미디어가 보여주는 '녹두꽃'과 '불꽃'이 보는 미디어

299   **새로운 관점으로 본 세상의 이중성**   김다은

307   **오늘을 살아간다는 건**   서지현
JTBC 드라마 〈눈이 부시게〉

314   **정치의 암흑한 현실만을 보여주는 것인가**   황서희

323   **광고를 받고 시청자를 사고파는 불편한 거래**   김미라

330   **TV는 집 구경을 싣고**   장영우
집, 로망이 아닌 현실, MBC 〈구해줘! 홈즈〉

337   **거짓말, 모두의 판타지**   윤지숙
KBS 〈땐뽀걸즈〉, 모두의 거짓말에는 이유가 있었다

344   **화려한 궁전? 흔해빠진 궁전!**   황규정
tvN 드라마 〈알함브라 궁전의 추억〉에 관한 고찰

"저기요, 그렇게 아름답지 않아요."

치매를 다루는 드라마의 인식 부재에 관하여

김완신

들어가는 말

아성 같던 지상파 드라마가 쇠락하고, 다양한 소재를 다루는 완성도 높은 비지상파 드라마들이 제작되는 것은 시청자 입장에서 무척 반가운 일이다. 사회적 부조리나 정의 실현을 향한 묵직한 울림부터 상큼 발랄한 재치가 번뜩이는 실험적인 장르까지 선택의 폭이 넓어진 것도 분명하다. 그럼에도 여전히 '가족'이나 '사랑'은 고정 시청층이 존재하는 클래식 테마다. 2019년 JTBC에서 제작, 방송된 두 편의 드라마는 이런 점에서 닮은 듯 다르기도 하고, 다른 것 같지만 종국엔 같은 접점을 갖고 있어 흥미롭다. 두 드라마 모두 '치매'를 앓는 주인공을 그리고 있지만, 그를 통해 보여주고자 하는 주제 의식이나 연출의 방식에 있어 큰 차이를 보인다. 그뿐만 아니라 드라마가 그 병증, 환자, 그와 관련된 일련의 문제들을 어떤 식으로 취급하고 있는지 그 인식의 부재에 관해 알아보고자 한다.

1. 치매라고?

알츠하이머병은 1907년 독일의 정신과 의사인 알로이스 알츠하이머 (Alois Alzheimer) 박사에 의해 최초로 보고되었고 치매를 일으키는 가장 흔한 퇴행성 뇌 질환이다. 나이가 들어감에 따라 기억력이 점차 퇴화하며, 지적 기능에 심각한 장애를 유발시켜 일상생활을 어렵게 만들며 치매증에 이르게 하는, 치매의 일반적인 원인으로 지목되는 병이지만, 대개의 경우 알츠하이머와 치매를 혼용하기에 본 글에서는 '치매'로 통칭한다.

　　JTBC 〈눈이 부시게〉[1]는 진부한 소재를 매우 세련되고 현대적인 감각으로 연출한 웰메이드(Well-made) 드라마로 평가받는다. 판타지와 현실, 로맨스와 가족의 신파를 촌스럽지 않게 오가다가, 끊임없이 의심하고 기대하는 시청자들에게 '치매'라는 반전 카드를 제시하는 파격……. 노련한 배우 김혜자의 20대 연기는 관심을 끌기에 충분했고, 복잡하지만 공을 들인 빼곡한 극본과 연출력이 더해져 찬사를 받았다. 주인공의 입을 통해 전해진 잠언들이 오랫동안 회자되기도 했다.

　　이와 달리 배우 감우성, 김하늘 주연의 〈바람이 분다〉[2]는 젊은 나이에 기억을 잃어가는 가장 도훈과 아내 수진이 한 차례의 이별 후에 다

1　2019년 2월 11일 ~ 3월 19일에 방영된 JTBC 12부작 드라마.
2　2019년 5월 27일 ~ 7월 16일에 방영된 JTBC 16부작 드라마.

시 만나 사랑을 지켜낸다는 기획 의도를 표방한 작품이다. 어찌 보면 '치매' 환자와 그 병증에 보다 집중한 듯 보이지만, 드라마가 가지는 서사보다는 액자에나 넣을 법한 예쁘게 포장된 장면들, 뭔가 부자연스러운 설정, 개연성이 떨어지는 구성 등으로 기대에는 크게 못 미치는 결과를 낳았다.[3] 치매에 대한 피상적인 인식과 어설픈 만듦새로 공감이나 감동 대신 황당함을 갖게 했다. 예민한 소재에 대한 어설픈 접근이 아쉬운 정도를 넘어 치매를 겪고 있는, 적어도 그 병변을 지켜본 많은 이들에게 외면받았을 뿐 아니라, 비슷한 경험을 갖고 있는 가족들이나 같이 고민해야 할 사회에도 의문점만 남기고 말았다.

2. 치매를 다루는 드라마의 계보

시청자들의 기억 속에는 '치매' 하면 떠오르는 드라마의 계보가 존재한다. 공전의 히트를 치며 리메이크되었던 노희경 작가의 〈세상에서 가장 아름다운 이별〉[4]은 단 이틀 동안 방송된 창사 35주년 특집 드라마다. 말기 암 진단을 받은 희생적인 주부의 이야기였음에도, 치매에 걸린 시어머니(김영옥 분)의 패악 연기가 강렬하고 사실적이어서 오랫동안 기억되는 작품이다. 시대가 흘러 젊은 나이에도 치매가 올 수 있다는 경각심이 제기되었고, 30대 워킹 우먼의 알츠하이머성 치매를 다룬 김수현 작가의 〈천일의 약속〉[5]이 등장했다. 젊고 아름다운 출판 기획 전문가인

---

3   7월 16일 마지막 회 시청률 3.816%(닐슨코리아, 2019년 7월 16일 종합 편성 기준).
4   1996년 12월 2일 ~ 12월 3일에 방영된 MBC 드라마.
5   2011년 10월 17일 ~ 12월 20일에 방영된 SBS 드라마.

주인공과 그녀를 지키려는 남자의 지고지순한 사랑에 포커스가 맞춰졌지만, 기억을 잃어가는 과정과 가족들의 고통을 적나라하게 보여주는 작품으로 호평을 받았다. 2016년에 화제가 되었던 〈디어 마이 프렌즈〉[6]는 황혼 청춘들의 인생을 그린 드라마로 여러 주인공 중에 치매를 앓기 시작하는 인물(김혜자 분)이 등장하기는 하지만, 그 부분이 크게 부각되지 않은 채 드라마는 끝을 맺었다.

그렇다면 2019년에 JTBC에서 제작된 두 드라마는 기존의 작품들과 어떤 차별성을 갖고 있는가. 이전의 작품들이 치매의 병증과 그 고통, 가족의 붕괴를 드라마 전면에 배치했다면, 이 두 작품은 힘겨운 일상을 초월한 메시지를 남기려고 노력한 점이 무엇보다 돋보인다. 개인이, 한 가족이 무너지는 과정을 그려내는 것만으로도 드라마는 버거울 수밖에 없을 것이고, 다큐와 픽션의 경계에서 머뭇거릴 수밖에 없을 것이다. 환자 본인이 겪는 끔찍한 고통, 가족 구성원의 갈등 대신 다분히 철학적인 메시지를 던지는 신선함은 좋았지만 치매를 도구로만 삼다 보니, 드라마가 낭만적이다 못해 극히 가식적이다. 픽션이니 상관없지 않을까, 다큐가 아닌 이상 뭐 어떻겠는가라고 묻는다면, 단호하게 그래선 안 된다고 생각한다.

'치매'라는 질환은 현실에서 '극단적인 절망감'으로 경험된다. 병증은 확실하지만 낫는다는 보장이 없는, 의학적인 치료도 별 효용이 없는 어찌해 볼 수 없는 '불행'이다. 또한 가족 구성원 전체가 치러내야 하는 무거운 책임으로 이어지기 때문에, 일종의 '재앙'이기도 하다. 사회가 미리 준비하지 못한 사이, 수없이 많은 이들이 이런 불행을 개인적 차원에서 책임지고 고통스러워했다. 그렇다면 적어도 디테일에 있어 부족

---

6   2016년 5월 13일 ~ 7월 2일에 방영된 tvN 드라마.

한 면이 있더라도 어떻게 다룰지에 대한 진지한 고민, 고통이 현재진행형인 사람들에게 전해질 부정적인 영향쯤은 고려했어야 하지 않을까.

3. 진실 같은 거짓, 현실 같은 허구

'치매'는 여전히 개인적인 불행의 영역에 머물러 있으며 집안 내에서 가족들끼리 해결해야 하는 부양과도 연관되어 있다. 〈세상에서 가장 아름다운 이별〉에서 말기 암에 걸린 며느리가 치매에 걸린 시모를 잡고 나보다 먼저 죽어야 한다고 오열하는 장면은 사회가 전혀 준비되지 않았을 때 가정이 어떻게 무너지는지를 잘 보여주는 예다. 개인이 감당할 수준을 넘어선다는 경험들이 축적되면서 사회보장 시스템으로 끌어들여야 한다는 인식이 커지고는 있지만, 병증의 증가 속도에 비해 상대적으로 현실은 더딘 것도 사실이다.

　〈눈이 부시게〉는 장애를 갖게 된 아들과 힘겨워하는 며느리, 좌절하고 방황하는 청춘, 쓸쓸한 노년 등 소위 인간 군상의 다층성을 보여준 점에서 높이 평가할 만하다. 자신의 상처 안에 깊숙이 박혀 있던 심리를 디테일하게 포착하고 다양한 감정선을 끌어내면서 극의 완성도를 높이고 공감에 이르렀다. 또한 장르상 타임 슬립의 로맨스 판타지가 주는 신선함과 거듭되는 반전 등으로 삐거덕거리는 개연성은 크게 문제되지 않았다. 첫 회 시청률 3.2퍼센트로 시작했던 드라마가 8회를 맞아 8.4퍼센트까지 이르렀으니 시청자들도 서사의 앞뒤를 꿰맞추고 이해하느라 분주해서 주인공 캐릭터 자체의 모순성에는 크게 집중하지 않았던 것도 사실이다.

　그렇다면 드라마 안에서 치매에 걸린 노년의 현실은 어디에 있는

가. 복지관에 모인 노인들이 자신들을 이용해 보험금을 불법으로 수령하려는 조직들을 상대로 기지를 발휘해 물리친다는 진실 같은 거짓을 아주 그럴싸하게 보여준다. 주인공은 장성한 아들과 며느리, 방황하는 손자·손녀를 시간을 넘나들며 위로하고 보듬는다. 집에서도, 복지관에서도 치매로 상징되는 노년의 삶은 큰 말썽을 일으키지 않는다. 타임 슬립이라는 형식이 한 가정의 우울하거나 절망적인 서사를 철저히 감추는 매우 영리한 기제로 사용되었기 때문이다. 물론 그 과정에서 주인공의 과거 삶이 현재진행형으로 그려짐으로써 정서적 공감대가 커진 것도 큰 수확이다. 연출의 테크닉과 메시지의 서정성이 훌륭한 배우를 만나 작품성을 높이기까지 했다. 그럼에도 그 화려함 뒤에 남는 의문점이 있었다면, 굳이 왜 '치매'라는 장치를 사용했을까이다.

〈바람이 분다〉는 어떠한가. 샐러리맨 도훈은 알츠하이머라는 판정을 받고 아내 수진에게 알리지 않은 채 갈등을 겪다 이혼한다. 임신 사실을 뒤늦게 안 수진이 아이를 홀로 낳아 기르는 사이, 도훈은 연락이 끊겼던 아버지 유산의 일부를 상속하고, 친구 항서의 도움으로 시골에 거처를 마련해 요양 보호사와 생활하며 딸과 아내를 위한 수제 초콜릿 제작에 몰두하는 동시에 전 재산을 수진에게 양도할 준비까지 한다. 결국 모든 사실을 알게 된 수진과 재회, 주위의 우려에도 재결합한다는 내용이다.

치매 환자가 여전히 가족 안에 머물며 온갖 갈등을 유발하는 기존의 드라마와는 달리, 스스로 분리와 결별을 결정하는, 스스로의 존엄을 선택함으로써 자존감을 지키려 했다는 점에서 매우 신선했다. 본인에게도 가족에게도 그리 나쁘지만은 않은 결정이었기에 이후의 전개가 흥미로울 터였다. 그러나 그렇게 남은 가족을 배려하고 스스로 분리되기 위해 얼마나 많은 절차와 복잡한 문제들이 남아 있는지, 과연 그것이 현실적으로 어느 정도 가능한지에 대한 내용은 어디에도 없다. 스스로 살아가기 위한 모든 경제적인 문제를 한 번에 해결해 주는 어마어마한 상속재산, 복잡한 일 처리를 대신해 주며 끝까지 곁을 지키는 친구 항서, 성실하고 믿음직한 간병인과 그림 같은 전원주택쯤은 고민의 대상이 아닐 뿐 아니라, 치매의 병증은 생각보다 더디게 진행된다. 선택적인 기억력이라는 매우 희귀한 케이스라고 의사가 설명하는 장면은 코믹하기까지 하다. 기억을 잃어가면서도 두 번 사랑에 빠지는 남자와 그런 사람과 함께하고자 하는 여자의 슬프도록 아름다운 이야기를 그리고자 했다는 기획 의도를 완성하기 위해 디테일과 개연성쯤은 가볍게 무시된다. 〈바람이 분다〉는 소개 첫 줄에서 "인생은 아름다운가"라고 묻는다. 모든 걸 다 잃을 때까지 손에 꼭 쥐고 있는 단편의 기억, 죽어도 놓지 못할 딱 하나의 바람 그 소망 하나만 지킬 수 있다면 슬퍼도 아름다운 삶이라는 취지를 어떻게 이해할 것인가, 시청자로선 난감할 뿐이다.

4. 남아 있는 이들을 위한 변명

치매는 기억을 잃기만 하는 병이 아니다. 자칫 '기억'을 '추억'으로 치환하고 있는 것은 아닌지 되묻고 싶다. 치매는 일상생활의 기본적인 수행 능력까지 잃는 병이다. 마치 모든 인간관계와 추억을 잃고 아이처럼 순백의 기억력으로 세상을 살아가게 되는 것처럼 묘사되었지만, 현실은 그렇지 않다. 자신을 기억하지 못하는 것을 충격과 불행쯤으로 여기는 편리함은 다분히 만드는 사람들이 믿고 싶은 판타지다. 노화라는 과정에서 당연시되는 생활의 더딤, 건망증과 구별하지 못하는 인식에 놀라움을 금할 수가 없다. 더군다나 치매에서 나타나는 각종 합병증과 병증의 진행은 그리 상식적이지 않다. 그래서 많은 이들이 가족 안의 문제에서 사회 전체의 문제로 확대해야 한다고 주장하고 있는 것이다. 하지만 여전히 사회 시설로의 격리를 패륜이나 부도덕한 것으로 인식하는 시선도 존재한다. '예쁜 치매'라고 불리는 경우가 드물게 존재하지만, 실상은 누군가 곁에서 모든 일상을 보살펴 줘야 한다.

주인공 도훈에게 치매는 그 가족에게 어떤 불편함을 주고 있는가. 오로지 그의 직계가족인 수진과 아이만이 그 고통으로부터 배제되어 있다. 오히려 친구가, 간병인이 그의 가족 역할을 하면서도 싫은 소리 한마디 없다. 기억에 너무 천착한 나머지 드라마는 모든 현실을 도외시한다. 극이 중반으로 가면서 저런 치매라면 뭐가 문제일까라는 생각이 들었다. 병원에 입원한 도훈은 전등을 수시로 끄고 다닌다. 외로운 나머지 가족을 기다리는 환자에게서 발견되는 행태라는 간호사의 말을 듣고 수진은 그를 병원에서 데리고 나온다. 치매 환자에게서 겨우 '그리움'이나 '외로움'을 포착하고 힘겨워한다. 시설이나 병원에 수용되었을 때, 많은 치매 환자들은 낯선 환경에 대한 공포로 인해 난폭하게 행동하거나, 일상을 거부한다. 도훈처럼 가족에 대한 사랑을 꽉 붙잡고 자신을 철저히 노출하지 않기 위해 노력하기란 처음부터 불가능한 일인지도 모른다. 사랑이나 집념의 크기 차이가 아니란 것이다. 그걸 넘어서는 병증이 마치 가족을 지키려는 사랑이나 의지로 극복 내지 지연이 가능한 것처럼 왜곡되어 버렸다.

이 두 드라마는 치매 환자를 위로하거나 아픔에 공감하는 대신 남아 있는 이들이 원하는 모습으로 기억되기를 강요하는 측면도 있다. '이렇게 말하고 싶었을 거야' 내지는 '그렇게 말해줘'라는 강한 기대감이 의도된 것처럼 보인다. 남아 있는 이들을 위해 추억이 되어야 할 의무라도 있는 것처럼 조급하다. 나이가 들면, 누구나 현명해지고 삶을 달관하게 되는가. 복지관의 노년들은 여전히 자식들과의 관계에 천착한다. 늙고 병듦에 관한 문제가 얼마나 힘든 것인지 여전히 방관한 채, 카메라는 남아 있는 자들에게 기억될 것처럼 희생적인 부모의 모습들만을 좇는다.

〈바람이 분다〉에서 치매 환자를 돌보는 문제는 가족에게서 친구와 간병인에게로 온전히 옮겨 갔을 뿐이다. 결국 치매는 누군가의 헌신적인 희생과 물질적인 보상 없이는 어찌해 볼 수 없는 문제라는 점을 오히려 확증해 버리고 말았다. 또한 사랑하는 가족이 있었음을 상기시키고 추억을 강제 소환해 환자 자신보다는 스스로를 위안하기에 바쁘다. 그러나 치매를 앓게 되는 과정 어디에도, 또는 그를 지켜보며 보살펴야 하는 이들의 삶 어디에도 함께했던 추억을 더듬어갈 여유란 존재하지 않는다. 하루하루 맞닥뜨리는 현실이 쉽지 않기 때문에 오히려 그 추억은 상처 나기 마련이다.

치매는 기억력 상실로 오해되지 않아야 한다. 함께 좋은 기억을 공유할 수 있다는 환상 대신에 나에게 이런 일이 생겼다면 어떻게 했을까를 고민했더라면 어땠을까. 시청자들의 공감이 '나라면 어떻게 할까'에까지 이르렀을 때 보다 구체적이고 진지한 접근을 했어야 하지 않을까. '이런저런 방법들도 있구나, 저렇게 하는 것도 괜찮겠네', 아니면 '맞아, 힘든 일이지' 정도의 동의라도 구했어야 하지 않았을까. 상속받을 재산도, 분신 같은 친구도, 일만 생기면 나타나 해결해 주는 변호사 지인도 없는 사람들의 어려움을 보여주기라도 했어야 한다. 선택할 수 없는 삶, 어떻게 살기를 궁리하기 전에 들이닥친 불행을 맞닥뜨렸을 때의 현실적인 문제들을 외면한 드라마는 알맹이 없는 껍데기만 남겼다. 기억을 잃어가는 치매 환자를 통해 젊은 시절의 기억을 소중히 여겨야 한다는 충고를 아끼지 않는 잔인함이 느껴져 드라마를 편히 볼 수가 없었다. 기억과 감정만을 공유하고자 하는 가족, 〈바람이 분다〉와 같은 경우, 일반

가정에서라면 〈태풍이 왔다〉로 그리고 〈모든 것을 쓸어버렸다〉로 구현되었을 것이다.

맺음말

드라마를 보면서 시청자는 많은 감정을 공유한다. 화나고, 슬프고, 기쁘고, 벅차고, 통쾌하고 씁쓸하고……. 이번엔 적지 않은 상처를 입은 느낌이다. 지극히 개인적인 경험일 수 있지만, 상식적인 차원에서도 동의되지 않는 드라마는 사회적인 공기로서 부정적인 영향을 미칠 수도 있다. 유한한 삶에서 사랑의 의미, 어떻게 살 것인가에 대한 화두를 던지고자 했다면, '치매'라는 장치는 지나치게 허술했다.

드라마를 보는 내내, 좀 더 잘 대해주지 못한 것에 대한 자책과 원망이 너무나도 씁쓸하게 남았다. 도훈이 요양하기 위해 이사 간 시골길을 해맑게 웃으며 이웃들과 인사를 나눌 때, 만나면 경계하는 눈빛으로 쏘아보며 독설을 날리던 치매를 앓던 부모가 생각났다. 몇 번씩 옷을 버려도 늘 웃으며 해결해 주는 간병인을 보며 어디서든 부담스러워했던 골칫덩어리로 살다 간 가족이 생각나 괴로웠다. 서로 자신이 책임질 거라고 나서는 도훈의 친구와 아내 수진의 다툼을 보며, 가족회의를 하면서도 아무 결론을 내지 못한 채 서로의 눈치만 보고 있었던 부끄러운 기억에 얼굴이 달아오르기도 했다.

이런 상황에선 어떤 일들이 생기는지, 그럴 때 다른 사람들은 어떻게 하고 사는지, 사회는 어떤 일들을 할 수 있고 어떤 방법이 있는지 아무것도 묻지 않고 찾지 않은 채 드라마는 진행되고 끝이 났다. 아름다운 기억을 좇으라고, 바람 정도로 지날 수 있기를 희망하면서 말이다. 드라마는 다큐가 아니다. 픽션이다. 하지만 뼈대를 이루는 디테일들이 사실이나 현실에 기반하지 않을 경우, 조롱거리가 되거나 외면받기 십상이다. 의외로 많은 사람들이 TV 속 세상의 정보나 이야기를 현실에 적용하거나 견주며 살아간다. 그래서 때로는 매우 유용한 도구이기도 하지만 역으로 현실의 세상을 더욱더 비참하게 만들기도 한다. 불특정 다수에게 뿌려지는 드라마가 단순히 글 속에 갇히거나 미학적 완성도만을 좇기보다는 공적 기제로서의 사명감을 갖고 제작되어야 하는 이유이기도 하다. 화려해지는 영상 테크닉과 하드웨어의 발전만큼 사람 사는 현실의 땅 위에 발을 딛고 그 위에 거대한 서사를 쌓는 드라마들이 제작되기를 간절히 바란다.

좋은 방송을 위하는 시민으로서 누군가의 소매 끝을 잡고 나지막한 소리로라도 말해주고 싶었다. '저기요, 그거 그렇게 아름답지 않아요. 저희도 노력했어요'라고……. 그리고 질병에 갇혀 있는 누군가의 등을 두드리며 안아주고 싶었다. '괜찮아요, 지금 그대로라도 괜찮아요'라고…….

골목길 소생 프로젝트의 딜레마

SBS 〈백종원의 골목식당〉에 대하여

김은하

얼마 전 인기리에 방영된 드라마 〈응답하라 1988〉이 인상적으로 보여주었듯이 과거 골목은 이웃이 서로의 안부를 묻거나 놀이에 몰두한 아이들의 웅성거림으로 활기가 넘치는 공간이었다. 그러나 지금 골목은 정겹기는커녕 외지고 음습한 느낌을 풍기는 주변부로 전락하고 있다. 철 대문 우편함 속 고지서와 쓰레기통을 뒤지는 길고양이에게 공간을 내주었다고 할 만큼 골목은 인간의 온기와 활기를 잃어버렸다. 국가 부도 사태 이후 파산의 시간이 도래하면서 골목의 삶은 위기의 소용돌이에 휩싸였기 때문이다. IMF 사태는 한국전쟁 이후 민족 최대의 환란이라고 일컬어지지만, 기실 고난은 평등하게 분배되지 않아 골목은 수심의 그림자를 깊이 드리우며 침몰 중이다. 그러나 골목은 어느 누구도 주의 깊게 들여다보지 않는 잊힌 섬이기도 하다. 그런데 외진 골목길에 관심을 기울이는 프로그램이 있어 눈길이 간다. 바로 SBS 예능 프로그램

〈백종원의 골목식당〉이다.

〈백종원의 골목식당〉은 방송가에서 이제는 진부해진 '요리'라는 소재를 취하고 있지만 골목, 즉 소외된 서민의 삶에 눈을 돌리고 있다는 점에서 참신한 프로그램이다. "전체 자영업 중 폐업 업종 1위 '식당'! 하루 평균 3,000명이 식당을 시작하고, 2,000명이 식당을 폐업한다! …… 요식업 대선배 백종원 대표가 각 식당의 문제 케이스를 찾아내고 해결 방안을 제시! 식당을 시작하는 사람들에게 '교본'이 되어줄 프로그램!" 이라는 기획 의도는 제작자들이 골목 안쪽의 상황을 정확히 파악하고 있음을 증명한다. 직장을 잃거나 혹은 좋은 일자리를 가질 수 없는 이들은 자신의 마지막 자산을 털어 기도하듯 창업을 하지만 골목 안의 상황은 낙관적이지 않은 게 현실이기 때문이다. 각자의 절박한 사정에도 불구하고 골목 안 식당들은 큰길의 프랜차이즈 음식점들과, 할인 쿠폰까지 쥐어주며 떡볶이조차 권하는 홈쇼핑이라는 공룡과 경쟁해야 한다. 늙은 개의 어슬렁대는 기척마저 반가울 만큼 골목을 찾아오는 이들은 적다. 그럼에도 불구하고 경험도 없이 털컥 개업을 해 사장을 겸한 노동자가 된 이들은 자신의 문제가 무엇인지 알지 못한다. 만약 신이 있어 지금 강림해야 할 곳이 있다면 골목 안일 것이다. 오늘은 가게를 열지만 내일은 꼼짝없이 난민이 될지도 모르는 상황이기 때문이다.

이러한 맥락에서 '골목길 소생 프로젝트'는 시의적절하기도 하지만 은근한 감동조차 불러일으킨다. 이 프로그램은 산골에서 해 먹든, 할머니가 해주든, 해외에 나가서 외국인들과 함께 먹든지 간에, 먹는다는 본질에 충실한 요리 프로들이 줄 수 없는 인간적 공감을 안겨준다. 거기에는 땀내, 짠 내 나는 사람들의 삶이 리얼하게 담겨 있다. "회기동 골목식당 편"이 보여주었듯이 〈백종원의 골목식당〉은 한 편의 이야기다. 영상 속 중년의 남자는 연거푸 사업에 실패하고 어머니의 마지막 쌈짓돈으로 음식점을 열었지만 월세조차 버겁기만 하다. 그에게 요식업은 단지 이익을 위한 계획과 투자가 아니라 평생 노동을 한 어머니의 땀이고, 효도하지 못한 자기에 대한 미움이다. 그는 눈물 없이 한마디도 할 수 없을 만큼 절박하다. 그 모습을 지켜보는 텔레비전 바깥의 시청자 역시 살아가는 일의 엄숙한 무게 앞에 코끝이 찡해진다. 라면을 10개씩 끓여 한 번에 먹는 기괴한 쾌락을 자랑하는 유튜브로는 채워지지 않은 인간적인 감동이 가슴 깊이 차오르는 것을 느낀다.

그럼에도 불구하고 이 프로그램은 모종의 찜찜한 기분을 안겨준다. 이 뭉클한 감동을 흩트러 놓는 불편한 감정은 어디서 기원하는가? 방송의 크고 심원한 영향력을 염두에 두며 다소 불편한 질문들을 던져 보고자 한다. 먼저 〈백종원의 골목식당〉은 서민을 위한 프로그램인가, 기업가 백종원을 위한 프로그램인가를 질문하지 않을 수 없다. 백종원은 아마도 최근 방송계가 발굴한 가장 참신한 스타일 것이다. 지금 그는 어떤 정치인보다 더 사람들에게 호감을 주는 사회 명사이자 스타이지만 기실 전국에 수많은 체인점을 가지고 있는 요식업계의 대표적 사업가다. 사업가 백종원이 일명 '백 주부'라는 친숙한 별칭으로 전 국민적 스타가 될 수 있었던 과정은 최근 한국 사회의 급속한 흐름을 압축적으로 보여준다. 경제 불안으로 결혼이 무기한 유예되어 1인 가족이 늘고, 질 낮은 일자리가 늘면서 남성 부양자/여성 전업주부 모델이 깨져, 먹는다는 문제가 전 국민적 고민거리로 대두해 셰프들의 시대가 열렸다. 백종원은 요리사가 아니지만 사람들의 입맛을 사로잡는 현실 요리들을 선보이며 한순간에 대중의 스타가 되었다. 명문대 출신이지만 푸근한 인상으로 가성비 높은 요리를 전파하며 서민의 배고픔 문제를 해결해 준 것이다. 그런 그가 〈백종원의 골목식당〉에서는 단지 요리법을 알려주는 데 머물지 않고 위기에 처한 골목 식당들을 구하는 조력자 혹은 코디네이터로 나섰다. 골든 타임이 얼마 남지 않은 가게들을 화타가 병자를 구하듯 위기의 원인을 진단하고 새로운 레시피로 재생의 방안을 제시하며 구조에 나선 것이다.

〈백종원의 골목식당〉의 진정성은 백종원의 진정성과 구별되기 어렵다. 그는 단지 요식업과 관련한 기술을 전수하는 데 그치지 않고 마음을 다해 한 사람의 삶을 쓰다듬고 인생을 구하고자 한다. 가령 "원주 골목식당 편"에서 아들을 잃고 장사에 나선 할머니 사장님에게 백종원이 보여준 것은 단순히 레시피가 아닌 마음이었다. 그는 고령의 사장님이 손님들의 요구에 부응하지 못해 손님이 실망하고 가게의 평판이 나빠질 것을 우려하며 손님에게 양해를 구하는 글을 썼다. 사람들이 단지 할머니의 음식을 사 먹는 게 아니라 할머니를 응원하도록 유도한 것이다. 그는 단지 이익을 최우선시하는 영혼 없는 자본가가 아닌 것이다. 그러나 그의 인간성 여부와 무관하게 이 프로그램은 백종원이 자신의 이름을 내건 브랜드들의 광고 역할을 한다는 점을 무시할 수 없다. 물론 이 프로그램은 백종원의 사업체에서 제작비를 받지 않기 때문에 홍보도 하지 않는다. 오히려 손해 보는 쪽은 백종원인 것처럼 보인다. 그는 자신이 오랜 시간 연구해 온 레시피를 통해 메뉴를 제안하고 가게 운영과 관련한 노하우를 아낌없이 공개했기 때문이다. 그는 절박한 사람을 위해 자신의 투자를 포기했다. 그렇게 그에게 코디를 받은 음식점들은 폐점의 위기를 극복했고, 더러는 '대박'이 나기도 했다.

그러나 그 대가로 백종원이 가져가는 유·무형의 이익이 크고, 그것이 결국 골목 식당들을 위협하는 현상이 발생한다면 골목길 프로젝트는 '선(善)'이라고 할 수 있을까? 백종원은 요리에 대한 타고난 감각과 노력 덕분으로 1990년대 후반 이후 한국 사회에 음식 체인점들을 만들어 골목 상권을 장악해 온 골목의 전설이다. 이는 그가 아무리 진정성을 가지고 서민을 응원한다고 해도 그에 대한 대중의 호감이 그가 하는 사업의 매출로 이어질 것임을 의미한다. 그리고 그의 성공은 골목길 영세 상인의 생존을 위협하게 되는 악순환이 벌어질 것이다. 따라서 이 프로그램은 무자각적으로 백종원의 체인점에 대한 홍보에 열을 올리고 있다고도 해석할 수 있다. 그의 선한 행위는 결과적으로는 자신을 위한 투자, 즉 자사 브랜드에 대한 홍보와 호감도 상승을 위한 일종의 마케팅과 결과적으로 크게 다르지 않은 것이다. 만약 그렇다면 〈백종원의 골목식당〉은 죽어가는 점포 몇 개를 살리면서 다수의 점포들을 무너뜨리는 영리한 전쟁을 하고 있다고도 볼 수 있다. 비록 방송에 출연한 골목에는 백종원의 프랜차이즈가 없다고 해도 담 하나만 넘으면 그의 식당을 쉽게 찾을 수 있을 것이다.

다른 한편으로 이미 그 자신이 하나의 표상이 된 백종원이 한국 사회에 어떤 사회적·문화적 영향을 미치는지도 살펴봐야 한다. 이 프로그램은 개인의 노력과 의지만 있다면 인간은 위기를 극복하고 성공할 수 있다는 자기 계발론을 그 바탕에 깔고 있다. 따라서 프로그램은 단순히 기술 혹은 노하우를 전수하는 것을 넘어 인간 개조 프로젝트의 양상을 띤다. 제작진은 이 프로그램에 문학이나 영화 같은 서사 장르에서 볼 수 있는 플롯을 도입한다. 한 사람의 문제가 많은 신참자가 훌륭한 스승을 만나 갈등을 겪지만 끝내 스승의 도움으로 새로운 인간으로 태어나 성공에 이른다는 인간성 개조와 성공의 서사를 훌륭하게 전유한다. 호통치는 스승과 스승의 진심을 모르고 돌출 행동을 일삼는 제자의 구도, 그리고 이 둘 간을 휩싸고 도는 긴장은 자칫 교과서처럼 밋밋하고 지루할 수 있는 프로그램에 드라마적 속성을 부여한다. "포방터 닭곰탕집 청년편"의 서사는 아마도 이 프로그램이 도달할 수 있는 이야기의 최대치일 것이다. 아버지 없이 홀어머니와 함께 생활하는 그에게 백종원은 부재하는 아버지를 대신할 큰형님으로 청년의 개조를 이끈다. 그는 이미 늙은 청년이지만 근로 의욕을 상실한 채 늙은 어머니에 기생해서 살아가는 우리 시대 루저 청년을 표상한다. 그러나 〈백종원의 골목식당〉은 그가 어떤 기질의 소유자라고 할지라도 좋은 스승만 있다면 훌륭한 재목이 될 수 있다는 것을 증명한다. 청년은 몇 번의 극적 사건을 통해 무기력과 게으름을 떨쳐내고 근로하는 청년으로 다시 태어난다. 이 모든 과정을 지켜보는 시청자들은 기쁨을 느낀다. 한 사람의 문제적인 청년이 교정되면서 그의 가족에게 희망이 싹텄기 때문이다.

그러나 이러한 극적 구조는 후원이라는 그럴듯한 명분하에 한 개인을 시청자가 미워해도 좋은 대상으로 만들어 흥행 도구로 써먹는다는 데 문제가 있다. 옳은 일을 하고 있다는 확신으로 인해 이 프로그램은 종종 방송에 출연한 참여자들의 사생활과 인간적 존엄성을 지켜줘야 한다는 상식을 무시하기도 한다. "신촌 노부부 편"은 공중파가 한 개인을 대상으로 저지른 공개적 망신주의였다고 해도 과언이 아니다. 백종원의 코디로 성공을 거두었으면서 이후 약속을 어겨 메뉴를 다양화하고, 레시피를 바꾸는 등 방송사와의 약속을 저버린 노부부를 두둔할 마음은 없다. 노부부는 백종원의 레시피인 것처럼 손님을 속여 부당하게 이익을 거머쥔 게 분명하다. 이렇듯 약속의 파기라는 돌발적 상황은 백종원을 포함한 제작진에게 실망과 분노를 안겨주었을 것이다. 진실을 모르는 손님들을 지켜줘야 한다는 윤리적 명분도 충분히 짐작 가능하다. 그러나 사적인 방식으로 노부부에 대한 징계를 고민하는 대신에 공중파라는 거대 권력이 전 국민 앞에 노부부의 죄를 까발린 것은 과도한 처벌처럼 여겨진다. 물론 망신 주기조차 노부부와의 계약, 즉 방송의 준비된 내용이었다고 해도 도덕적 책임이 없는 것은 아니다. 더 많은 손님을 끌어모아 불황을 타개해 나가기 위해 도덕적 비난조차 상술로서 이용하라고 강요하는 것과 다를 바 없기 때문이다.

　이러한 망신주의는 개인의 인권침해라는 점에서도 문제지만 사회에 더 유독한 영향을 줄 수 있기에 더 심각하다. 이 프로그램의 문제점은 '살아남는다'는 것이 가장 중요한 가치가 된 시대를 맞아 생존 앞에 인간의 기본적인 존엄성은 무시되어도 좋다는 암묵적인 메시지를 시청자에게 강요한다는 데 있다. 우리 시대에 살아남는다는 것은 외면하기 어려운 정언명령이 되었다. 국가 부도 이후 한국 사회를 지배하는 것은 생존주의다. 그것이 사회에 활력을 가져온 측면도 무시할 수 없다. 그러나 생존이 가장 최고의 가치가 되는 사회에서는 다른 인간적 가치들은 외면되기 쉽다는 점은 우려스러운 일이다. 생존주의에 지배되는 사회에서 시는 그저 아무런 실용적 가치가 없는 쓸모없는 것으로 전락하듯이, 인간과 사회가 지켜야 할 인간다운 가치들이 외면되기 쉬운 것이다. 방송은 이제 어려움에 처한 사람을 돕는다는 미명하에 타인의 삶을 구경거리로 만들고 프로그램에 적응하지 못한 이들을 조롱거리 삼아 야유한다. 당사자들이 처한 다양 다기한 사연은 무시되고 군중은 오로지 적응과 순종을 선택한 이들에게 칭찬을, 그렇지 못한 이들에게는 비난을 퍼붓는다. 폭력은 어디에서 오는가? 바로 근면과 성실이 최고의 가치라는 믿음, 그리고 그것은 매출을 통해 확인된다는 믿음일 것이다.

　"숙대 골목식당 편"은 이 모든 도덕적 착각이 낳은 폭력의 정점처럼 여겨진다. 이 프로그램에서 외국 유학파 출신 청년들은 대중의 뭇매를 맞았다. 자신에게 요식업은 사람들과의 소통을 위한 장이라고 눈치 없이 말하는 이 청년은 생존의 절박한 위기에 처한 대중의 소외감을 자극했고, 방송은 대중의 계급적 박탈감을 적절히 활용했다. 그가 건물주의 아들이라는 사생활이 알려지고 그의 틱 장애는 연민이 아니라 혐오의 근거로 활용되었다. 어떤 대상을 통해 도드라지는 나의 가난과 소외감이 누군가를 증오해도 좋을 자격이 될 수는 없을 것이다. "나에게 식당은 엄숙한 생존의 무게가 아니다. 테니스를 배우고 영어 봉사 활동을 하며 살고 싶다"라는 것은 그의 인생철학이다. 물론 누군가는 그의 음식점에 들러 맛없는 음식을 먹는 불운을 겪기도 할 것이다. 그러나 이러한 모든 것이 그를 비난하는 이유가 될 수는 없을 것이다. 이 프로그램은 삶에 대한 사람들의 다양한 사연과 입장들을 무시하도록 은밀히 강요한다.

숙대 골목의 늙은 청년에게는 아마도 치열한 경쟁에서 스스로 탈락해 게으름을 부려야만 하는 내적인 이유가 있었을지도 모른다. 삶이 모두에게 꼭 치열한 전투여야 하는 것도 아니고, 전투를 치를 준비가 아직 안 되어 있는 사람들도 있기 마련이다. 아마도 늙은 청년이 두려워한 것은 노력을 해도 성취하지 못했을 때 자신이 감당해야 할 비난이 두려워서는 아니었을까? 이 프로그램은 인간은 누구나 노력하면 성공할 수 있다는 믿음 위에 서 있다. 사실 자본주의사회에서 이러한 믿음은 흔한 것이다. 가난한 사람들이 쉽게 사람들의 혐오 대상이 되는 것은 가난을 자기 계발하지 않은 결과로 해석하기 때문이다. 그러나 빈곤의 원인은 훨씬 더 구조적인 문제이기도 하고 운의 문제이기도 하다. 마찬가지로 성공은 기실 주체의 노력 문제가 아니라 운의 문제이기도 한 것이다. 그러나 실패는 곧 개인의 불성실의 문제로 화한다. 바로 이 점이 우리 시대 청년들이 아무에게도 이해받지 못한 채 짊어진 고독일 것이다.

사족처럼 한마디 덧붙인다면 〈백종원의 골목식당〉은 시장의 자연 경쟁에 방송이 개입해 골목 간 분쟁을 야기하고 있는 것은 아닌가 하는 의문도 든다. 포방터의 돈가스집은 시장을 떠난다는 소문이 자자하다. 시장 상인들이 돈가스집에 끊임없이 불만을 제기하기 때문이다. 이웃의 불만을 단지 돈가스집에 많은 사람들이 찾아오면서 상인들이 겪는 불편 때문이라고 할 수 있을까? 돈가스집의 흥행으로 인해 시장이 얻을 이익이 많을 것이라는 점에서 갈등의 핵심에는 시기심이 놓여 있다고도 볼 수 있다. 방송이 시장 질서에 개입해 누군가에 성공을, 다른 누군가에는 좌절감을 안겨주었기에 시기심이 발생했다는 해석도 가능한 것이다. 시기심은 누군가의 성공이 행운이라는 판단에 따른 분노로서 공정성을 요청하는 민주주의적 감정이기도 하다. 즉, 특정 점포는 흥행을 거두었지만 가게 재생을 통해 골목 전체를 살리겠다는 프로그램 취지는 무색해지고 오히려 상인들의 관계가 틀어지는 데 영향을 준 것이다. 골목길 상인들은 더 이상 평등하지 않게 되었기도 하지만, 그 격차가 발생하는 과정이 공정하지 않았기 때문일 것이다. 이러한 점들은 〈백종원의 골목식당〉이 풀지 못한 문제들이다.

〈백종원의 골목식당〉은 서민들이 겪는 위기에 해결책을 제시할 수 있을까? 개인이 흥하고 망하는 것은 개인의 노력 여하와 무관한 경우도 허다하다. 한국의 외환위기는 개인이 아무리 잘해도 국가가 잘못하면 인간은 언제든지 노숙자가 될 수 있다는 것을 보여준 사건이었다. 그런 의미에서 개인의 성공과 실패를 자기 계발의 문제로 몰고 가는 성공학 담론들은 아마도 가난의 진정한 원인을 은폐하는 구실을 한다고 할 수 있을 것이다. 서구에서는 이미 글로벌 마트들이 매장을 줄이고 있다고 한다. 인터넷 시장의 규모가 커지면서 더 이상 오프라인에서 소비를 하지 않는 사람들이 늘어가고 있는 것이다. 아마도 백종원 역시 홈쇼핑이라는 공룡에 떠밀려 폐점을 하거나 앞으로 배달 음식을 판매하는 식으로 전략을 바꿔야 할지도 모른다. 물론 이러한 변화들이 하루아침에 이뤄지는 것은 아니다. 따라서 할 수 있는 한 최선을 다해 방법을 찾아가며 살아내는 수밖에 없다. 그러나 더 이상 근면과 성실, 적절한 전략만으로 골목의 평화를 기대하기 어려운 시절이 올 것이다. 지금 우리에게 필요한 것은 어쩌면 더 많은 손님을 받기 위해 가성비 높은 식당을 만들어 입맛을 획일화하기보다는 저마다 개성을 찾고 인간적인 가치들에 더 주목하는 상상력인지도 모른다. 백종원의 방식은 오래전 자수성가의 시대에서 온 구태의연한 아이디어처럼도 보인다.

도대체 인권은 어디에

정현환

충격을 받았다. 공포에 휩싸이고, 실망감을 느꼈다. 충격과 공포 그리고 실망. 세 가지 중에 하나를 제대로 해내기도 어려운데, MBC〈실화탐사대〉는 한 번의 방송으로 이 세 가지를 한꺼번에 다 해냈다. 지난 2018년 9월 12일 방송되었던〈실화탐사대〉첫 회는 강원도 영월에서 지적장애인 여성을 동네 주민 일곱 명이 성폭행했던 사건을 다루었는데, 제작진은 이 소식을 전할 때, 피해 여성의 인권을 심각하게 침해해 충격을 주었다. 성폭력을 당한 여성에게 2차 가해에 해당하는 내용을 소개해 공포를 주었고, 가해자에게 면죄부를 주는 질문으로 실망감을 느끼게 했다.

혼자만의 생각이었을까. 아니었다. 첫 회를 보고 느낀 불편한 감정을 시청자 게시판에 남기려고 들어갔는데, 다른 시청자도 이미 똑같은 느낌을 표현하고 있었다. MBC〈실화탐사대〉시청자 게시판 첫 번째 게시 글은 '지적장애인 여성 재연 장면이 꼭 필요했는가?'라고 제작진에게 묻고 있었다. 그 시청자는 〈실화탐사대〉 첫 회를 보고 방송에 소개된 피해자를 걱정하고, 방송에 우려를 표명하고 있었다. 도대체 방송이 어떻게 한 사람의 인권을 침해했을까.

충격

첫 방송에서 MBC 〈실화탐사대〉는 보여주었다. "드러난 산골 마을의 비밀"이라는 제목으로 지적장애 여성이 동네 노인 일곱 명으로부터 성폭행을 당한 사건을 다루었다. 방송은 드론(drone)이라는 방송 촬영 장비를 사용해, 여성이 어떤 곳에서 성폭력을 당했는지를 제시했다.

그런데 과도했다. 방송은 지적장애 여성이 성폭력을 당한 장소를 지나치게 '자세히' 그리고 '정확히' 제시했다. 드론을 십분 활용, 위에서 아래로 촬영하고, 카메라를 줌인(zoom in)했다가 줌아웃(zoom out)으로 빼는 과정을 반복하며, 피해 여성이 범죄를 당한 장소를 입체적으로 보여주었다. 지적장애가 있어 돌봄을 받아야 하는 한 개인의 집을, 동시에 성폭력을 당한 사람이 현재 거주한다고 알려진 공간을 불필요하게 강조했다.

위에서 아래로만 보여준 게 아니다. MBC 〈실화탐사대〉 첫 회는 피해자의 집 안 내부 모습도 자세히 공개했다. 방송은 "인기척이 없는 집"이라고 자막을 제시하며, 제작진이 집에 들어가는 영상을 제시했다. 이러한 설명과 취재는 의미한다. 사전에 제작진이 집에 아무도 없다는 것을 알고 있었음에도 허락 없이 문을 열고 들어가 무단으로 촬영을 했다는 사실을 말해준다.

북에서 남으로, 동에서 서로, 안에서 밖으로. 방송 내내 카메라는 분주히 움직이며, 피해 여성이 현재 사는 집의 정문도 화면 가득히 제시했다. 그래서 확인할 수 있었다. 현재 피해 여성의 집 앞에 하얀색과 검은색 보도블록이 번갈아 깔려 있고, 바로 옆에 큰 도로가 있다는 사실을, 피해자의 집이 파란색 지붕으로 덮여 있다는 점을, 강원도 영월 어느 마을에서 피해자가 살고 있는지를 구체적으로 파악할 수 있었다.

물론 피해자의 인권을 보호하려는 장면이 일부 있기는 했다. 피해 여성이 사는 집 '정면'을 제시할 때, 흐릿하게 모자이크 처리를 했었다. 하지만 그렇게 했었더라도 제작진은 자유로울 수 없다. 방송이 성폭력 피해자의 집을 낱낱이 보여주었다는 사실을, 아무도 없는 집에 무단으로 침입했다는 점을, 이것이 개인의 사생활과 자유를 침해한 '불법'이라는 점에서 벗어날 수 없었다.

MBC 〈실화탐사대〉 첫 회는 집중했다. 가해자가 왜 범행을 저질렀는지 본질을 파헤치기보다는 피해자가 범죄를 당한 장소이자 현재 거주하는 공간을 보여주는 데 중점을 두었다. 지적장애 여성이 마을 어른들로부터 왜 지속해서 성폭력을 당할 수밖에 없었는지, 이 상황과 과정을 마을 주민들이 사전에 알고 있었음에도 왜 비밀에 부쳤었는지 '탐사'하지 않았다. 지적장애 여성 성폭력 문제를 다룬 MBC 〈실화탐사대〉의 첫 방송은 그렇게 한 개인의 사생활을 침해해 큰 '충격'을 주었다.

공포

"승강장에서 ××를 만졌다고 하더라", "××를 여기에 끼웠다고 하더라", "××도 빨고 뭐 이랬다 그러더라". 이 문장들은 MBC 〈실화탐사대〉 방송에서 제시된 자막 내용의 일부다. 방송은 지적장애 여성이 성폭력을 당한 사건과 관련된 마을 사람들의 의견을 주로 청취해 자막으로 전달했다. 선정적인 자막이 눈을 찔렀고, 자극적인 말에 영상이 더해져 시청하는 내내 귀가 불편했다. 〈실화탐사대〉는 사건의 본질과 관련 없고, 확인되지 않은 내용, 굳이 전달하지 않아도 될 이야기를 시종일관 전달해, 보는 이의 마음을 무겁게 했다. 불편함으로 꽉 채워진 27분. 불편함은 그렇게 불쾌함으로 이어졌다.

왜 이렇게 불쾌하게 할까. 방송에서 보여준 서술어에 주목했다. 방송은 "… 하더라", "… 그러더라" 등의 문장을 연속적으로 사용해 피해 여성이 겪은 범죄 사실을 시청자에게 제공했다. 하지만 이 동사들은 의미했다. MBC 〈실화탐사대〉가 인터뷰한 사람들이 범죄를 '직접' 보지 않았다는 사실을, 그래서 이들의 이야기가 100퍼센트 확인된 정보가 아니라는 점을, 피해자의 입장이 철저하게 배제된 '진실'에서 먼 사실임을 깨닫게 했다.

그런데 여기서 끝이 아니었다. 진짜 심각한 문제는 따로 있었다. 바로 인터뷰 내용이었다. 본 방송에 자주 등장하는 MBC PD는 다양한 마을 사람들을 만나는데, 지적장애인 여성을 성폭행한 것으로 알려진 일곱 명 중, 불구속된 네 명의 가족을 만나 인터뷰했다. 제작진은 가해자 측 사람을 만나며 지적장애인 여성이 "처음 보는 남자라면 환장해요", "걔가 들이댄 거 뭐라 그래요?", "좋다고 이러고 가는데 그게 성폭행이에요?"라는 사건의 본질과 관련 없는 가해자에게 유리한 주장을, 동시에 피해자에게 불리한 의견을 전달했다.

악화일로(惡化一路). 그렇게 처음부터 끝까지 인터뷰는 나쁜 길로만 갔다. '2차 가해'로 볼 수 있는 발언을 자막과 영상으로 여과 없이 제시했다. '… 카더라'식의 추측성 의견 전달에 이어, 피해자의 고통을 더

가중할 수 있는 발언을 연속해서 보여주었다. 나아가 방송에서 PD는 캐묻는다. 가해자를 인터뷰하고 동네 주민을 만나며, 지적장애인 여성의 평소 말과 행동이 어땠는지를 확인한다. 과거에 학교 다닐 때 어땠었는지, 가해자들과 평소 어떤 관계였는지를 본 사건의 실체를 드러내는데 아무런 관련이 없는 것들을 묻기만 했다.

방송을 보며 기시감(旣視感)이 들었다. 제작진의 인터뷰 방식에서 "여자가 평소에 치마를 짧게 입고 다녀 성폭력을 당하는 거다"라는 성폭력 가해자들의 언행을 엿볼 수 있었다. 가해자의 잘못을 제일 먼저 꾸짖기는커녕 피해자의 행실을 문제 삼는 우리 사회의 어두운 단면을 다시 확인할 수 있었다. 성폭력이라는 범죄의 특성상 피해자가 쉽게 외부에 노출될 수 없는 상황에서, 피해자보다 가해자의 말에 무게를 실어주는 부당한 우리 사회 현실을 파악할 수 있었다. 결국 방송은 전달한다. 개인 정보에 해당하는 성폭력을 당한 지적장애 여성이 과거에 임신과 임신중절을 했었다는 사실을 알려준다.

성폭력 피해를 본 여성과 그 가족이 나중에 이 방송 내용을 알게 되면 어떤 감정을 느낄까. 가해자의 목소리를 듣는 데 바쁘고, 피해자의 과거 행적을 좇는 취재진의 모습을 보게 된다면 어떤 생각에 잠길까. 성폭력 이후 용서를 구하기는커녕, 잘못 없다고 모르쇠로 일관하는 가해자, 이를 두둔하는 가해자의 가족, 참회와 반성 없이 방송에서 2차 가해를 서슴지 않고 저지르는 상황을 피해자가 알게 되면 무슨 기분을 느끼게 될까. 방송을 보며 질문이 꼬리에 꼬리를 물었다.

세 살. 불필요하고 부적절한 인터뷰를 보다가 성폭력을 당한 피해 여성의 지적 수준이 '3세'라는 말에 가슴이 먹먹해졌다. 자신이 무슨 일을 겪었을지 모를 나이인데, 가족의 보호는커녕 "가족으로부터도 성폭력을 당했다"라는 방송 진행자의 설명에 저절로 감정이 이입되었다. 피해자가 가족과 주변의 적극적인 도움을 전혀 받을 수 없는 상황, 문제를 해결하기는커녕 쉬쉬하며 넘기려는 피해자 이웃들의 분위기, 그리고 이 내용을 그대로 전달해 버린 방송. 갑자기 '공포'가 몰려왔다.

실망

'충격'과 '공포'를 느낀 부분을 맞대어 보았다. 교집합이 생겼다. MBC 〈실화탐사대〉 제작진의 '질문'이 이상하다는 결론에 도달했다. 특히 제작진이 가해자와 이야기를 나누는 장면이 그랬다. 불구속 상태인 피의자 중의 한 사람은 방송에서 PD에게 "피해자가 어렸을 때는 안 건드렸다"라고 이야기한다. 이에 PD는 "피해자가 커서 그러신 거예요?"라고 되묻는다. 제작진의 질문에 이 사건의 피의자는 지적장애 여성이 '커서', 그러니깐 '미성년자'가 아닐 때, 호기심에 성폭력을 했다는 점만 인정하고 사라져버렸다.

하지만 MBC 〈실화탐사대〉 제작진의 이러한 질문은 완전히 잘못되었다. 잘못한 것을 넘어 부적절했다. PD가 불구속 피의자에게 던진 "피해자가 커서 그러신 거예요?"라는 질문은 피해자가 처음 범행을 당한 것으로 알려진 12살 때부터 성인의 기준인 만 19세가 될 때까지 겪은 성폭력의 사실을 배제하는 불필요한 물음이었다.

누군가 반문할 수 있다. 단어 하나에 너무 집착하는 거 아니냐고 물어볼 수 있다. 하지만 "커서"라는 단어 하나가 들어간 질문 때문에 피의자는 기회를 얻었다. 잘못된 질문으로 피의자는 공공재인 방송을 통해, 현재 조사 중인, 아직 그 진상이 밝혀지지 않은 사건에서 자신에게 유리한 입장을 일방적으로 전달할 수 있었다. 방송은 가해자의 대답만 전달하고, 이에 대한 피해자와 그 가족에게 반론권을 보장해 주지도 않았다. 적절하지 않은 인터뷰였다.

그렇게 MBC 〈실화탐사대〉는 피의자의 의견을 대변해 버리는 데 그쳐버린다. 피해자의 입장을 전달하는 데 소홀히 하며, 제작진의 부적절한 질문은 결국 피의자에게 면죄부를 준다. 의도하지 않았겠지만, 제작진의 불필요한 언급은 가해자인 마을 노인들이 피해자가 미성년자였을 때 저질렀던 범죄의 무게를 덜게 했다. 방송에 등장한 이 사건의 담당 경찰관이 "피해자가 지적장애가 있음에도, 진술에 신빙성이 있다"라고 한 말도 흔들리게 했다.

왜 이런 일이 발생했을까. 결론은 하나였다. MBC 〈실화탐사대〉 제작진이 언론으로서 '질문'을 제대로 하지 못했기 때문이었다. 제작진은 방송에서 제대로 보여준 적이 없었다. 방송에서 담당 경찰관이 말한 신뢰도가 높은 피해 여성의 진술을, 이 사실이 적힌 기록물을, 그래서 가장 진실에 가까운 이야기를 보여주지 못했다. 그 대신 겉돌기만 했다. 사건의 핵심을 찌르는 질문을 던지는 대신, 피해 여성과 직접적으로 관련 없는 주변인의 의견을 듣는 데 머물렀다.

제작진이 만나기는 했다. 성폭력 피해자인 지적장애 여성의 가족을 찾아가 물어보기는 했다. 하지만 MBC 〈실화탐사대〉가 만난 것은 이 사건을 잘 모르는, 오히려 제작진의 설명을 듣고 뒤늦게 구체적인 사실을 확인하는, 가깝지 않은 가족과 만남이었다. 방송은 자막으로 이 가족을 "먼 친척"이라 표현하며, 피해자 측의 입장을 전했다. 먼 친척이라니. 이모면 이모고, 삼촌이면 삼촌이지, 방송은 "먼 친척"이라고 애매모호하게 자막으로 제시했다. 이 사건을 잘 설명해 줄 수 있는, 피해자를 현재 보호하고 돌보고 있는 가까운 가족을 만나지 않았다. 방송 내내 이어진 부적절하고 불필요한 인터뷰, 미흡한 섭외는 그래서 '실망' 자체였다.

인권

2018년 9월 MBC 〈실화탐사대〉가 첫 전파를 탔다. 그리고 지금 1년이 지났다. 방송은 실종된 사람을 시청자와 함께 찾기도 하고, 경기도 화성 연쇄살인 사건 용의자의 얼굴을 최초로 공개해 세간의 주목을 끌었다. 우리 주변에서 일어나는 믿기 힘든 일을 소개하며, 파일럿 프로그램을 넘어 정규 편성으로 현재 시청자와 함께하고 있다. 바람직한 모습이다.

하지만 아쉽다. 1년이 지난 지금 "지적장애인 여성 재연 장면이 꼭 필요했는가?"라는 시청자의 물음에 제작진은 현재까지 아무런 답변이 없다. 단순히 한 시청자의 지적이 아니라 MBC 〈실화탐사대〉 첫 방송이 2019년 1월 10일 방송통신심의위원회로부터 방송 제재를 받았음에도 적절한 사과 방송이나 보도 자료, 후속 조치에 관해 명확하게 확인할 수 없는 실정이다.

그동안 MBC는 방송으로 사회적으로 물의를 일으켰을 때, 시청자에게 신속하게 사과했다. '장애인 비하' 논란이 있었던 MBC 〈전지적 참견시점〉, 고 장자연 씨 사건의 증인 윤지오 씨에게 '부적절한 질문'을 던져 물의를 일으켰던 MBC 〈뉴스데스크〉는 과오를 빠르게 인정했다. MBC는 문제가 되는 일부 방송의 경우 '다시보기'를 중단하며, 재발 방지를 약속했다.

그런데 아니다. MBC 〈실화탐사대〉 첫 방송은 지금도 다시 볼 수 있다. 인권 보호 규정과 양성평등 원칙을 위반했다는 방송통신심의위원회의 지적이 있었음에도 지금도 온라인상에서 해당 방송을 확인할 수 있다. 첫 방송 이후 MBC TV 비평 옴부즈맨 프로그램에 직접 출연해, 앞으로 〈실화탐사대〉를 많이 사랑해 달라던 PD는 세간의 비판에 제대로 응답하지 않고 있다. 시청자와 소통이 잘되지 않는 느낌이다.

시청자의 걱정과 우려, 방송통신심의위원회의 조치는 '인권'이라는 공통분모를 갖는다. 따라서 〈실화탐사대〉는 세간의 비판을 겸허히 받아들이고, 이번 기회를 반면교사로 삼아야 한다. MBC '방송강령'에 쓰인 "인권을 존중하고", "사회적 약자 보호"라는 조항에 맞춰 방송을 제작해야 한다. 지금이라도 왜 이렇게 방송을 제작했는지 설명하고, 앞으로 피해자를 어떻게 보호할 것인지 대답해야 할 것이다. MBC 〈실화탐사대〉가 우리 사회 민낯을 드러내고, 가슴 아픈 사연을 소개하는 시사·교양 프로그램이기에 더더욱 그렇다.

방송은 늘 염두에 둬야 한다. 특히 시사·고발 프로그램의 경우 제작진은 '피해자'를 만난다는 사실을 사전에 충분히 숙지해야 한다. 철저히 '인권'적인 측면에서, 취재 과정에서 사생활 침해 요소는 없는지, 이 사실을 외부에 공개했을 때 우리 사회의 약자인 피해자를 방송이 제대로 보호할 수 있는지 고민해야 한다. 피해자가 2차 가해를 받지 않도록 주의하며, 언제나 '인권'에서 시작해 취재와 편집을 거쳐 방송해야 한다.

좋다. 현재 MBC 〈실화탐사대〉가 동 시간대 시청률 1위, 화제성 톱 (top)을 기록하고 있는 상황은 좋은 일이다. 하지만 프로그램이 '인권'을 소홀히 하면, 이 모든 것들은 다 허사다. 아무리 잘 만들었어도, 그 의도가 선(善)했어도 무용지물이 된다. 인권을 고려하지 않으면 시청자의 거센 비판을 피해갈 수도, 막기도 어렵다. 오로지 '인권'. 앞으로 MBC 〈실화탐사대〉는 시청자와 더 적극적으로 소통하고, 방송통신심의위원회의 비판을 겸허히 받아들여 '장애인', '피해자', '여성' 문제를 다룰 때 신중에 신중을 거듭해야 할 것이다. 그래야 지금보다 시청자에게 더 가까이 다가설 수 있다. 처음부터 끝까지 오직 '인권'에서 시작할 때, 본 방송이 정규 편성 이전의 파일럿 방송에서 말했던 "더 놀랍고 감동적인 진짜 이야기"를 앞으로도 계속 전달할 수 있을 것이다.

우리는 모두
인생이라는 여정의 '트래블러'다

양진국

자고로 여행이 트렌드가 된 시대다. 이제는 여름이나 겨울이 되면 누구나 다 공항과 역으로 향한다. 여름에 바다를 한 번이라도 보지 않으면, 겨울에 스키장을 한 번이라도 가지 않으면 사람들은 마치 휴가 기간 동안 아무것도 하지 않은 것처럼 느낄 정도로 여행은 우리 삶에 빼곡히 들어차 있다. 이런 시대를 대변이라도 하듯 여행을 주제로 한 방송 프로그램들도 넘쳐나기 시작했다. 〈1박 2일〉을 시작으로 〈꽃보다 할배〉, 〈배틀트립〉, 〈짠내투어〉 등과 같은 여행 예능 프로그램들이 대중에게 선을 보였으며 외국인들이 한국을 찾고 여행하는 〈어서와 한국은 처음이지?〉와 같은 프로그램도 등장했으니 정말로 여행 예능이 방송계의 트렌드라고 인식될 만하다.

그러나 이렇게 양산된 여행 예능들은 지독한 문제점을 안고 있었다. 재미를 줘야 한다는 압박과 예쁜 모습을 보여줘야 한다는 부담감 때문이었을까? 여행을 주제로 한 프로그램들은 안일하게 반복되는 형식과 억지스러운 미션들을 계속해서 이어왔다. 동시에 과장된 자막과 극적인 연출을 위한 편집 역시 남발하고야 말았다. 결국 연출된 장면에 대한 피곤함과 늘 보게 되는 익숙한 장면들은 시청자들이 여행 예능에서 눈을 떼게 했고 여행 예능은 이제는 여행의 즐거움을 주는 프로그램이 아닌 그저 그런 예능 프로그램으로 전락하는 신세에 이르렀다.

이런 진부함이 계속되던 상황에서 2019년 2월, JTBC의 여행 예능 프로그램 〈트래블러〉[1]가 방영되었다. 비행기로 30시간은 족히 가야 하는 낯선 땅 쿠바. 그리고 그런 쿠바에 떨어진 한 무리의 한국인들. 그곳에서 그들은 이전의 프로그램들이 진행했던 낡은 방식들은 모두 버렸다. 어떤 미션도 없었고 예쁘게 꾸며진 식당에서 화려한 음식을 먹지도 않았다. 수많은 카메라와 제작진 앞에 선 출연자들도 없었다. JTBC의 〈트래블러〉에서는 온전히 여행의 여정을 그려냈을 뿐이었다. 기존의 여행 예능들이 가졌던 '방송' 같은 여행이 아닌 여정으로서의 여행을 담은 '진짜' 여행 예능이 드디어 세상에 모습을 드러낸 것이었다.

그래서 진짜 여행이 뭔데?

그렇다면 〈트래블러〉가 생각하고 표현한 진짜 여행이란 무엇일까? 〈트래블러〉가 기존에 방영되었던 여행 예능들과 가장 뚜렷하게 차별화되는 점은 바로 여행을 소비로 생각하지 않았다는 사실이다. 다른 여행 예능들이 항공권을 얼마에 예매했는지, 여행지의 화려한 호텔과 사진 찍

1   기획: 조승욱, 출연: 류준열, 이제훈.

기 좋은 장소들에 집중할 때 〈트래블러〉는 큰 배낭과 작은 카메라를 손에 쥔 류준열, 이제훈 두 출연자의 여정을 포착하는 데 집중했다. 어떻게 숙소를 찾아가는지 어떻게 비싼 택시 값을 흥정하는지와 같은 평범한 사건들로 그들의 여행을 과장 없이 담아냈다. 실제로 〈트래블러〉의 연출을 맡은 최창수 PD는 무엇을 꼭 해야 한다거나 무엇을 먹어야 한다는 일정을 애초에 정하지 않았다. 모든 일정을 출연자들에게 맡기고 그들이 풀어나가는 여행의 모습을 담아내고자 노력했다. 이는 두 출연자가 여행의 과정에서 겪는 모든 것들이 바로 〈트래블러〉가 보여주고자 하는 진짜 여행의 모습임을 알 수 있었던 대목이었다. 〈트래블러〉에서 진짜 여행이란 단순히 출연자를 소비시켜 볼 수 있는 화려한 여행이 아닌 여행을 겪으면서 가지게 되는 생각과 경험의 확장이었다. 그리고 이것은 일반 시청자가 그들의 여행에서 보편적으로 겪어왔던 모습이자 또 방송에 기대해 왔던 새로운 여행 예능의 모습이기도 했다.

그러나 한편으론 이렇게 익숙한 여행의 진짜 모습들이 어째서 시청자에게 새로움으로 다가오는지 그 이유를 생각해 보지 않을 수 없었다. 서두에서 말한 것처럼 지금은 여행이 트렌드가 된 시대다. 그렇다 보니 너 나 할 것 없이 이 트렌드에 탑승하고 싶어 한다. SNS에 자신의 여행 사진을 올리고 유명인이 다녀간 장소나 식사를 한 식당이면 가서 인증 사진을 남기고 싶어 한다. 정작 우리 자신도 점점 여행을 여정이 아닌 과시로서, 자랑으로서 채워가고 있었다. 그 과정에서 시청자들이 하게 되는 '진짜 여행'은 물질적인 트렌드 속에서 자취를 감추게 되었다. 반면에 얼마나 화려한 여행을 즐겼는지 얼마나 유명한 곳에 갔는지 얼마나 멋진 사진을 찍었는지와 같은 소비적인 여행들이 그 자리를 차지했다. 그러다 보니 자본에 휩싸인 여행 예능의 틈바구니에서 손에는 가이드북을 들고 어깨에는 배낭을 멘 여행자를 보는 시청자들은 저도 모르게 잊고 있던 여행의 본질을 다시금 깨달을 수밖에 없었다. 바로 우리가 외면하고 있었던 '진짜 여행'을 말이다.

하지만 '진짜 여행'을 외면하게 된 게 시청자들의 잘못은 아니다. 여행사들의 투자를 받은 여행 프로그램들이 등장하기 시작한 이후 안정된 성공을 위해 개별 프로그램들은 지루한 클리셰들을 반복했다. 상황이 이렇다 보니 상업적 성공을 위해 프로그램들은 여행의 본질을 망각할 수밖에 없었다. 결국 시청자들 역시 여행을 왜 가는가에 대한 소소한 질문조차도 답하기 어려워졌으며 그들 스스로 방송이 연출한 여행처럼 점점 자신들의 여행을 소비하게 되고 만 것이다. 삶 속에서 여행을 즐겨야 하는데 이제는 여행이 마치 스마트폰처럼 남들이 다 하니까 해야 하는 상품이 되고 만 것이다. 실로 방송가의 게으른 제작이 만들어낸 씁쓸한 사회적 풍경이 아닐 수 없었다. 이러한 비판의 한가운데에서 많은 여행 예능 프로그램들은 자신들은 다르다고 주장해 왔다. 하지만 실제로 그 뚜껑을 열어보면 오히려 소비를 부추기고 상업적 성공에만 초점을 맞춘 예능들이 부지기수였다. 그러니 〈트래블러〉가 추구하는 가치는 여행을 좋아하는 시청자들에게 인상 깊을 수밖에 없었고, 〈트래블러〉역시 이러한 기대에 부응해 접근법과 표현 방식에서도 기존의 프로그램들과는 다르게 진행했다.

여행 예능인가, 다큐멘터리인가

〈트래블러〉가 가지는 차이점에서 눈에 띄게 도드라지는 점이 있다. 바로 내레이션과 단순하고 최소화된 자막이다. 보통 여행 예능이라 하면 활기찬 노래에 쉴 틈 없이 진행되는 빠른 편집이 떠오르기 마련이다. 출연자들 역시 그에 걸맞게 큰 행동과 과한 반응을 보여주며 여행지에서 느끼는 즐거움을 부각해 보여준다. 그러나 일반 시청자가 보통의 여행을 하면서 갖게 되는 사색이나 여유로움 같은 것들은 약속이라도 한 듯 보여주지 않는다. 느림의 미학과 미니멀리즘이 떠오르는 시대에 참으로 시대를 역행하는 일이 아닐 수 없다. 이 같은 시대 역행적 방식을 바꾸고자 〈트래블러〉의 제작진은 내레이션이라는 아주 확실한 느림의 미학을 선택했다. 배우들의 내레이션이 쌓인 영상을 통해 그들이 쿠바에서 느낀 순간의 감정을 안방의 시청자들에게까지 전달한 것이다. 이를 통해 마치 예능이 아닌 다큐멘터리와 같은 잔잔함을 안겨주었고 〈트래블러〉가 표방하는 '진짜 여행'이 가지는 사색과 느림의 미학을 효과적으로 표현할 수 있었다.

한편 자막과 촬영에서도 〈트래블러〉는 남다른 차별점을 가지고 있다. 먼저 폰트에서 〈트래블러〉는 기존의 여행 예능들이 자주 사용하던 크고 굵은 폰트가 아닌 하얀색의 정갈한 폰트만을 사용했다. 다양한 색상과 종류가 난무하던 화면에 출연자들의 말과 감정을 대변하는 몇 가지의 폰트만이 등장하니 화면은 더할 나위 없이 깔끔했다. 또 쿠바의 모습을 담은 영상 역시 각종 폰트로 더럽히지 않고 보여줄 수 있었다. 여기서 그치지 않고 제작진의 고뇌는 촬영에서도 엿보였다. 〈트래블러〉에 등장하는 대부분의 장면은 사람이 가장 보기 편한 20~30밀리미터의 화각으로 촬영되었다. 또 카메라가 뒷걸음질 치며 무선마이크를 단 출연자의 앞모습을 촬영하는 것이 아닌 지향성마이크를 사용하며 출연자의 뒷모습을 따라다녔다. 이는 얼핏 그러려니 할 수 있는 것이지만 기존의 여행 예능에서는 찾아볼 수 없었던 〈트래블러〉만의 특징이었다. 여행을 하는 두 출연자의 모습을 시청자가 따라가게 만들고 그들과 거의 비슷한 시선의 광경을 눈에 담게 하는 연출이었기 때문이다.

이런 연출에 시청자들이 지루해질까 〈트래블러〉는 그들이 생각하는 느림의 미학을 영상미(美)로 한 번 더 표출한다. 바로 고속 촬영과 스틸 사진을 이용한 것이다. 쿠바를 대표하는 가수이자 음악인 부에나 비스타 소셜 클럽의 「찬찬(Chan Chan)」이 흘러나오는 오프닝에서 〈트래블러〉는 느린 화면과 기울어진 앵글을 통해 마치 영화에서나 느낄 것 같은 감정을 시청자에게 전달한다. 드론과 활기찬 팝송에만 의지하던 기존의 여행 예능의 오프닝을 파괴하는 시도였다. 쿠바의 감성을 고스란히 전하는, 〈트래블러〉 제작진의 신의 한 수라고 부를 수 있을 만한 적확한 시도였다. 거기에 더해 매회가 끝날 때마다 출연자의 스틸 사진이 영상을 가득 메웠다. 사람들은 여행에서 왜 사진을 남기는가. 가장 우선시되는 이유는 바로 기록일 것이다. 그때 그 장소에 우리가 있었다는 기록 말이다. 스틸 사진의 나열은 출연자들의 여행을, 기록이라는 의미를 돋보이게 하는, 〈트래블러〉를 한층 더 완성하는 요소였다.

그러나 이와 같은 〈트래블러〉의 잔잔한 매력을 두고 어떤 이는 반문한다. 이들이 떠난 여행과 이들이 만들어낸 프로그램이 '진짜 여행'이라면 과연 우리에게 쿠바까지 날아갈 그리고 2주나 되는 시간을 쏟아부을 시간과 돈이 있냐면서 말이다. 살아남기에도 바쁜 현실에서 일반 시청자에게 '진짜 여행'을 누릴 여유가 있냐면서 말이다.

영원한 삶의 여유를 위하여

1940년대 풀헨시오 바티스타(Fulgencio Batista)의 독재체제 아래에서 신음하던 쿠바는 체 게바라(Ché Guevara)와 피델 카스트로(Fidel Castro)의 혁명 이후 사회주의 체제의 국가가 되었다. 혁명의 역사는 아직도 쿠바인들에게 자랑으로 기억되고 있지만 그로 인해 2015년 버락 오바마 (Barack Obama)의 미국 정부가 쿠바를 테러 지원국에서 해제하기 전까지 철저히 경제제재가 이뤄지던 국가였다. 따라서 쿠바에서는 늘 물자가 부족했고 이 때문에 쿠바의 물가는 대한민국의 물가를 웃도는 수준이 되었다. 반면 대한민국은 1960년대 이후 진행된 경제개발과 1980년대 민주화 항쟁을 거쳐 세계에서 그 유례를 찾기 어려운 안정된 국가가 되었다. 이처럼 두 나라의 경제력과 민주적인 상황은 거의 양극단에 있을 정도로 차이가 난다.

그런데 어째서 대한민국과 쿠바의 국민이 느끼는 행복은 그 반대의 상황에 놓여 있는 것일까. 사회주의 체제에서 정부의 보조를 받는 쿠바를 자유민주주의 국가인 대한민국과 비교하는 것은 상당히 어렵다. 두 국가의 국민이 느끼는 경제 상황과 외교, 문화 등의 인식 차이가 오랜 시간을 거치며 많이 달라져 있을 것이기 때문이다. 두 국가를 동일하게 비교하기 어렵다면 우리 내부의 곪아 있는 문제를 살펴봐야 한다. 그렇다면 무엇이 문제인가. 바로 삶의 여유가 없다는 것이다. 현재의 대한민국은 학생들을 과열된 교육 시장에 몰아놓고 살아남지 못하면 패배자가 되는 모순적인 시스템을 운영하고 있다. 어디 그뿐인가. 그렇게 대학의 문턱을 통과해도 취업으로 이어지는 열차에 계속 몸을 구겨 넣어야 한다. 사회가 계속해서 설국열차의 다음 칸으로 향하기를 말하고 있는 상황인 것이다.

이렇듯 삶에 대한 가치를 생각하고 확장해야 할 시기에 대한민국의 청년들은 그들의 삶의 방향을 잡지 못하고 있다. 인생이라는 긴 여정에서 자신이 주체적인 '트래블러'가 되지 못하고 방향을 잃은 채 삶이라는 망망대해에 던져져 있을 뿐이다. 생각할 시간과 질문할 시간 없이 따라가기 급급하니 청년들은 삶에서 자신을 놓치게 되고, 어느 순간 뒤를 돌아보면 무엇이 남아 있는지를 알 수 없게 된다. 다시 한번 우리 사회의 모습들을 돌아봐야 한다. 앞서 말한 상황을 청년들이 맞닥뜨렸을 때 과연 우리 사회는 지친 청년들에게 손을 내밀어 주었는가. 쿠바의 사람들처럼 다정한 인사를 건넸는가. 진정 미디어는 우리 사회의 곪아가고 있는 것을 비춰주었는가를 말이다.

쿠바의 혁명광장에 있는 체 게바라의 얼굴 간판 옆에는 "영원한 승리를 위하여(Hasta la Victoria Siempre)"라는 체 게바라의 말이 적혀 있다. 우리 사회에도 이 말을 가져와 생각해 본다. 빠르게 변화하는 사회에서 하루하루가 여유로움으로만 가득 찰 수는 없으나 저마다의 삶에서 진정한 트래블러가 되기 위해 한 번쯤 "영원한 삶의 여유를 위하여"라는 인식을 해봐야 할 것이다.

여행의 석양이 지고 일상의 해가 떠오른다

쿠바의 수도 아바나에는 카리브해의 거친 파도로부터 아바나를 지켜주는 방파제 말레콘(Malecón)이 있다. 매일 저녁이면 말레콘 너머 카리브해에 떠 있는 붉게 물든 석양을 볼 수 있다. 그리고 또 매일같이 그 반대편에서 해가 떠오른다. 〈트래블러〉의 류준열 역시 이 일출을 보기 위해 새벽 일찍 일어나 움직인다. 조금은 피곤하지만 몸을 일으키고 다가오는 아침 해를 만끽한다. 사색에 잠기고 다시 하루를 살아갈 감정을 충전한다.

우리의 삶도 마찬가지다. 여행이라는 하나의 해가 뜨고 시간이 흘러 석양으로 지면 그다음은 우리의 또 소중한 일상이 반복된다. 보통 일상으로부터 탈출한 것을 우리는 여행이라고 일컫지만, 사실은 여행마저 우리의 삶이고 일상의 한 부분이다. 아무리 4차 산업혁명과 인공지능이 개발된 세상이라 할지라도 세상을 0과 1로 나눌 수 없고, 흑과 백의 색으로만 나눌 수 없듯 여행과 우리의 삶도 단순히 둘로 나눌 수 없는 것이다. 해가 뜨고 지는 것처럼 여행과 일상도 삶의 굴레에서 끊임없이 이어진다.

〈트래블러〉의 이야기는 '진짜 여행'에 대해 보여준다. 소비가 아닌 생각의 확장으로서의 여행을 말하고 있으며 반복된 일상에 지친 사람들에게 '까짓 거 도전해 보는 거지'라는 용기를 주고 있다. TV 프로그램 한 편을 보았다고 다음 날 바로 우리의 삶이 확 변하지는 않을 것이다. 그러나 〈트래블러〉를 보았기에 시청자들은 여행의 의미에 대해 다시 한 번 생각해 볼 수 있게 되고 언젠가 여행의 의미를 찾게 될 때 이런 프로그램을 보며 이런 생각을 했다는 것을 떠올릴 수 있다. 그렇게 한 편의 프로그램으로 소비되는 게 아닌 여행과 삶의 의미를 지탱해 주는 프로그램으로 남게 되는 것이다.

인생이라는 긴 선에서 어떤 한 점만을 툭 떼어놓고 보는 것은 무척이나 어렵다. 계속해서 연결된 점들이 모여 우리의 인생을 이루고 있기 때문이다. 그렇기에 수시로 돌아봐야 한다. 인생의 특정 순간마다 자신을 돌아보고 또 나는 어디를 향하는가를 물어보는 시간을 가져야 한다. 어떤 때는 자신에게 질문하기 위해 아마 우리는 여행을 떠날 수도 있을 것이다. 그때 〈트래블러〉를 보라. 우리에게 다가올 여정의 힌트를 줄지 혹시 아는가. 아니 어쩌면 〈트래블러〉는 충분히 그 힌트를 줄 것이다. 왜냐? 결국 〈트래블러〉가 말하는 메시지는 하나이기 때문이다. 우리는 모두 인생이라는 여정에서 '트래블러'라는 사실 말이다.

진짜 어른을 찾아서?

tvN 예능 〈알아두면 쓸데없는 신비한 잡학사전〉을 중심으로

권윤지

"부장님이 부하 직원에게 잔소리하는 것을 보는 듯한 프로그램."

모 칼럼니스트는 한 프로그램에서 〈알아두면 쓸데없는 신비한 잡학사전(이하 〈알쓸신잡〉)〉에 대해 이렇게 발언한 뒤 〈알쓸신잡〉 애청자들에게 질타를 받았다. 〈알쓸신잡〉의 애청자들은 이 프로그램을 칼럼니스트와 다른 맥락으로 받아들였기에 프로그램에 애정을 갖게 되었을 것이다. 한데 〈알쓸신잡〉 패널들의 평균 나이는 시즌 1이 1966.4년생으로 53세, 시즌 2가 1968.2년생으로 51세 그리고 시즌 3이 1964.2년생으로 55세다. 즉, 일반적인 '부장님'의 나이대인 것이다. 우리는 일상생활에서 '부장님 개그', '꼰대 부장' 같은 유행어에서 드러나듯 친한 척, 아는 척, 잘난 척하며 억압적이고 권위적인 이미지로 '부장님'을 소비한다. 선생님, 박사님, 작가님. 호칭만 다를 뿐 부장님과 같은 시대를 살아온 인물들에게 시청자들은 왜 열광할까? 여기서 의문점이 발생한다.

50

지식인과 일반인의 거리 좁히기

〈알쓸신잡〉은 2017년 6월 2일 처음 방송된 이래 2018년 12월 시즌 3까지 방영되었다는 것으로 그 인기를 실감해 볼 수 있는, 많은 사랑을 받은 프로그램이다. 지금이야 JTBC 〈방구석1열〉 등의 인문학 예능이 종종 방영되고 있지만, 〈알쓸신잡〉이 처음 시작할 당시에는 인문학이라는 소재를 예능이라는 포맷과 매치시키기 쉽지 않았다. 인기 없는 소재를 '신선한' 소재로 탈바꿈하기 위해 취한 형식은 바로 '가장 안전한 길', 여행이다. 소위 '나영석 사단'이라 불리는 제작진의 특징이자 강점은 대부분의 프로그램에 여행의 요소를 결합한다는 데 있다. 〈1박 2일〉, 〈꽃보다〉 시리즈, 〈신서유기〉 등을 통해 검증된 인기도 및 팬층을 얻은 나영석 사단은 이번에도 가장 잘하는 것에 새로운 요소를 취합하는 방식을 사용한 것으로 보인다. 시즌 1과 시즌 2는 국내 여행, 시즌 3은 해외 여행으로 그 장소를 점차 확장하며 출연진들이 이야기보따리를 풀 곳을 넓혀왔다.

　〈알쓸신잡〉 화제성의 일등 공신이자 일명 '센터'는 자칭과 타칭 모두 유시민 작가인데, 프로그램의 아이콘 같은 존재로 이야기를 주도하는 역할을 한다. 시즌 1, 시즌 2, 시즌 3 전 시즌에 걸쳐 센터를 맡아오고 있는 유시민. 그렇다면 예능의 '센터'란 무엇일까? 일반적으로 떠올릴 수 있는 이미지는 MBC 〈무한도전〉, SBS 〈런닝맨〉의 유재석과 같은 참여자이자 진행자, MC의 역할을 맡는 인물이다. 그러나 〈알쓸신잡〉의 세계 안에서 '센터'와 'MC'는 분리된다. 이야기를 주도적으로 이끌어가는 역할은 '센터'가 담당하고, MC는 다소 특이한 위치를 선점하게 된다. 바로 '징검다리'다. MC는 주로 이야기를 듣고, 어려운 내용을 알아듣지 못해 혼란스러워하며(그런 척하며) 모르는 내용에 대해 질문한다.

그럼으로써 대화를 은밀하게 유도하는 것이다. 즉, 똑똑한 박사들과 그들의 분야에 전문 지식이 없는 일반인 사이의 거리감을 줄여주는 중간자적 역할을 담당하고 있다고 할 수 있다. 인터뷰에서도 제작진이 MC가 똑똑한 모습을 보여주는 모습을 대부분 편집했다고 밝힌 바 있다. 그래서 원래 MC로 섭외하려 했던 인물은 좀 더 시청자가 친밀하게 느낄 수 있는 인물이었다고 한다. 결과적으로는 유희열이 적합한 선택이 되었다. 여러 이유가 있겠지만, 한 이유를 다음 장면에서 찾을 수 있다.

〈알쓸신잡〉 시즌 1에서, 정재승이 "미토콘드리아의 mRNA는 모계로만 유전되고 따라서 모계로만 추적이 가능하다"라는 요지의 이야기를 한다. 유희열이 못 알아듣겠다고 하자 유시민은 "내가 설명해 줄게"라는 말을 한다. 이때 유희열은 "나도 서울대 나왔어요"라며 울상 짓는다. 유시민은 "음악한 사람이라 모를 수도 있다"라며 설명을 시작한다. 똑똑한 박사들 틈에서 '아무것도 몰라요' 포지션을 맡고 있던 유희열이 '서울대'라는 안전장치를 꺼내 드는 순간이다. 유희열이 시청자와 박사들 간의 연결 고리 역할을 하고는 있지만, 아니 오히려 그렇기 때문에 더 시청자들은 때때로 불쾌감을 느낄 수 있다. 그에게 상대적으로 강한 이입을 하기에 자칫 MC가 '무시당한다', '바보 취급당한다'고 느끼는 것이 곧 자신을 무시하고 있다는 생각에 연결될 여지가 있기 때문이다. 이때 MC가 주눅 들어 있다고 느끼는 와중에 "나도 서울대"라는 발언은 순식간에 분위기를 가볍게 환기시킨다. 한국에서 가장 똑똑한 사람들이 모여 있는 곳이라는 인식이 강한 서울대와 MC가 연결되며 '아, 저 사람도 실은 똑똑한 사람이었지 참'이라는 안도감을 주는 것이다. 이는 프로그램이 시청자에게 이와 같은 상황이 일종의 게임이라는 신호를 보내는 것으로도 해석할 수 있다. 인지도가 낮은 인물이었다면 속았다는 배반감이 있을 수 있겠지만, 유희열은 인지도가 높고 음악 프로를 오래 진행하며 '천재 뮤지션'의 이미지가 강해 안도감과 상충되는 배반감은 미미할 것으로 판단된다. 실제로 학력이 낮거나 교양이 부족한 이미지의 인물이었다면, 프로그램의 권위적임이 한층 부각되어 나타났을 것이다. 유희열은 그런 점에서 '이입할 수 있지만 어디 가서 무시는 안 당하는 존재'에 알맞게 부합하는 인물인 것이다.

이러한 중화 장치의 활용으로 〈알쓸신잡〉은 잔소리의 향연으로 비칠 수 있는 강연 타래에 대한 거부감을 희석시킨다. 이때 또 다른 중화 장치로서 제작진이 선택한 것이 바로 '나누기'와 '밥상'이다. 먼저 '나누기' 방식에 대해 살펴보자. MC인 유희열을 제외하면 각 시즌마다 박사는 총 네 명씩 등장하는데, 이들의 전문 분야가 각기 다르다는 것을 확인할 수 있다. 시즌 3을 기준으로 '수다박사' 유희열은 음악, '잡학박사' 유시민은 경제 및 역사 등 교양 전반 두루, '문학박사' 김영하는 문학, '도시박사' 김진애는 건축학 및 도시학, '과학박사' 김상욱은 물리학으로 교양, 과학, 예술, 역사에 이르기까지 그 분야가 다르고 또 방대하다. '알아두면 쓸데없는 신비한 지식을 향한 여행'이라는 캐치프레이즈에 꼭 맞는 구성인 것이다. 출연진의 전문 분야가 제각각이라는 것은 이야기의 풍부함뿐 아니라 시청자의 이입도 측면에서도 큰 도움이 된다. 이렇게 다양한 배경을 가진 출연진을 각 A, B, C, D, E라 했을 때, A가 아는 것을 B, C, D, E는 모를 확률이 크다. 설령 안다고 할지라도 A만큼의 전문성과 깊이를 갖지는 못한다. 즉, 시청자가 '잘 모르는' 다수에 자신을 이입 가능하기 때문에 여기서 오는 관대함으로 소위 '재수 없는' 지식인을 너그럽게 봐주는 것이라 해석할 수 있다. '밥상'의 방식을 통해서는 말 그대로 밥상 앞에서 맛있는 음식을 먹으며 담소를 나누는 화목한 분위기이기에 익숙하지 않은 분야라 자칫 딱딱해질 수 있는 분위기가 부드럽게 풀리는 효과를 준다는 것을 확인할 수 있다.

권위주의에 대한 모순된 욕망

〈알쓸신잡〉의 제작진이 시청자의 이입을 위한 장치를 구석구석 심어놓았다는 것을 앞 챕터를 통해 살펴볼 수 있었다. 그렇다면 앞서 글의 서두에서 던졌던 질문이 해소된 것일까? 안타깝게도 넘을 고개가 더 남았다. '잔소리'는 알겠는데, '부장님'은? 〈알쓸신잡〉은 왜 부장님 카테고리에 들어가지 않는 걸까?

권위주의에서 벗어나서? 그렇거나 오히려 그 반대거나 둘 다를 포함한 모순적인 욕망을 품은 이유에서 비롯된 것으로 보인다.

먼저 권위주의에서 벗어났다는 관점에서 해석하자면, 낯선 곳으로 여행을 떠나 밥상 위에서 벌어지는 대화들은 대체로 부드러운 분위기를 띤다. 출연진들은 최소 40대 이상의 점잖은 인물들로 서로를 존중하는 태도를 보인다. 불필요한 공격이나 깎아내리기식 유머 또한 사용하지 않는다. 피로한 대화 방식을 쓰지 않는 것이다. 또한 이 대화들은 화면 너머에서 이뤄지는 대화이므로, 인물들은 나에게 직접적인 영향을 미칠 수 없다. 부장님처럼 아부를 요구하지도, 비위 맞추기를 요구하지도 않는 것이다. 그럴 수도 없거니와 말이다. 시청자는 인물들의 말에 무조건적으로 웃어줘야 하지도, 맞장구를 쳐야 하지도 않는다. 긴장 상태에서 벗어나 마음을 놓을 수 있는 것이다.

다음으로 권위자에 대한 선망이다. 피에르 부르디외(Pierre Bourdieu)에 따르면 문화, 그리고 문화에 필수적인 앎은 경제를 대체해 계급 분별의 수단이 되고 있다고 한다. 앎의 기회가 있었고 그렇기에 사회적으로 지위가 높은 인물들(전직 장관, 교수 등)의 사담을 누구보다 가까이서 지켜볼 수 있다는 쾌감 또한 〈알쓸신잡〉이 제공해 줄 수 있는 군것질거리 중 하나일 것이다. 시청자들이 권위주의를 내재화했다고 볼 수도 있다.

〈알쓸신잡〉도 결국에는 지위를 지닌 이들의 지식 과시라고 볼 수 있는 데, 이에 재미를 느끼며 의미를 찾아가는 것이 지식의 우열을 은연중에 인정하는 것으로 이어진다는 것이다. 이는 정말 '알아두면 쓸데없'지만, 왠지 '있어' 보이고 '고급스러워' 보이는, 지배층이 향유하는 지식을 나도 한 움큼 알고 싶다는 욕망과 설렘으로 나타난다.

종합해 보면 시청자들은 '다정한 권위주의'를 원한다는 가설에 도달할 수 있는데, 사람들이 이 요상한 단어 조합을 욕망하게 된 원인은 무엇일까? 먼저 '답이 없다'는 유행어에서 알 수 있듯 점점 더 복잡해지고 정보의 홍수가 범람하는 세상 속에서 '답'을 찾기란 쉽지 않다. 이때 '앎'을 통해 높은 지위를 획득한 권위 있는 '누군가'가 답을 줄 수 있다면? 이는 선사시대 무지한 상황에서 연장자에게, 신의 이름을 빌린 자에게서 지혜를 찾았던 조상들의 모습과 닮아 있다. "모든 것을 안다는 말은 결국 모든 것을 모른다"라는 말과 같다는 누군가의 말처럼, 손만 뻗으면 손바닥만 한 PC에서 모든 정보를 캐낼 수 있는(혹은 그럴 수 있다는 착각을 일으키는) 세상에서 정답인 것처럼 보이는 길을 따라가 안정적인 궤도에 안착한 '누군가'가 자신에게도 답을 알려줄 수 있을 것이라는 환상은 더더욱 커질 수밖에 없다. 설사 그것이 실재하지 않음을 이미 알고 있는 환상이라 할지라도.

이러한 환상은 안토니오 그람시(Antonio Gramsci)의 이론으로도 설명할 수 있다. 그람시는 헤게모니를 '강제'와 '동의'가 교차하는 지배계급의 통치 원리라고 보았다. 즉, 부르주아지의 지배는 물리적인 강제 또는 그에 관한 위협을 통하는 것만큼이나 시민사회에서 성취되는 대중의 '동의'를 통해 이뤄진다는 것이다. 대중의 동의란 곧 그럴 이유가 없는 사람들이 헤게모니 집단의 이데올로기를 수용함을 의미한다. 〈알쓸신잡〉의 애청자들은 출연자들의 부르주아적 모습을 비판하지 않을 뿐 아니라 그들의 말을 '박사님', '선생님'의 말로서 귀담아 듣는다. 즉, 출연자들을 헤게모니 집단의 일원으로 의식적으로 인식하지 않고 있는 것이다. 따라서 시청자들은 〈알쓸신잡〉 출연자들의 모습 위에 헤게모니 집단의 구성원이지만 그렇지 않아 '보이는', 시청자들에 가까워 보이고 그들을 대변한다고 느끼는 다정한 지식인의 모습을 투영한다고 볼 수 있다. 다정함의 얼굴을 한 권위주의에 적극적으로 순응하고 동의하는 것이다.

조금 더 들어가서, 유년기까지 거슬러 올라가 보자면 이를 불안정한 사회적 상황 속 혹은 가정 내에서 '어른'을 찾지 못한 채 성인이 된 '아이'들이 '진짜 어른'을 찾아 헤매고 있다는 가정과도 연결시킬 수 있다. 그런데 이 아이들은 정말로 순진무구하게 '어른'을 찾아 헤매고 있는 걸까? 역설적으로 그들을 '진짜 어른'이라 칭찬해 주며 그들의 이미지를 소비하고 있다면 어떨까.

'진짜 어른'이라는 이름표

존 피스크(John Fiske)에 따르면 활성화된 의미와 획득된 쾌락은 피지배자와 힘없는 자들에게 사회적 의미를 부여하는 것이라고 한다. 텍스트에서 자신의 사회적 무력함의 경험에 긍정적인 의미 부여를 할 수 있는 담론을 발견하는 것은 무력한 상태를 변화시키는 데 뭔가를 할 수 있게 하는 결정적인 첫걸음이라는 것이다. 이를 이용해 〈알쓸신잡〉의 시청자들을 해석해 보자면, 그들은 출연자들을 '정말 똑똑하다'며 높게 평가하며 치켜세워 주면서도 '리얼 고품격 아무 말 대잔치', '귀여운 아재들', '잘생긴 ○○'라고 평하며 캐릭터해 소비한다. 사회에서의 지위가 나보다 높은 이들을 자신들의 언어로 지칭하며 자신들의 '놀이' 안으로 끌어들여 지위의 격차로 인한 무력감을 해소하는 것이다. 이는 무력감에서 벗어날 여지를 준다는 점에서 긍정적이나 지배계층을 피지배계층이 '귀여워'하고 '사랑'함으로써 지배의 굴욕감과 공포를 잊는 행위와도 닮아 있다고 볼 수 있다.

그럼에도 불구하고 "놀이는 그 자체로 저항적이거나 전복적이지 않지만, 그것이 가져다주는 통제나 힘은 피지배자들에게 자존감을 부여해 줘, 적어도 저항이나 전복을 가능하게 해준다"라는 피스크의 말처럼 적어도 시청자는 재미를 얻고 권위에의 무지로 인한 경외를 덜어내 자존감의 회복이 가능해졌지 않느냐는 설명을 덧붙일 수도 있을 것이다. 물론 특정 대상에 대한 우상적 캐릭터화가 존경보다 더 숭배에 가까운 행위일 수도 있다는 논의를 제쳐둔다면 말이다.

'사전'이라는 이름의 무게

예능인 만큼 제작진이 시청자에게 친숙하고 매력적인 스피커를 원해서였을까? 아니면 예능이니까 괜찮다고 생각했던 걸까? 시즌 1, 2, 3 모두 사소하게든 크게든 사실관계에 대한 논란이 항상 존재해 왔고, 이는 전적으로 제작진의 책임이다. 셰일라 커런 버나드(Sheila Curran Bernard)가 그의 저서 『다큐멘터리 스토리텔링』에서 밝혔듯이 영상 제작자는 자신의 입에서 나온 말이 아니라고 해서 사실적 오류를 방치해서는 안 된다. 그런 오류를 알든 모르든 넣었다는 것은 곧 제작자의 입으로 오류를 발화한 것과 동치된다. 프로그램의 이름부터 '사전'을 표방하고 있는 만큼 오류의 검토에 신중을 기해야 하는 것이다. 더욱이 출연자들의 전문성을 공식적으로 확보하기 힘들다면 말이다. 또한 지적재산권 침해에 관련한 문제의 경우, 이는 어느 프로그램에서나 문제가 되지만 특히 '지식'을 소재로 하는 프로그램에서 이와 같은 '지식의 룰'을 어기는 것은 윤리적 문제뿐 아니라 그 프로그램의 세계관을 스스로 부수는 행위와 같으므로 절대 조심하며 즉각적인 대처가 이뤄져야 하겠다.

새로운 사전을 출간할 때, 꼭 수십 년 전 첫 1쇄의 표지만을 세련되게 바꿔 출간할 필요는 없다. 새로운 책에는 그 전에는 없던 각주가 달릴 수도 있고, 새로운 집필진이 등장할 수도 있고, 그 각주가 1쇄의 집필진과 다른 세대의 집필진의 치열한 의견 대립과 타협 끝에 나온 것일 수도 있다. 그러나 이것 하나는 확실하다고 믿고 싶다. 1쇄가 10쇄가 되고 10쇄가 100쇄가 되는 동안 독자들도 변화할 것이라는 것. 한 자리 수가 두 자리 수가 되는 과정을 지나오는 〈알쓸신잡〉의 시즌 4에서는, 집필진과 독자 모두의 변화를 기대한다.

좋은 사람들의 행복 찾기

tvN 〈스페인 하숙〉

여인욱

기행문은 여행의 체험이나 감상을 기술한 것으로 대표적인 서사 양식의 한 갈래다. 이전까지의 기행문이 '글'에 한정되어 있었다면, 다매체 시대로 변한 지금은 TV 여행 프로그램이 현대의 기행문이라고 할 수 있다. 주로 다큐멘터리 형식으로 방영되던 여행 프로가 예능과 결합해 리얼리티 여행 프로그램이 새롭게 탄생했고, 이들은 글과 다른 영상미를 첨가하면서 시청자들의 눈을 즐겁게 했다.

　　기존의 여행 다큐들이 새로운 풍경을 보여주고 설명하는 데 중점을 둔다면, 리얼리티 여행 프로그램들은 출연자들의 이야기에 초점을 맞춘다. 대표적인 프로그램으로 tvN의 〈꽃보다〉 시리즈가 있는데, 젊은 배우들, 가수 혹은 노년의 배우들이 나와 새로운 장소를 관광하는 것뿐 아니라 본인의 잃어버린 자아까지 함께 찾아가는 여행을 한다. 여행지 정보 제공의 개념에서 벗어나 출연자의 인생 성찰과 동행자와의 소통, 다시 말하면 여행지보다 여행자, 장소보다 이야기로 중심이 이동하고 있는 것이다.

스타들의 일상과 놀이를 관찰하는 리얼 예능 프로그램들이 대세로 자리 잡기 시작한 이후, 자신만의 스타일을 꾸준히 이어나가고 있는 사람이 바로 나영석 PD다. 그는 〈1박 2일〉이라는 프로그램으로 리얼리티 예능의 시초가 된 사람이자 발전시킨 사람이며, 현재 흐름을 주도하고 있는 사람이기도 하다.

그는 현재 '여행'이라는 키워드를 공통분모로 사용한 프로그램으로 성공 가도를 달리고 있는데 〈1박 2일〉, 〈신서유기〉, 〈꽃보다〉 시리즈와 같은 이동형, 〈삼시세끼〉, 〈윤식당〉, 〈스페인 하숙〉과 같은 정박형 등의 여행 형태를 도입했는데, 각각 놀이와 관광, 체험이 주를 이루고 있다. 나영석의 프로그램에서 출연자들은 '… 되기'에 도전한다. 원시인이 되고, 배낭여행자가 되고, 한국 음식점의 사장이 되며, 하숙집 주인이 되기도 한다. 이를 통해 시청자들은 여행이지만 오롯한 '나'를 버리고 '다른 사람으로 되기'의 과정을 대리 체험하며, 인간의 본성이라 할 수 있는 방랑의 욕구를 해소한다.

미디어가 만든 현실이 진짜가 아닐 수도 있지만, 시청자들이 진정한 공감을 마주하는 순간은 자신의 일처럼 생생한 느낌과 이야기를 마주했을 때다. 어떤 프로그램은 '나는 당신을 속이고 있습니다' 혹은 '이것은 가짜입니다'라는 것을 무기 삼아 시청자들에게 웃음과 감동을 줄 수도 있고, '진짜 같은 가짜'를 통해 현실과 가상의 경계를 모호하게 하며, 때로는 가상이 현실보다 더 진짜 같은 착각에 빠지기도 한다. 그러나 나영석 PD는 진짜 같은 가짜로 승부하는 것이 아니라, 리얼리티 자체가 가지고 있는 힘을 그대로 살려 시청자들에게 공감과 감동을 제공한다.

나영석 PD의 수많은 프로그램들 중 조금 더 집중해서 살펴보고자 하는 프로그램은 tvN에서 방영되었던 〈스페인 하숙〉이다. 같은 형식으로 방영되었던 〈삼시세끼〉 시리즈 혹은 〈윤식당〉 시리즈 대신 이 프로그램을 고른 이유는 이들이 갔던 장소가 매우 특별한 곳이기 때문이다.

고생 끝에 찾는 특별한 장소

산티아고 순렛길이란 스페인의 수호성인인 성 야고보(St. Jakobus)의 무덤이 있는 스페인 북서쪽 도시 산티아고데콤포스텔라로 향하는 길로, 스페인과 프랑스의 접경에 위치하고 있으며 약 800킬로미터에 이르는 기독교 순렛길이다. 16세기 종교개혁으로 잠시 쇠퇴했으나, 1982년 교황 요한 바오로 2세(Johannes Paulus II)가 교황으로서는 최초로 산티아고데콤포스텔라를 방문하면서 가톨릭 신자들로부터 다시금 인기를 얻기 시작했다. 1987년 파울루 코엘류(Paulo Coelho)의 『순례자』가 출간된 이후 더욱 유명해지게 되었고, 1993년 '산티아고데콤포스텔라 순렛길'이라는 명칭으로 유네스코 세계문화유산으로 지정되면서 신자들뿐만 아니라 전 세계 여행자들 사이에 인기 있는 여행지가 되었다.

순렛길에는 다양한 경로가 있으나 대부분의 순례자들은 '카미노 프란세스(Camino Francés, 프랑스 길)'를 선택한다. 이 길은 프랑스 남부의 국경 마을 생장피에드포르에서 시작해 피레네산맥을 넘어 산티아고데콤포스텔라 대성당에 닿으면 끝나는 경로다. 완주까지 짧게는 30일, 길게는 40일 정도가 걸린다.

순례자들은 스페인 관광청이 판매하는 순례자 여권인 크레덴시알(Credencial)을 발급받는다. 이것은 해당 사람이 순례자임을 증명하는 문서로, 알베르게(Albergue)라는 순례자 숙소에 머물 수 있는 자격을 부여한다. 순례자들은 순례 여정에서 지나치는 숙소, 호텔, 레스토랑 등의 장소에서 세요(Sello)라는 스탬프를 받고, 이 스탬프를 받은 순례자는 산티아고데콤포스텔라에 도착해 순례 완주 증서를 받을 수 있다.

〈스페인 하숙〉을 촬영했던 알베르게가 있는 마을은 비야프랑카 델 비에르소로, 많은 순례자들이 이 마을에서 숙박을 한다고 한다. 이유는 다음 코스가 '오세브레이로(O Cebreiro)'라는 곳인데 무려 해발 1330미터의 정상에 마을이 있기 때문에 이곳에서 하루를 쉬면서 체력을 보충한다. 또한 비야프랑카 델 비에르소는 순렛길을 초·중·종으로 나누었을 때 '종'으로 들어가는 통과의례와 같은 마을이고, 다소 무게감 없이 시작했던 순례자들도 내면에 많은 변화가 일어나 조금 더 깊은 생각을 하게 된다고 한다.

〈스페인 하숙〉에서 운영했던 알베르게에 오는 순례자들은 나이, 성별, 국적에 상관없이 모두 20일 이상을 쉬지 않고 걸어온 사람들이다. 나영석 PD의 리얼리티 여행 프로그램의 대표적인 특징이라 할 수 있는 '사람'에 관한 이야기를 누구보다 잘 들려줄 수 있는 사람들이며, 보통의 사람들은 쉽게 할 수 없는 경험을 하고 있는 중이기도 하다.

순례자들은 각각 다른 시간에 알베르게를 방문한다. 하지만 그들은 모두 서로 한 번씩은 보았던 사이다. 심지어 전날에 왔던 순례자에게 얘기를 듣고 '스페인 하숙'에 묵으러 온 순례자도 있었다. 현대사회에서 나타나는 개인주의는 모두 배제된 채 그곳에서는 모든 사람들이 친구가 되고, 길동무가 될 수 있다.

순례자들은 현실에 치여서, 고민을 잊기 위해서 순렛길을 걷기로 결정했다고 말한다. 그리고 그들은 800킬로미터에 달하는 길을 걷는 동안 잡생각들이 아예 사라졌다고 말한다. 동시에 카메라는 순렛길에서 보이는 아름다운 자연의 모습을 하늘에서 촬영하며 순롓길을 소개하고, 시청자들에게 간접적인 경험을 제공함과 동시에 한 번쯤은 가고 싶다는 욕구 또는 희망을 심어준다. 누군가는 그들에게 현실을 도피하기 위해 이상한 일을 하고 있다고, 아직도 철없는 행동이나 하고 있다고 말할 수도 있겠지만, 필자는 그들이 한없이 멋있어 보였고, 대단해 보였다.

단절된 공간 속 막내 배정남의 존재감

사실 〈스페인 하숙〉은 지난 〈삼시세끼〉의 분위기와 큰 차이를 보이지 않는다. 달라진 점이라고는 생활환경이 산골 혹은 어촌에서 해외(스페인)로 옮겨진 것, 장작불과 가마솥에 의존하던 '차줌마' 차승원이 드디어 전기 압력밥솥, 가스레인지 등 최첨단(?) 기기를 사용할 수 있게 된 점, 본인들뿐 아니라 누군가에게 요리를 해준다는 점일 것이다. 차승원 + 유해진의 조합 또한 재미는 보장되었지만 이전에 보았던 그림이었기에 조금 우려가 있었던 것도 사실이다.

이전 프로그램들에서 둘은 역할 분담이 있기는 했지만, 마당이라는 공용의 공간에서 모든 것을 진행했었다. 하지만 〈스페인 하숙〉에서는 알베르게의 특성상 둘의 작업환경이 크게 나뉘었다. 유해진은 주로 프런트와 야외 작업을 담당했고, 차승원은 여전히 주방에서 일을 했다. 둘 사이의 작업 공간이 넓어진 만큼 두 사람의 조화는 당연히 떨어질 것이고, 자칫 삭막한 분위기가 이어질 수도 있었다.

하지만 둘 사이에서 배정남이라는 출연자가 기대 이상의 역할을 해준다. 다소 서툴기는 하지만 주방 보조로서 차승원을 성실히 뒷받침해 주며 〈스페인 하숙〉 속 맛깔나는 '양념'의 몫을 담당해 낸다. 처음엔

의기양양 일을 하다가도 금방 체력이 방전되는 모습은 프로그램의 재미를 살려주는 장점으로 되돌아온다. 이렇듯 그가 보여주는 인간미는 시청자들에게 기분 좋은 미소를 만들어준다. 앞서 〈삼시세끼〉에 출연했던 막내 손호준이나 남주혁과는 차별화된 배정남의 매력은 〈스페인 하숙〉 속 이야기를 풍성하게 한다.

그는 모델 출신으로 2017년 영화 〈보안관〉을 통해 연기자로 변신에 성공했고, 〈무한도전〉에 거의 반고정에 가까울 정도로 출연하며 대중의 선입견을 바꾸고 연예 활동이 이전과 180도 달라졌다. 특히 SBS 〈미운 우리 새끼〉에 출연해 친할머니 손에서 어렵게 자란 그의 과거가 다시 한번 소개되고, 자신을 거의 키우다시피 했던 하숙집 할머니를 찾아가는 모습이 방영되며 고정 출연자들뿐 아니라 시청자들도 함께 눈물을 흘리게 만들었다. 일련의 예능 출연으로 그는 제2의 전성기를 맞이했다고 해도 과언이 아닐 것이다.

스페인 출국에 앞서 노트에 빼곡히 채운 한글로 적힌 스페인어의 각종 단어와 그림을 꾸준히 외우며 현지촬영에 대비하는 모습은 그가 어떻게 여기까지 왔는지 보여주는 중요한 장면이었다. 부족하지만 노력을 기울인 덕분에 서툴고 투박한 발음이지만 장을 볼 때 현지 상인들과 대화를 나누고 물건을 구매하는 등 프로그램에 작지만 큰 힘이 되는 역할도 담당한다.

그는 그가 캐스팅된 이유를 스스로 증명해 냈다. 자칫하면 단조로워지고 이전과 똑같을 뻔했던 프로그램의 분위기를 바꾸는 감초 역할을 톡톡히 해냈다. 이렇게 나영석 PD의 예능 세계에서 또 한 명의 인재가 탄생했다.

작은 한 걸음이 주는 큰 행복

순례자들 모두가 지친 상황에서 그들을 맞이하는 저녁 메뉴는 바로 '한식'이다. 유해진이 저녁 메뉴를 읊어줄 때 지쳐 있던 그들의 표정은 한껏 밝아지고, 차승원이 정성스레 준비한 음식을 먹을 때 그들의 표정은 행복으로 바뀐다. 외국에서 오래 살아본 경험이 있다면 공감할 테지만, 처음에는 그 나라의 음식을 먹다가도 나중에는 결국 한식을 찾게 된다. 더군다나 그들은 600킬로미터 이상을 걸어온 사람들이기 때문에 음식에 대한 갈망이 더욱 컸을 것이다. 아무리 밥 한두 끼에 불과할지라도, 순례자들은 그 안에서 큰 행복을 느끼게 된다.

〈스페인 하숙〉에서는 순례자들만이 묵을 수 있는 알베르게 문화를 소개한다. 알베르게는 싼 가격으로 잠과 식사, 빨래 등을 모두 해결할 수 있고 다른 순례자들과 함께 지내며 서로의 경험을 공유할 수 있는 곳이다. 다른 나라에 갔을 때 어떤 것을 '보느냐', '먹느냐', '체험하느냐'도 중요하지만 가장 중요한 요소는 어디서 '자느냐'일 것이다. 〈스페인 하숙〉의 알베르게에 왔던 첫 순례자는 5성급 이상이라는 말을 하고, 다른 순례자들도 '베드 버그(Bed Bug)'를 신경 쓰지 않고 잔 적이 오랜만이라고 한다. 그만큼 다른 곳보다 이곳이 좋고 쾌적하다는 것이다. '1박 정도쯤이야'라고 생각할 수도 있겠지만, 지금까지 걸어왔고, 또 걸어가야할 그들에게 하루의 쾌적한 환경이란 절대 사소한 것이 아닐 것이다. 〈스페인 하숙〉의 알베르게는 순례자들에게 잠의 행복을 준다.

세 명의 출연자들은 정확한 역할 분담과 점점 맞아가는 조화를 통해 시청자들에게 행복을 선물했다. 유해진은 프런트 업무, 청소, 전반적인 시설 관리에 그치지 않고 순례자들의 컨디션까지 관리하는 만능 일꾼으로 거듭났고, 차승원은 〈삼시세끼〉에서 보여주었던 요리 실력을 마음껏 뽐내며 한국인 순례자들의 입맛뿐 아닌 외국인 순례자들의 입맛까지 모두 사로잡았다. 배정남의 기본 임무는 주방 보조였지만, 시간이 지날수록 디자이너의 일까지 하는 등 다양한 일을 척척 해냈다. 그뿐만 아니라 영국과 스페인 등 다양한 국적의 순례자들이 우리에게 감동과 웃음을 선사했는데, 함께 기타를 치며 노래를 부르는가 하면 영국 순례자가 만난 아내와 사별하고 순롓길을 걷고 있는 77세 이탈리아 노인의 이야기는 시청자들의 눈물을 훔치기 충분했다. 시청자들은 함께 사는 인생의 아름다움 또한 배우고 있는 것이다.

웃기는 사람이 아닌, 좋은 사람들의 행복 찾기

앞서 〈스페인 하숙〉을 긍정적인 시각에서 바라보았다. 물론 이 프로그램이 좋은 점만 있는 것은 결코 아니다. 드라마틱한 스토리라인도 없고, 이전과 다르지 않은 포맷을 사용했기 때문에 뻔하고 예상이 간다는 평가도 분명 존재할 것이다. 하지만 나영석 PD의 예능이 계속 사랑을 받는 이유는, 식사나 대화, 만남과 같이 매일같이 반복되는 사건들에 의미를 부여하고 확대, 관찰해 의미를 극대화시켜 주변 사람들의 소중함과 열심히 보낸 오늘 하루를 돌아보게 한다는 점 때문일 것이다.

출연자들을 캐릭터화하고 경쟁 대신 공감을 사용해 시청자들에게 호소력을 높여 스타들의 친근하고 진솔한 모습을 시청자들이 수용하고, 출연진 각자에게 부여한 캐릭터와 미션 수행 과정을 통해 서사를 구축한다. 더 나아가 〈스페인 하숙〉에서는 특별한 경험을 하고 있는 순례자들에게까지 캐릭터를 부여해 시청자들과의 괴리감을 줄이고 더욱 호소력을 높이며 공감과 희망, 행복까지 전달한다.

또한 그 안에서 '여행'이라는 중심 키워드 또한 빼놓지 않고 전달한다. 출연자와 순례자들의 대화를 내보내는 동시에 카메라는 아름다운 자연과 평화로운 마을을 담아내며 우리에게 익숙하지 않은 산티아고 순렛길과 알베르게 문화를 소개하며 새로움, 재미, 의미까지 동시에 잡아낸다.

드라마틱한 스토리라인이 없을지라도 그 어떤 드라마보다 흡입력이 강하고 이들을 보다 보면 나도 모르게 그들의 공간에, 그들의 사이에 속하고 싶게 한다. 나영석 예능에서 말하는 삶의 로망이란 거창하거나 멀리 있는 것이 아니다. 바로 우리의 주변에, 오늘 하루에 있는 것이다. 어딘가 떠나지 않더라도 로망이 되고, 그들을 응원하며 희망을 갖는 것이 〈스페인 하숙〉이 우리에게 주는 의미이자 행복이다.

공간의 변주, 로드 TV로 진화하다

tvN 〈유 퀴즈 온 더 블럭〉을 중심으로

방연주

"우리는 누구나 보이는 세상이 진실이라고 믿고 살아가기 마련입니다." 영화 〈트루먼 쇼〉의 주인공인 평범한 직장인 트루먼의 삶은 220개국 17억 명의 사람에게 5000대의 카메라로 24시간 생중계된다. TV 스튜디오의 삶이 허구와 진실, 가상과 실제 공간 사이에 놓여 있었기에 영화가 끝날 무렵에는 '과연 트루먼의 인생이 진짜였을까'라는 질문을 던지게 된다. 트루먼의 이야기가 낯설지 않을 정도로 방송가에서는 스튜디오 예능, 리얼 버라이어티의 유행에 이어 '관찰 예능' 열풍이 이어지고 있다. 진짜와 가짜 사이에서 아슬아슬한 줄타기가 벌어지고 있다.

우리는 화면을 통해 무언가를 본다. 카메라가 비추는 공간은 프로그램의 배경이자 소재이자 세상을 바라보는 렌즈다. 따라서 방송에서 '보이는 공간'은 제작진의 기획 취지, 출연자 및 게스트의 흥행력만큼이나 꽤 중요한 역할을 한다. 과거에는 스튜디오라는 한정된 공간을 통해 진짜와 가짜의 경계를 명확히 나누었다면, 다매체·다채널 시대를 맞이하면서 프로그램 속 공간의 경계는 희미해지고, 오히려 공간을 좀 더 적극적으로 변주하고 있다.

최근 관찰 예능의 홍수 속에서 우리가 놓쳤던 '진짜'를 보여주는 방식의 변화도 엿보인다. 앞서 언급한 공간의 변주에 따라 출연자를 바라보는 관점의 변화도 일어나고 있다. 그간 연예인 출연자의 전유물이었던 마이크는 그럴듯한 서사가 없을 것만 같은 평범한 사람에게 넘겨지고 있다. 연예인 출연자의 역할도 역동적으로 프로그램을 이끄는 방식보다 평범한 사람의 조력자를 자처하고 있다. TV 속 주인공이 된 시민은 콘텐츠 수용자가 아닌 생산자로서 환류 작용에 동참하며 새로운 가능성을 보여주고 있다.

누구에게도 개방되지 않는 공간

1990년대부터 2000년대 초·중반까지 방송 프로그램 속 공간은 단선적이었다. 연예인 출연자를 위한 '화자(話者)'의 공간과 이들을 지켜보는 '청자(聽者)'의 공간으로 양분되었다. 방송가에서 1990년대 중반부터 흥행한 예능 장르인 토크쇼에서는 양분화된 공간이 두드러졌다. 무대는 연예인 진행자와 게스트인 출연자의 후광효과를 만드는 데 이바지하고, 방청석은 출연자를 위한 일종의 효과음 역할을 하는 데 그쳤다. 그러던 중 2000년대 중반 이후 예능의 재미를 살리기 위한 공간을 활용하기 시작했다. 대표적으로 KBS 〈해피투게더〉 시리즈가 있다. 신동엽, 이효리 등 당대 톱스타 진행자와 게스트가 노래 가사를 틀리지 않고 부르는 〈쟁반노래방〉으로 전성기를 누렸다. '청자의 공간'을 배제하되, 좁은 공간을 활용하며 TV 밖 시청자의 집중도를 높인 셈이다.

점차 예능 프로그램이 대중으로부터 관심을 받으면서 포맷이 다양해지고 시청자의 구미에 맞춰 세분되고 있다. 리얼 버라이어티와 기존 스튜디오 예능에 더해 관찰 예능, 육아 예능 등이 예능 경향을 주름잡고 있다. 스튜디오 예능에서는 옥탑방, 대중목욕탕, 부엌, 교도소 등 그 나름의 콘셉트를 내세운 공간을 무대로 삼는다. 육아 예능의 부흥을 이끈 KBS 〈슈퍼맨이 돌아왔다〉부터 자연스러운 일상을 담아낸 관찰 예능 tvN 〈삼시세끼〉 시리즈에서는 스타의 집 혹은 산촌, 어촌 등 특정한 마을과 공간을 배경으로 한다. 이러한 공간은 시청자의 욕구를 대리만족시켜주거나 혹은 스타의 사생활을 엿보고 싶은 호기심을 자극한다. 예능의 포맷은 진화했지만, 여전히 콘텐츠 생산자(제작진/출연자) 중심의 공간 활용법을 고수하고 있다.

이렇게 제한된 공간은 일종의 성(城)과도 같다. 최대한 외부 환경에서 발생할 수 있는 변수를 배제하고, 온전히 출연자 중심으로 시청자의 이목을 집중시킬 수 있다는 점에서다. 프로그램의 기획에 따라 제한된 공간을 때로는 유희의 공간으로, 경쟁의 공간으로 그리고 치유와 탈주의 공간으로 그 나름의 변신을 거듭하지만, 시청자의 위치는 쉽사리 '청자'에서 벗어나기 어렵다. TV 속 공간이 아무리 신나 보여도 실상 출연자, 게스트, 제작진만 왕래 가능한 '출입 제한 구역'이라는 것은 누구나 아는 사실이기 때문이다. 이처럼 방송 프로그램 속 공간은 제작진이 의도하든, 의도하지 않았든 간에 출연자와 시청자의 관계 맺기가 투영될 수밖에 없다.

리얼리티를 담아내기 위한 공간의 변주

최근 방송 프로그램에서는 장르를 불문하고 '공간'이 확장되는 추세다. 이미 교양 프로그램으로 자리 잡은 KBS 〈다큐멘터리 3일〉에서는 직접 소시민의 삶터로 향하고, KBS 〈김영철의 동네 한 바퀴〉에서는 김영철이 직접 동네 한 바퀴를 돌며 사람들을 만나 도란도란 이야기꽃을 피우고 있다.

2018년 11월부터 정규 편성된 KBS 〈거리의 만찬〉에서 비추는 공간의 의미는 남다르다. 우리가 놓친 사회적 의제를 '공간'을 통해 전하고 있기 때문이다. 경찰, 기상청, 대학 병원, 대림동, 소방서, 을지로, 장애 학교 등 '당사자성'이 두드러지는 장소를 찾아가 당사자와 깊이 있는 인터뷰를 진행한다. 한일 간에 갈등이 고조되던 2019년 8월에도 대형 논쟁거리에 밀려 자칫 놓칠 법한 곳을 찾았다. "고속도로 로망스 편"(35회분)에선 서울 톨게이트와 청와대 사랑채 앞에서 한 달 넘게 농성 중인 사람들을 찾아가 톨게이트 요금 수납원이 거리에 나선 이유를 물었다.

예능 장르에서도 공간의 변주가 두드러지고 있다. 그동안 리얼 버라이어티를 이끈 KBS 〈해피선데이: 1박 2일〉, MBC 〈무한도전〉, SBS 〈런닝맨〉 등에서는 공간보다 프로그램 속 출연자들이 캐릭터를 얼마나 잘 구축하느냐에 따라 성패가 갈렸다. 예컨대 출연자에게 깐족거리는 캐릭터가 부여되었을 때 이를 핵심 캐릭터 요소로 가져가며 다른 출연자와의 상호작용을 통해 재미를 발굴해 냈다. 따라서 출연자의 캐릭터에 맞춘 편집은 오히려 프로그램의 강약 조절로 여겨졌다.

앞서 언급했듯이 관찰 예능이 급부상하면서 '리얼리티(reality)'가 주목받았다. 리얼리티는 마치 실제 사건이나 공간처럼 보인다고 할 정도로 '그럴듯함'을 지칭한다. 한편으로는 재현 장르가 갖는 가공성을 배제한 것을 의미한다. 관찰 예능의 흥행을 이끈 육아 예능에서도 연예인들의 일상, 가족관계 등 상황 자체의 '자연스러움'에 초점을 맞추었다. 인위적인 편집보다 솔직하게 표현하는 진정성을 프로그램 전략으로 삼았다.

평범한 사람, 주변인에서 주인공으로

관찰 예능의 범람 속에서 지난 2018년 8월 첫발을 뗀 tvN 〈유 퀴즈 온 더 블럭〉의 무대는 '길거리'다. 유재석과 조세호가 사람들의 일상 속으로 직접 찾아가 담소를 나누고 깜짝 퀴즈를 내는 길거리 퀴즈쇼를 표방한다. 서울, 인천, 대구, 대전, 영주, 수원을 비롯해 세운상가, 경의선 및 문해 학교 등 우리 일상 곁으로 성큼 다가와 사람들의 안부를 묻는다. 출연자들이 특정한 임무를 완수하기 위해 공간을 택하기보다 오히려 길거리에서 스치듯 지나치는 사람들과 만나면서 서사를 쌓아간다. 버젓한 스튜디오도 색다른 공간도 찾아가지 않지만, 그야말로 누구나 걸어다니는 길거리를 '환대의 공간'으로 만들고 있다.

사실 〈유 퀴즈 온 더 블럭〉의 시작은 미약했다. 2018년 방영 당시에는 시청률이 1퍼센트대 초반까지 내려갔다. 휴식기와 재정비를 거쳐 2019년 4월 방송을 재개한 뒤로는 줄곧 시청률 2퍼센트대 이상을 유지하고 있다. 2018년엔 시민들이 다섯 개의 문제를 풀어야 상금을 받을 수 있었던 데 반해 올해부터는 한 문제의 정답을 맞히면 100만 원을 획득할 수 있도록 퀴즈쇼의 문턱을 대폭 낮추었다. 더불어 시민 인터뷰에 방점을 찍고 있다. 순발력과 재치를 겸비한 진행자 유재석은 이미 〈무한도전〉에서도 추격전을 벌이는 와중에 틈틈이 시민 인터뷰를 챙길 정도로 길거리 인터뷰를 통해 재미를 만들어냈다. 〈유 퀴즈 온 더 블럭〉에서는 자극적인 소재는 없지만, 시민들을 "자기님"이라고 부르는 순간 시청자를 '청자'의 위치에서 '주인공'으로 전복시킨다.

　길거리로 나선 〈유 퀴즈 온 더 블럭〉의 주인공은 바로 그 길을 걷고 있는 사람이다. 이들의 첫 만남은 연예인과 행인으로서 놀라움과 반가움으로 시작된다. 유재석과 조세호는 남녀노소 구분하지 않고 길에서 마주친 사람들에게 안부를 묻는다. 취업난을 겪고 있는 취업 준비생, 팍팍한 현실에 시달리는 자영업자, 놀고 싶지만 공부해야 하는 아이들에게 인생의 풍년과 흉년이 무엇인지, 육체가 정신을 지배하는지, 정신이 육체를 지배하는지 등 알쏭달쏭한 질문을 던지면 의외의 이야기들이 쏟아진다. 인터뷰가 진행될수록 연예인-행인의 관계에서 조력자-주인공의 관계로 역전된다.

　이어 〈유 퀴즈 온 더 블럭〉에서는 1인칭 인터뷰를 혼합해 활용하고 있다. 1인칭 인터뷰는 대개 다큐멘터리에서 활용하는 기법이지만, 〈유 퀴즈 온 더 블럭〉에서는 진행자와의 토크 이후에도 따로 시민 인터뷰를 삽입해 사실감을 불어넣고 있다. 2019년 8월 "광복절 특집 편"에서는 해남 땅끝마을로 향했다. 해외 강제 노역과 비교해 잘 알려지지 않았던 국내 강제 노역의 역사를 조명한 것이다. 1940년대 옥매광산에 징용되어 유일하게 생존한 김백운 님의 생생한 증언은 구술사적 의미를 더했다. 〈유 퀴즈 온 더 블럭〉은 예능의 핵심인 재미를 추구하면서도 평범한 사람과의 만남을 통해 과거부터 동시대까지 유효한 이야기를 발굴하며 사회적 의미를 구축하고 있다.

픽션의 공간이 팩트의 공간으로, 개인에서 공동체로

〈유 퀴즈 온 더 블럭〉이 스튜디오 대신 길거리를 택하고, 유명한 연예인 대신 평범한 시민에게 마이크를 건넸다는 것은 급변하는 미디어 환경의 변화와 맞물린다. 다매체·다채널 시대로 재편되면서 레거시 미디어(Legacy Media)[1]를 위협하는 1인 미디어 시대가 도래했다. 실제 '1인 방송'에서는 평범한 사람들이 그럴듯한 스튜디오 대신 단출한 공간에서 뷰티, 먹방, 여행 등 자신만의 퍼스널리티(개인의 특성)와 생활양식을 반영한 콘텐츠를 제작해 대중의 호응을 얻고 있다. 1인 미디어의 활성화는 방송사의 변화를 요구한다. 그러나 덩치 큰 방송사에서는 프로그램의 시청률과 화제성이 수익과 직결되는 상황에서 기존의 방송 문법에서 벗어나 무작정 변화를 택하기 쉽지 않지만, 〈유 퀴즈 온 더 블럭〉에서는 시민 인터뷰를 통해 만나는 사람 각각의 퍼스널리티에 주목하고 있다.

　　〈유 퀴즈 온 더 블럭〉은 예능 판도의 미세한 균열과도 맞물려 있다. 현재 예능의 주류가 된 관찰 예능은 방송 초기만 해도 출연자의 자연스러운 일상을 '진짜', '리얼'이라고 방점을 찍으면서 대중의 관심을 유도했다. 하지만 방송사들이 앞다퉈 관찰 예능을 제작하면서 종종 인위적인 편집과 조작 논란이 불거졌다. 아무리 '있는 그대로' 보여준다고 해도 편집 영역에서 공감대를 형성하기 어렵거나 부차적인 논란을 만들며 소모적인 논쟁으로 이어지는 것이다. 이에 반해 유재석과 조세호가 걸어 다니는 길거리는 서울이든, 수원이든, 대구든 허구가 아닌 실제의 공간을 바탕으로 한다. 길거리에서 만나는 사람도 섭외된 출연자가 아닌 '진짜' 시민이다.

1　　종이 신문, 지상파방송 등의 전통 미디어.

이러한 방식의 〈유 퀴즈 온 더 블럭〉은 '탈(脫)진실' 시대를 살아가는 대중의 피로감을 덜어낸다. 우리가 발을 딛고 서 있는 세계는 마치 방송 프로그램처럼 진짜와 가짜가 뒤범벅으로 섞여 있다. 가짜 뉴스를 비롯해 선전의 홍수 속에서 살다 보니 오히려 삶의 실체가 가짜처럼 보일 때도 있다. 과거보다 수많은 정보를 손쉽게 얻을 수 있지만, 그 정보의 근거를 낱낱이 확인하기 어려워 믿거나 믿지 않거나 둘 중 하나를 택해야만 하는 처지에 놓인다. 하지만 〈유 퀴즈 온 더 블럭〉 속 '진짜배기' 공간과 사람의 이야기는 근거가 있기에 믿을 수 있다. 오히려 평범한 사람들의 이야기를 있는 그대로 담아내며, 우리가 이웃에 대해 살아가는 세상에 대해 얼마나 오해하고 있는지 혹은 무엇을 놓쳤는지 일깨운다.

　　한스 로슬링(Hans Rosling) 등이 펴낸 책 『팩트풀니스』에서는 '사실 충실성'을 언급한다. 저자는 우리가 세상에 대해 얼마나 무지한지, 무지가 어디서 비롯하는지를 짚고, 세상을 사실대로 보는 법을 제안한다. 현대인은 온갖 사건·사고 뉴스에 파묻히면서 소소한 일상을 살아가는 사람들 혹은 소외당한 사람들의 이야기에 귀 기울일 시간이 충분하지 않다. 바삐 돌아가는 세상에서 〈유 퀴즈 온 더 블럭〉은 동시대를 살아가는 다양한 구성원의 목소리를 통해 사람과 사람의 연결을 말하고 있다. TV 속 진정성 있는 화자의 발언은 TV를 보고 있는 시청자와 정서적인 공감대를 형성한다. 현재 소셜 네트워크 서비스가 새로운 사회적 공간을 만든 만큼 실제인지, 허구인지 헷갈리는 지점에서 〈유 퀴즈 온 더 블럭〉은 누구도 소외시키지 않는 시민참여의 공간으로 거듭나고 있다.

좋은 사람이라서 이기는 세상은 가능한가

tvN 〈60일, 지정생존자〉, 한국적인 민주주의 리더십에 대한 질문

이준목

좋은 사람이 곧 좋은 리더가 될 수 있을까. 일상생활에서 '사람 좋다'는 말은 기분 좋은 칭찬이겠지만 경쟁과 성과로 평가받는 조직 사회에서도 꼭 그런 것은 아니다. 오죽하면 '리더가 사람 좋으면 그 조직은 꼴찌'라는 이야기도 있을 정도다. 그런데 이런 인물이 풍전등화의 위기에 놓인 비상 상황에서 국가의 리더가 된다면? 선의는 있지만 국민에 의해 선출되지도 검증되지도 않은 리더가 국가를 이끌어갈 자격은 있을까. 그리고 과연 국민은 그런 리더를 믿고 국가를 맡길 수 있을까. tvN 드라마 〈60일, 지정생존자〉는 테러로 대한민국 국가 수뇌부가 전멸한 상황이라는 초유의 가정 속에서 원하지 않게 권한대행을 맡게 된 환경부 장관 박무진(지진희 분)을 중심으로 시험대에 오른 민주주의국가의 리더십과 시스템에 대해 질문을 던진다. 학자 출신의 박무진은 정치 경력이라고는 장관 6개월이 전부이고, 그나마 대통령으로부터 막 경질 통보를 받은 신세다. 정치에 관심도 없었고 권력의지도 전무했던 박무진이지만 아이러니하게도 경질당한 탓에 대통령과 국무위원 전원이 사망한 국회 의사당 테러의 참화를 피했고, 유일하게 살아남았다는 이유로 하루아침에 대통령 권한대행의 자리에까지 오르는 인생 역전의 주인공이 된다.

우연한 기회에 본의 아니게 큰 책임을 짊어진 주인공, 기득권에 물들지 않았기에 국민들의 마음을 더 잘 대변할 수 있는 순수하고 참신한 리더십이라는 설정 등은 사실 기존 히어로물이나 정치 드라마에서는 익숙한 캐릭터다. 다만 박무진에게는 훨씬 어려운 핸디캡이 따른다. 박무진이 감당해야 할 현실은 〈국민 여러분〉의 양정국(최시원 분)이나 〈보좌관〉의 장태준(이정재 분)에 비해 훨씬 막중한 데 비해 그에게 주어진 시간은 고작 60일뿐이다. 그동안 박무진은 국가를 전복하려는 테러 조직의 실체를 추적하고, 매 순간 복잡한 여러 국정 과제를 놓고 어려운 결단을 내려야 하며, 군부-언론-야당 등 끊임없이 자신을 의심하는 안팎의 세력들과 공존하며 국가 지도자로서의 정치적 역량까지 증명해야 한다. 애당초 정치 경험도 권력의지도 부족하게 설정된 박무진이 어느 날 갑자기 완벽한 리더로 환골탈태하는 줄거리였다면 이 작품은 현실성에서 멀어진 그저 그런 정치 판타지가 되었을 것이다.

하지만 여기서부터 〈60일, 지정생존자〉는 원작인 미국판과 살짝 방향을 달리한다. 원작의 톰 커크먼은 박무진과 성격은 비슷하지만 그는 권력을 승계하는 순간부터 정식으로 권한과 지위를 보장받은 차기 대통령 신분이다. 미국판 〈지정생존자〉의 매력은 커크먼이라는 인물이 어떻게 대통령의 역할에 적응하며 미합중국이라는 대국의 리더에 걸맞게 성장해 가는지에 초점을 맞춘 미국식 영웅담에 좀 더 가깝다. 반면 미국과는 또 다른 한국의 정치 현실에서 박무진의 지위는 어디까지나 다음 대통령을 선출할 때까지 '60일 시한부로 한정된 권한대행'일 뿐이다. 이로 인해 그는 작품 내내 적극적으로 권력을 행사하기보다 자신의 역할과 정체성에 대해 끊임없이 고뇌하고 망설이는 모습이 더 자주 보인다. 물론 항명하는 합참의장을 과감하게 해임하고, 대통령령을 발동해 탄압받는 탈북자들을 구원하는 에피소드들은 원작의 기본 설정을 그대로 이어받았지만 해결사로서의 카타르시스를 느끼게 하기보다는, 매 순간 현실의 벽에 부딪히며 지도자로서 어려운 결단을 내려야 하는 박무진의 고뇌가 더 부각된다. 한국판은 박무진 개인의 영웅담이나 성장 스토리라기보다 민주주의 정치제도에서 '권력의 정당성'과 '리더의 자격'이란 무엇인가 하는 질문에 더 초점을 맞추고 있기 때문이다.

'합리적 개인주의'와 '선택적 정의' 사이의 줄다리기

일단 정치인으로서 박무진이라는 인물이 가진 매력은 그가 인간적으로 '좋은 사람'이라는 데서 출발한다. 아내와 아들을 지키기 위해 불륜남이라는 오해까지 감수하려 하고, 학자적 양심을 지키기 위해 대통령 앞에서 직언을 하고 장관직을 내려놓는가 하면, 자신의 명령으로 위험한 작전을 수행하다가 순직한 특공대원의 관 앞에서는 죄책감에 눈물을 흘린다. 대통령 권한대행이 되어서도 그가 행사하는 모든 권력은 항상 자신의 사익이나 권모술수의 수단이 아닌 국익과 대의를 위해서라는 명분으로만 이뤄진다. 이러한 박무진의 지나칠 정도의 순수함은 정치인으로서 비현실적이라고 지적할 수도 있지만, 민주주의 체제일수록 인격에 대한 신뢰는 자연스럽게 지도자의 도덕적 권위로 이어진다는 점에서 충분히 가능한 설정이다.

물론 "지옥으로 가는 길은 선의로 포장되어 있다"라는 서구의 격언처럼 현실 정치에서 지도자 개인의 도덕성이나 선의에 의한 시도가 곧 정치적 역량과 일치하는 것은 아니다. 이런 한계를 보완하는 또 다른 특성이 바로 박무진의 이성주의적인 사고다.

박무진은 화학자이고 대학교수 출신이라는 설정에 맞게 모든 사안을 최대한 객관적인 데이터나 상식에 기반한 논리로 이해하려는 면모를 보인다. 애당초 정당에 소속되어 있지도 않고 특별한 정치철학이나 이념을 드러내지도 않는 만큼 진영의 이해관계에 있어서도 자유롭다. '차별금지법' 같은 민감한 법안을 정치적 계산 없이 추진하려 들거나, 시민의 권리를 다하라는 한주승 실장(허준호 분)의 설득에 권한대행 사퇴를 철회하는 것은 박무진이라는 인물의 정체성을 잘 보여주는 장면이다.

이러한 묘사에서 드러난 박무진의 본질을 정리하자면 휴머니즘을 근간으로 한 '합리적 개인주의자'에 가깝다고 할 수 있다. 박무진은 사회적으로는 엘리트 지식인이지만 정치판에서는 아웃사이더에 가깝다. 하지만 자신의 이익만을 추구하는 이기주의나 일방통행식의 권위주의와도 거리가 멀다. 남의 눈치를 보지 않고 자신이 옳다고 믿는 소신을 지켜나가면서도 타인의 생각에 귀를 기울이고 때로는 현실과 타협할 줄 아는 유연함도 갖추었다.

판사 문유석은 『개인주의자 선언』에서 "합리적 개인주의자란 개인의 힘만으로는 바꿀 수 없는 문제를 해결하기 위해 타인들과 연대하며, 개인주의, 합리주의, 사회의식이 균형을 이룬 인물"이라고 정의했다. 이런 유형의 인물이 만일 국가의 지도자가 된다면 어쩌면 그것은 바로 박무진 같은 지도자일 것이다.

반면 극 중에서 박무진과 가장 대척점에 있는 인물이 바로 오영석(이준혁 분)과 한주승이다. 민주 시민으로서 개인의 합리적인 사고와 상식을 중시하는 박무진에 비해 오영석과 한주승은 각자 철저하게 그들만의 집단주의적 신념과 대의로 무장한 인물들이다. 전쟁 영웅 출신인 오영석과 대통령의 최측근이었던 한주승이 테러의 배후 세력과 결탁하면서 자신들의 정당성을 스스로 합리화하는 모습은 상식으로는 이해하기 힘들지만, 한편으로 목표를 위해 수단, 방법을 가리지 않는 정치의 비정한 속성을 보여주는 장면이기도 하다. 삐뚤어진 신념과 무분별한 권력이 만났을 때 어떤 악당보다 더 위험한 괴물이 탄생할 수도 있는 것이다. 그리고 현실의 세계에서는 어쩌면 박무진보다 오영석과 한주승 같은 인물을 찾아보기가 더 쉬운 것도 사실이다.

오늘날 현실 속의 한국 사회가 드라마보다 더 심각한 갈등과 분열의 시대에 빠져 있는 이유도 오영석과 한주승처럼 저마다의 '선택적 정의'에만 깊이 매몰되어 있기 때문인지도 모른다. '개혁', '공정', '정의' 같은 가치 지향적 프레임을 앞세워 누군가는 적폐가 되어야 하고 누군가는 '내로남불'이라며 비판받으며 서로를 타도해야 할 적으로 규정한다. 선과 악의 이분법에 따라 서로의 존재 가치를 부정하니 그 속에서 진정한 대화와 공존이 들어갈 자리는 보이지 않는다.

정의로 가는 길은 늘 한 가지 정답밖에 없을까? 하나의 정의에 권력이 몰렸을 때 어떤 세상이 올까. 오영석은 "국민을 보호하지 못한 무능한 국가. 대한민국이 한없이 부끄럽다"라고 나약하고 무능한 정치를 비난하지만 그가 내세운 대안이란 결국 군사독재 시절을 연상시키는 권위주의형 리더십으로의 회귀였다. 극 초반 '노론 이후 유일한 정권교체' 운운하며 양진만(김갑수 분) 정권에 대한 자부심을 보였던 한주승은 마지막에 본색을 드러내면서 "대한민국은 양진만 같은 대통령을 가질 자격이 없었다"라면서 정권의 인기 하락과 테러의 책임까지 결국 자신들을 믿어주지 않은 '국민 탓'으로 돌린다. 어쩌면 보수와 진보를 막론하고 오늘날 한국 정치 진영의 모순을 보여주는 듯한 씁쓸한 장면이다. 한

편으로 현실과 달리 드라마에서는 청와대와 가장 대립 관계여야 할 야당의 대표 윤찬경(배종옥 분)이 오히려 박무진과 서로 협력하고 때로는 이해하는 모습까지 보여주는 장면과도 대조된다.

'소통'과 '공감'이 권위보다 앞서는 시대

그렇다면 박무진은 지도자로서 가장 이상적인 인물일까. 극 중에서나 현실에서나 꼭 그렇다고 볼 수는 없다. 박무진이라는 인물은 앞서 언급한 장점에도 불구하고 역설적으로 그로 인해 지도자가 되어서는 안 될, 단점도 뚜렷한 인물에 더 가깝다. 극 중의 현실에서 정말로 박무진 같은 지도자가 등장하기를 기대하기는 어려울지도 모른다. 드라마처럼 극단적인 상황이 아닌 한 아무리 인품이 훌륭하고 합리적인 면모를 가지고 있어도, 자신만의 세력 배경이 미약하고 뚜렷한 정치 경륜도 없는 인물이 개인의 매력만으로 어느 날 갑자기 급부상하는 일은 한국 정치구조상 매우 드물다. 무엇보다 박무진은 자신만의 독자적인 정치 비전이나 철학을 제시한 적이 한 번도 없다는 점에서 현실에서라면 자신만의 콘텐츠가 부족한 '이미지 정치인'이라고도 비판할 수도 있다. 드라마가 원작과 달리 박무진을 끝내 대통령까지 만들 수 없었던 것도 어쩌면 현실에 근접한 묘사라고 할 수 있다.

어떤 면에서 박무진은 철저하게 민주주의 시스템이기에 그나마 가능한 유형의 지도자의 마지노선이기도 하다. 민주주의는 결코 영웅을 필요로 하는 제도가 아니다. 민주정치의 시스템은 그 본령에 충실할수록 대통령 개인의 1인 리더십에 의존하는 것을 경계하고 있다. 박무진 같이 카리스마나 권위와는 거리가 먼 인물, 심지어 선출되지 않은 인물이라도 합당한 절차와 시스템 안에서 충분히 자기 역할을 해낼 수 있음을 증명하는 것이야말로 민주주의의 한계와 저력이다.

주목할 것은 박무진 같은 지도자가 현실에서 있을 수 있느냐보다 정치인으로서 박무진이라는 인물이 대변하는 가치에 있다. 무엇보다 민주주의 체제의 정치인으로서 박무진이 지닌 최고의 미덕은 '공감과 소통'의 가치를 이해한다는 데 있다. 특히 박무진이 오영석이나 한주승에 비해 가장 확실하게 차별화되는 지점이 있다면 그것은 '자신만이 곧 정의'라는 독선이 없다는 점이다. 설사 자신이 옳다고 생각되는 일이라도 박무진은 권한을 앞세워 밀어붙이기보다 끊임없이 절차적 정당성에 대해 고민한다. 그것은 박무진이 다른 인물들과 달리 권력의 무게를 진심으로 두려워할 줄 아는 인물이기 때문이다.

〈60일, 지정생존자〉에는 박무진이 거의 매회 다양한 인간 군상들과 정치 현안을 놓고 논쟁하는 모습이 등장한다. 그것은 대부분 선악의 대결이라기보다는 각기 다른 정의와 신념의 충돌이기도 하다. 그런데 박무진은 대부분의 장면에서 주인공 포지션임에도 자신만의 정의를 강조하기보다는 마지막 결정 직전까지 최대한 상대의 이야기를 끝까지 경청하고 질문을 던지는 모습을 보여준다. 심지어 이관묵(최재성 분) 합참의장이나 윤찬경 야당 대표, 오영석 의원, 우신영(오혜원 분) 기자 등 자신을 곤란하게 만들거나 정적 관계에 있는 인물이라도 감정적으로 대하는 모습을 좀처럼 보이지 않는다. 다수의 등장인물들이 박무진과 대면할 때마다 자신의 신념을 일방적으로 상대에게 주입하려 든다면, 박무진은 그 누구와도 일단 수평적으로 소통하려 하는 유일한 인물이다. 그래서 주인공이 화려한 언변이나 카리스마로 상대를 시원하게 제압하는 식의 드라마틱한 모습은 의외로 많이 등장하지 않는다. 오히려 대립하는 상황에서도 상대가 주는 교훈을 받아들이거나 때로는 상대의 논리에

휘둘러 전전긍긍하는 듯한 모습도 보여준다. 이런 장면은 박무진이 지도자로서 준비가 덜 된 아마추어라는 사실을 드러내는 것일 수도 있지만, 역설적으로 말하면 그가 기성 정치의 공학에서 벗어나 있기 때문에 가능한 순수함에 가깝다. 박무진이 기성 정치에 던지는 의문은 곧 상식과 원칙이라는 관점에서 일반 국민들의 눈높이를 대변하는 역할을 하고 있는 셈이다. 끊임없이 넘쳐나는 수많은 정보를 취합해 항상 최선의 판단을 내려야 하는 지도자의 고충을 보여줌과 동시에, 이 드라마가 그려내는 권한대행이라는 역할이 '난세의 구원자' 같은 영웅상이 아니라, 어디까지나 민주주의 가치관과 시스템에 충실한 '관리자'에 가깝다는 것을 의미한다. 한편으로 드라마는 박무진을 통해 민주적인 리더십의 가치를 이야기하지만, 정작 그 기반이 되어야 할 국민의 역할은 이 작품에서 그다지 부각되지 않는다. 선출되지 않은 권력이라고 해도 박무진같이 정치적 배경이 취약한 인물이 국가비상사태 속에서 국정을 이끌어가고 대선 주자까지 부상하는 데는 국민의 지지가 없었으면 불가능했을 것이다. 하지만 드라마가 국민의 목소리를 반영하는 것은 거의 대부분 수치화된 지지율 여론조사 정도에 국한되어 있다. 그나마도 등장인물들의 대사에 의지해 주로 정치인이나 언론의 기획에 따라 여론도 이래저래 부화뇌동을 거듭하는 단순한 수준으로밖에 묘사되지 않는다. 모든 사건을 주도하는 판은 처음부터 박무진이 중심이 된 청와대와 대테러팀을 중심으로만 제한된다. 어차피 미국판과 다른 노선을 걷기로 했으면서 오늘날의 한국식 참여민주주의를 견인한 '집단지성'의 힘을 표현하려는 시도가 없었던 것은 정치 드라마로서의 현실성을 확장시키지 못한 아쉬운 요소다.

착한 사람들이 이기는 세상? 이기는 방법이 하나일 필요는 없다

〈60일, 지정생존자〉의 결말은 호불호가 갈릴 만하다. 박무진은 처음에 시민의 의무와 권리를 다하기 위해 권한대행직을 수락했고, 결국에는 같은 이유로 대통령 출마를 포기하는 결정을 내린다. 테러 세력은 진압했지만 진짜 배후인 VIP의 정체는 끝내 밝혀내지 못했으니 완전한 승리라고는 할 수 없다. 누가 차기 대통령이 되었는지는 극 중에서 명확하게 보여주지 않았지만, 이후 청와대 스태프들은 다시 모여 학교로 돌아간 박무진에게 대선 출마를 권유한다. 박무진이 그 제안을 수락할지 아닐지도 열린 결말로 남았다.

깔끔한 권선징악이나 교통정리가 생각처럼 이뤄지지 않는 것은 사실 현실 정치와 크게 다르지 않다. 박무진은 진정한 승자일까, 아닐까? 대통령 출마를 포기한 것은 현실의 한계를 인정하고 굴복한 것이라고도 볼 수 있다. 그러나 굳이 자신이 아니더라도 누군가가 새로운 길을 열어갈 수 있도록 기회를 만들어주는 것이 진정한 민주주의라고 했을 때 오히려 자신의 방식대로 '이기는 길'을 선택했다고 볼 수도 있다. 정치 공학에 좌우되기보다 개인 스스로의 양심과 상식에 따라 판단하는 것이야말로 합리주의자다운 면모다. 오늘날 수많은 정치인들이 저마다 '국민의 뜻'을 앞세우지만 정작 현실은 집단주의와 이해 투쟁의 먹이사슬에서 자유롭지 못한 것과 비교된다. 박무진은 "당신도 역시 양진만 대통령처럼 실패할 것"이라고 조롱하는 한주승에게 "세상은 바뀌지 않을지도 모른다. 그래서 나도 변하지 않을 생각이다. 시행착오는 겪게 되겠지만 그게 실패는 아니다. 우리는 그것을 역사라고 부른다"라며 반박한다. 한주승과 박무진의 마지막 대화는 한국 민주주의 정치체제가 근현

대사의 수많은 굴곡 속에서 '그럼에도 불구하고' 여전히 소중하게 지켜져야 하는 이유를 모두 함축하고 있다. 민주주의 자체는 결코 완벽한 제도일 수 없지만 느리게나마 더 나은 세상을 갈망하는 '좋은 사람들의 희망'을 보루 삼아 지탱하고 있기 때문이다.

생활인의 철학, '자만추'의 미학

tvN의 〈유 퀴즈 온 더 블럭〉

한재연

1. 퀴즈쇼에서 토크쇼로

유재석과 조세호가 거리를 걷는다. 그들은 그 거리에서 우리가 언제나 어느 거리에서나 마주칠 것 같은 사람들을 만난다. tvN의 〈유 퀴즈 온 더 블럭〉(이하 〈유 퀴즈〉)은 프로그램 제목이 명시하는 것처럼 초반에는 프로그램 진행자와 시민이 만나 벌이는 길거리 퀴즈쇼였다. 하늘에서 내려오는 태양광이 조명이고, 길거리의 소음이 배경음. 출연자는 즉흥적으로 섭외되고, 관객 역시 길을 지나는 시민들이다.

흥미 요소로 제시된 것은 상금이었다. 퀴즈의 답을 맞히면 그 근처 현금인출기에서 바로 100만 원을 찾아준다는 것. 이 행운을 거머쥐려면 삼중의 우연이 겹쳐야 한다. 우선 길에서 유재석과 조세호를 만나야 한다. 그리고 그들의 눈에 띄어 잠시 이야기를 나누는 기회를 얻어야 한

다. 여기까지는 시민 출연자 본인이 할 일은 없다. 그다음이 문제다. 정
말 문제가 문제인 것이다. 자신이 아는 문제가 나오면 정답을 맞히고 길
을 가다 100만 원이 생기는 횡재를 얻는다.

초반의 길거리 퀴즈쇼라는 〈유 퀴즈〉의 프로그램 포맷은 이후 조
금씩 바뀐다. 이 변화를 진화라고 불러도 좋을 것이다. 〈유 퀴즈 온 더
블럭〉에서 '퀴즈'가 유난히 강조되었던 프로그램 포맷이 '유'와 '퀴즈' 그
리고 '온 더 블럭'이 모두 적절하게 시청자에게 재미를 주는 요소로 특화
되었기 때문이다. 이 말의 의미를 좀 더 자세히 음미해 보자.

2. 유(You): '나는 너다'를 일깨우는 '자기님'들

유재석은 한국 예능의 스타 중 스타이고 그가 나온 프로그램이 많고도
많지만 가장 대표적인 프로그램은 〈무한도전〉이었다. 그를 스타로 만
든 프로그램이 〈무한도전〉이고, 정상의 위치를 10년이 넘도록 지키게
해준 원동력도 〈무한도전〉에서 나왔다. 따라서 〈무한도전〉이 종영했
을 때, 그가 어떤 프로그램으로 시청자 앞에 모습을 드러낼지 궁금했다.

주말 예능 최고의 시청률을 자랑하던 프로그램의 메인 MC였던 그
는 〈무한도전〉 이후에도 여러 방송사의 다양한 프로그램에서 활약했
다. 그러나 그의 특기가 제대로 발휘된 프로그램은 단연 〈유 퀴즈〉다.
그의 예능인으로서 최고의 장점은 상대방을 돋보이게 만든다는 데 있
다. 그 사람이 누구든 유재석과 만나 대화하면 편안하게 자기 얘기를 잘
할 수 있다. 그 이야기 속에서 유재석은 폭소를 뽑아내기도 하고 감동을
끌어내기도 한다. 그 일을 상대방이 연예인일 때도 잘하지만, 특히 출연
자가 일반 시민일 때 유재석의 이런 특기는 유감없이 발휘된다.

〈유 퀴즈 온 더 블럭〉에서 가장 먼저 나오는 단어인 '유'를 보면 단어의 원래 뜻대로 '당신'도 떠오르지만 유재석의 '유'도 자연스레 떠오른다. 우리는 모두 '나'로 존재하지만 '나'를 '당신(You)'이라고 불러주는 또 다른 존재가 없다면 온전히 살아가기 어렵다. 우리는 모두 '나'로서 만나지만 '당신'이 되어야 존재의 관계망 안에 들어오는 것이다.

유재석은 조세호를 '자기'라고 장난스럽게 부른다. 이 '자기'라는 말을 당신(You)과 관련지어 생각하면 흥미롭다. 자기의 대화 상대에게 "자기야"라고 부를 때, 우리는 타자를 자기라고 부르는 셈이다. '나는 너다'의 관계. 이 말을 '너는 나다'로 바꿔도 좋다. 우리는 각자 외따로이 존재할 수밖에 없는 운명이지만 서로를 나처럼 여길 수 있다. 이것을 이심전심이나 역지사지라고 말해도 좋고, 감정이입이라 불러도 무방하다. 심지어 〈유 퀴즈〉는 13화부터 시민 출연자를 '시민님'에서 '자기님'으로 바꿔 부른다. 그러니 이 '자기'라는 표현은 의미심장하지 않을 수 없다.

2019년 6월 4일에 방영된 〈유 퀴즈〉 제20화를 보자. 동인천역 일대를 우리는 두 MC와 함께 걷는다. 그러다가 예전에는 번성했으나 이제는 쇠락한 양장점의 주인을 만난다. 양장점의 외관만큼 나이가 든 그녀에게 유재석이 묻는다. 본인의 인생에서 지우고 싶은 순간이 있다면? 그녀는 잠시 생각하다가 대답한다. "아이들을 너무 엄하게 키워서 후회된다"라고. "사는 게 바빠서 같이 놀러 다니지 못한 것이 후회된다"라고. 그녀는 자신의 아들딸 이름을 부른다. "은영아, 준석아, 정말 미안하다." 그다음에는 여러 지역 주민들의 삶의 이야기가 점점이 화면에 나타났다 사라진다. 그것을 보는 시청자는 자연스레 자신의 삶에서 지우고 싶은 순간을, 바로잡고 싶지만 그럴 수 없어 후회만 남는 순간을 떠올리게 된다. 우리는 아이의 이름을 부르며 지난날을 후회하는 엄마도 되고, 은영이도 되고, 준석이도 된다.

〈유 퀴즈〉에 나오는 얼굴들. 그 수많은 '당신들(You)'의 면면이야 말로 온갖 삶의 이야기를 담고 있는 또 다른 '나'다. 화면에 등장하는 당신들의 이야기에서 나의 삶을 발견할 때 우리는 서로 인간으로서 동질감을 회복하는 셈이다. 너와 내가 비슷하구나, 여기까지 이렇게 아프게 걸어왔구나, 하고.

3. 퀴즈(Quiz): 퀴즈의 정답은 짧지만 인생의 답안지는 길고 길다

〈유 퀴즈〉는 1화에서 12화까지는 퀴즈가 대단히 중요한 역할을 했다. 아슬아슬한 게임을 보는 재미를 추구했던 것이다. 과연 문제의 답을 다 맞히고 100만 원을 탈 것인가! 거리에서 지켜보는 사람들도 퀴즈의 정답 맞히기에 관심이 쏠렸다. 그뿐 아니라 퀴즈를 풀어야 하는 사람에게는 여러 찬스가 있었다. 전화 찬스, 조세호 찬스, 시민 다수결 찬스. 어떤 찬스도 확실한 정답을 보장해 주지 않는다. 바로 그런 점이 홍미를 더욱 자극했다. 모르는 문제를 접했을 때 당황하는 시민의 표정, 망설이면서 답을 선택하고 정답을 듣기 전까지 긴장하는 표정이 화면에 클로즈업으로 잡혔다.

이런 퀴즈 푸는 재미는 13화부터는 약화되었다. 그러나 이 약화는 프로그램 전체로 보면 개선이라고 볼 수 있다. 퀴즈를 푸는 시간은 줄어들었고, 그 대신에 '자기님'들의 이야기를 듣는 시간이 늘어났다. 퀴즈는 여러 문제에서 한 문제로 줄었고, 난이도도 약간 낮춰졌다. 퀴즈의 정답을 맞히느냐 못 맞히느냐 하는 아슬아슬함에서 비롯되는 재미는 감동적인 사연들로 대체되었다. 〈유 퀴즈〉 제작진의 탁월한 선택이었다.

〈유 퀴즈〉는 퀴즈쇼냐 토크쇼냐 하는 갈림길에서 토크쇼를 택함으로써 프로그램의 정체성이 더욱 확실하게 되었다. 몸통은 토크쇼, 곁다리를 퀴즈쇼로 함으로써 이성보다는 감성이 중요한 프로그램이 되었다. '자기님'들의 인생 사연들로 시청자들에게 희로애락의 정서를 충분히 전달한 후에 감정적 완급 조절이 필요할 때 퀴즈가 등장한다. 베르톨트 브레히트(Bertolt Brecht)의 서사극 이론에 기대자면 〈유 퀴즈〉에서 '자기님'들의 사연은 시청자로 하여금 감정이입의 상태로 젖어들게 하고, 퀴즈는 소격 효과를 준다. 퀴즈 이후에 다른 '자기님'을 만나러 갈 때, 다시 차분한 마음으로 만날 수 있게 해주는 것이다.

또 하나 퀴즈의 부가 효과가 있다. 그것은 인생과 퀴즈의 대비다. '자기님'들의 사연은 퀴즈처럼 간단하지 않다. 퀴즈의 정답처럼 딱 떨어지는 답이 있는 것도 아니다. 시청자는 감동적인 사연의 주인공이 답을 틀렸을 때 안타까움을 느낀다. 아무리 쉬운 문제의 답을 틀렸다 하더라도 저것도 모르나 하는 마음은 들지 않는다. 퀴즈쇼가 아는 것과 모르는 것 사이에 차이를 강조한다면 〈유 퀴즈〉는 앎이라는 것이 그렇게 퀴즈 문제 푸는 것처럼 증명되지 않는다는 것을 알려준다. 다만 아는 문제가 나오는 것은 행운이고, 모르는 문제가 나오는 것은 약간 안타까운 일이라는 것. 시험 만능주의(testocracy) 사회에서 이 또한 얼마나 위안이 되는 일인가. 인생이라는 거대한 시험지에 혼신의 힘으로 답안을 메운 '자기님'이 답을 좀 틀려도 어떤가. 맞히면 행운의 상금이 돌아가니 기쁘고, 틀려도 웃음이 터지는 기상천외한 상품을 받을 기회가 있으니 또 기쁘지 아니한가. '자기님'이 정답을 맞히면 흐뭇해서 웃고, 틀려도 괜찮다며 웃을 수 있으니 〈유 퀴즈〉의 '퀴즈'는 소격 효과까지 해서 일석삼조의 효과가 있다.

4. 동네에서(On The Block): 사람을 만나 공간은 장소가 된다

〈유 퀴즈〉에서는 매주 특정한 장소를 찾아가 그곳의 사람을 만나고 사연을 듣고 퀴즈를 낸다. 말하자면 장소 특정적인 예능 프로그램이다. 인문지리학의 연구에 따르면 장소와 공간은 서로 다르다. 공간이 어떤 의미도 없는 개방된 터라면 장소는 그곳과 관련된 특정한 감정, 기억, 의미 등이 연관된 곳이다. 더 나아가 공간은 장소의 상실로 나타난다고 한다. 우리가 태어나 자란 곳, 여러 추억과 기억이 있는 동네가 장소라고 한다면 낯선 곳은 감정, 기억, 의미가 그곳에 기입되기 전에는 그저 공간에 불과한 것이다.

유재석과 조세호는 매회 〈유 퀴즈〉가 시작될 때, 외부인으로서 공간을 탐색한다. 이는 시청자도 마찬가지다. 지금 화면 안에서 〈유 퀴즈〉가 진행되는 곳이 자신과 연관이 있는 곳이 아니라면 시청자는 낯선 공간을 두 MC와 더불어 살펴보게 된다. 나의 장소와 텔레비전 속의 공간을 비교하고 대조하면서.

〈유 퀴즈〉보다 석 달 늦게 방영을 시작한 KBS1의 〈김영철의 동네 한 바퀴〉(이하 〈동네〉)는 시사·교양 프로그램으로 분류된다. 이 프로그램 역시 장소 특정적인 프로그램이다. 중후한 이미지의 탤런트 김영철 씨가 어느 동네를 천천히 걸어 다니고 사람을 만난다. 시사·교양으로 분류되는 프로그램답게 〈동네〉는 의젓하고 점잖다. 김영철 씨는 구수한 말투로 여러 사람을 만나고 그곳의 맛있는 음식을 먹고 말 그대로 동네 한 바퀴를 돌아본다. 시청자는 아주 편안하게 김영철 씨의 동선에 따라 동네 구경을 하는 셈이다. 이것만 보면 〈동네〉와 〈유 퀴즈〉는 매우 비슷하다.

〈유 퀴즈〉와 〈동네〉는 장소 특정적인 프로그램이라는 점에서 비슷하지만 그 세부 사항을 살펴보면 적잖은 차이가 있다. 〈동네〉는 '도시 기행 프로그램'을 표방하는 것처럼 어디까지나 주인공은 풍경이다. 풍경 속으로 김영철 씨가 들어가 우리에게 그 장소를 만끽할 수 있도록 안내한다. 〈동네〉는 하나의 풍경이 장소로 다가올 수 있도록 그에 걸맞은 시청각적 리듬을 시청자들에게 제공한다. 그에 비해 〈유 퀴즈〉는 낯선 공간 속으로 거침없이 들어간다. 두 MC는 끊임없이 수다를 떨고, 사람들을 만나 인사를 건넨다. 〈유 퀴즈〉에서는 풍경보다 사람이 먼저 다가온다. 어디서나 볼 법한 도시 공간에 장난스러운 의자를 펼치고 앉으면 이제부터 그 공간은 하나의 풍경이 된다. 먼저 사람이 보이고, 그 사람이 이야기를 한다. 그 뒤에야 그 배경으로 풍경이 보이기 시작하는 것이다. 〈유 퀴즈〉는 특정한 동네를 선택해 '자기님'들을 등장시키지만 결국은 '자기님'들의 이야기를 통해서 그 동네를 시청자에게 어떤 장소로 느끼게 만든다.

이를테면 2019년 7월 16일에 방영된 〈유 퀴즈〉 제26화의 무대는 전남 목포다. 이곳에서 유재석과 조세호는 유달산 아래 다순구미 마을을 찾아간다. 여기에는 그물 손질로 한평생을 다 보낸 할머니들이 모여 있다. 오로지 자식 먹여 살릴 걱정에 무슨 일이든 다 하다가 결국 한 일이 힘한 그물 손질이었다는 '자기님'들의 사연. 다순구미 마을은 햇살 아래 따뜻한 마을이라는 이름이 무색하게 노인들만 남았다. 할머니들은 마을 사람들은 다 떠나거나 죽어 자기들만 남았다고 무심하게 이야기한다. 이 할머니들의 이야기, 그 인생의 신산한 고백으로 다순구미 마을은 시청자들의 가슴 속에 한 장소로 각인된다.

텔레비전은 말뜻 그대로 먼 곳을 보게 해주는 기능이 있다. 알록달록 꾸며진 스튜디오에서 만들어진 예능 프로그램은 그런 원래의 기능을 살리지 못한다. 그런 의미에서 여러 동네를 찾아다니는 〈유 퀴즈〉는 텔레비전이 원래 가진 순기능, 즉 나와 멀리 떨어진 곳의 풍경과 사람들을 보여준다는 기능에 충실한 예능 프로그램이다. 이는 예능 프로그램의 사회적 기능을 확장한 사례로 볼 수 있다. 다만 아직까지 몇 회를 제외하고는 거의 서울과 수도권에서만 촬영이 되었다는 점은 아쉬움을 남긴다. 앞으로는 더 먼 곳, 지리적으로 멀다는 게 아니라 그간 텔레비전 속에 많이 나오지 않는 곳을 시청자들에게 장소로 소개해 주기를 바란다.

5. 생활인의 철학, '자만추'의 미학

〈유 퀴즈〉에는 다양한 생활인이 나오고 그들이 삶에서 터득한 철학이 설파된다. 이 생활인의 철학은 두 MC의 질문과 '자기님'들의 대답 사이에 존재한다. 이를테면 이런 질문들. '사랑이란 무엇일까요?', '인생에서 지우고 싶은 순간이 있다면?', '행복이란?', '내 인생에서 나는 주연일까, 조연일까?', '인생의 풍년과 흉년은?', '과거의 나에게 편지를 쓴다면?' 등. 이 질문들은 '자기님'들뿐만 아니라 시청자들에게도 자기 인생을 전반적으로 돌아보게 한다는 점에서 반성적이고 관조적이며 철학적이다.

　2019년 5월 7일 방영된 〈유 퀴즈〉 제16화엔 이런 질문이 나온다. "배에서 파도가 막 칠 때 선원들끼리 무슨 이야기를 합니까?" 묻는 사람은 유재석이고, 답하는 사람은 현재 부산에서 선박 정비업을 하는 이상연 씨다. 그는 20대 초반부터 원양어선을 12년간 탔고, 그 후에는 경력을 살려 선박 정비소를 운영하고 있다. 유재석은 원양어선을 오래 탄 그에게 험한 파도의 공포를 물은 것이다. 그럴 때 선원들끼리 무슨 이야기를 하는지. 이상연 씨의 대답은 간단했다. "뭐, 사는 얘기하죠." 그러자 유재석은 재차 묻는다. "이러다가 우리 죽는 거 아니냐, 이런 얘기를 안 하시나요?" 여기서 약간의 소통 문제가 발생한다. 이상연 씨는 "만성이 되니까"라고 대답했는데 유재석은 "만선이니까"라고 알아듣는다. 아마 전혀 예상 못 한 답이어서 그랬을 것이다. 이상연 씨의 답은 이렇다. 죽음에 대한 공포도 만성이 되니까 그냥 사는 얘기만 한다. 망망대해에서 12년을 살아온 사람만이 할 수 있는 대답이었다. 어떤 작가가 써도 이보다 더 뛰어난 대사를 쓰기는 어려울 것이다.

그다음 문답. 과거의 나에게 편지를 쓴다면? 이상연 씨는 가슴이 복받치는지 약간 호흡을 가다듬고 대답한다. "상연아, 진짜 네가…… 네가 뭐 학교도 중학교밖에 졸업 못 하고 집안 형편도 어려워 갖고 열일곱 살 때 여기로 내려와 갖고, 참 뭐 기술 배운다고 내려왔는데, 서울 말씨 쓴다고 간사스럽다고 막 욕하고 그랬을 때, 열일곱 살짜리가 뭘 알겠어. 내가 스물한 살 때 배를 탔는데 너무 어려서……, 파도 바람이 너무 많이 불고…… 너무 힘들고 눈물도 많이 흘렸지만…… 멀미 때문에 쓸개 물까지 다 흘리고 했는데…… 그래도 나는 부모를 원망하지 않아. 그게 부모의 죄가 아니고……. 어차피 살아야 되니까는 20대 때는 남처럼 놀기도 해야 되는데 그러지 못하고…… 그때 열심히 했으니까 기술도 배우고 아무 미련이 없어요…… 이대로 사는 게 좋죠." 그리고 그가 덧붙인 말. "고생 많았고…… 고생했다, 이때까지."

이상연 씨, 아니 '자기님'의 말에서 우리는 스스로의 힘으로 인생을 이겨낸 사람의 긍지와 더불어 삶의 고단함을 읽어낼 수 있다. 이 생생히 살아 있는 삶의 철학은 우리를 숙연하게 하고, 생의 의미를 다시 한번 경건하게 생각하게 한다. 〈유 퀴즈〉는 이렇게 '자기님'들이 우리와 똑같이 인생의 의미를 음미하며 사는 존재라는 철학적 진실을 새삼 일깨운다.

끝으로 〈유 퀴즈〉가 다른 예능 프로그램과 차별화되는 지점을 하나 더 짚어보자. 〈유 퀴즈〉는 생활인의 철학을 설파해 줄 '자기님'을 길 위에서 자연스럽게 만난다. 다시 말해 자연스러운 만남을 추구하는 프로그램이다. 평범한 사람들의 일상 속에서 눈물과 감동을 이끌어내는 이것을 '자만추'의 미학이라고 불러도 좋을 것이다. 이에 비해 얼마나 많은 프로그램들이 자극적인 소재로 시청자와의 만남을 추구하는가. 〈유 퀴즈〉는 속삭인다. 자만추 하고 자만추 하자. 자극적인 만남을 추방하고, 자연스러운 만남을 추구하자고.

상처도 돈이 되는 세상, 정의로운 예능은 없다

우희준

악플러 전성시대, 〈악플의 밤〉이 열리다

2019년의 대한민국은 말하자면 '악플러의 천국'이었다. 일본과의 관계 악화로 일본 출신 연예인들에게 악플이 쏟아졌고, 유명 연예인 부부의 잇따른 이혼설에는 해당 연예인들에 대한 모욕적인 악플이 따라붙었다. 연애설, 결별설이 난 연예인들에게도 어김없이 악플이 달렸다. 사실 악플과 관련된 문제는 예전부터 꾸준히 있었다. 유명 배우가 자살했던 사건들도 있었고, 연예인들이 악플 때문에 눈물짓거나 개그맨이 개그 소재로 삼는 일들도 심심찮게 있었다. 그렇게 연예인들은 수많은 악플에 둘러싸여 살아왔다. 최근에는 악플에 대한 대응이 많이 강경해졌지만, 그러한 대응에까지 악플이 달렸다. 악플 자체부터 악플에 대한 대응까지 악플의 모든 것이 거대한 이슈가 되었고, 그 결과 2019년은 '악플러의 천국'이 되었다.

JTBC 예능 〈악플의 밤〉은 악플이 사회 문화가 되어버린 지금, 악플에 대한 논의를 양지로 끌어올려서 허심탄회하게 이야기해 보자며 등장했다. 〈악플의 밤〉은 방송에서 잘 다루지 않았던 악플을 소재로 하며 시청자들의 주목을 받았다. 더욱이 스타들이 자신들의 악플을 읽는 장면을 방송으로 볼 수 있다는 것은 시청자들의 호기심을 자극했다. 프로그램의 전반적인 준비 상태도 훌륭했다. 세트장과 프로그램의 구성 모두에 '악플'을 상징하는 것들이 숨어 있다. 어떤 것에 대한 반응이 극단적으로 갈릴 때 우리는 '냉탕'과 '온탕'이라는 말을 한다. 그 '냉탕'과 '온탕'이 공존하는 곳이 〈악플의 밤〉의 세트장인 목욕탕이다. 이 목욕탕 주위에는 '상처'를 상징하는 선인장이 곳곳에 놓여 있다. 그런 장소에서 스타들은 얘기를 나누다가 갑작스러운 안내 방송과 함께 자신을 향한 '악플'과 마주하게 된다. 이는 악플이란 예기치 못한 순간에 찾아오는 '불청객'과 같다는 것을 의미한다. 세트장과 프로그램의 인트로(intro)는 모든 예능을 통틀어 가히 톱(top)이라 할 수 있었다. 이제 프로그램 진행만 잘해낸다면 분명 성공한 예능이 될 수 있을 터였다.

MC는 빌런, 제작진이 흑막인 예능

〈악플의 밤〉은 신동엽, 김숙, 김종민, 설리, 이렇게 네 명의 MC가 매회 다른 게스트들과 게스트들의 악플을 읽고 이야기를 나누는 형식이다. 프로그램의 특수성 때문에 〈악플의 밤〉의 MC들은 다른 예능의 MC와는 약간은 성격이 달라야 한다. 악플에 대한 건설적인 논의를 이어가기 위해서는 참가자인 동시에 논의의 사회자 역할도 수행해야 한다. 게다가 다른 프로그램보다 게스트에 대해 신경을 더 많이 써야 한다. 게스트로 찾아오는 스타들은 난생처음 수많은 카메라 앞에서 자신을 향한 악플을 읽고 이야기를 나누게 된다. 그 때문에 MC들은 게스트들의 멘탈 관리 부담까지 떠안게 된다. 그러한 막중한 역할을 맡은 네 명의 MC들은 정말 실망스러운 진행을 보여준다. 방송 전반에 걸쳐 MC들은 끊임없이 서로를 '디스'[1]하거나, 게스트들의 악플 내용으로 장난을 치기도 한다. 방송 중간중간에 눈치 없는 행동을 하는 장면도 심심찮게 나온다. "노래하면 콧구멍 커진다"라는 악플에 게스트가 "콧구멍 안 커지는 사람 본 적 없다"라고 하자 "난 안 커지는데"라고 하거나, 성형 관련 악플에 "성형 안 하는 사람이 어딨어요"라고 말하는 게스트에게 "저 안 했어요"라고 하기도 한다. 단순 말실수나 눈치 없는 행동이야 시정하면 된다고 할 수도 있다. 그러나 매회 빠지지 않는 게스트들의 노래와 춤, 각종 개인기는 어떤 이유에서 시키는 것일까. 악플과 전혀 상관없는 개인기까지 온갖 핑계를 대며 기어코 보고야 만다. 물론 이것은 프로그램 제작진의 의도로 대본에 들어가 있는 것일 수도 있다. 그러나 해당 게스트가 아닌 다른 게스트나 MC들에게까지 개인기를 따라 하게 되는 것은 MC들이 스스로 한 행동일 것이다.

MC들의 행동도 문제지만 더 큰 문제는 프로그램 자체에 있었다. 어떤 이유인지 프로그램에 악플과는 상관없는 '락(樂)플'을 읽는 정기 코너가 따로 있다. 심지어는 스타들의 '락플'에 빈칸을 뚫어두고 빈칸에 들어갈 말을 맞히라고도 한다. 맞히면 주사위를 던져 김, 감, 곰, 금, 껌 중 하나를 얻어가거나 '꽝'이 걸려 선물을 얻어가지 못하는 복불복을 진

---

1   영어 단어 'disrespect'에서 앞 글자를 딴 것으로, 상대방을 향해 무례하게 비난하거나 비판하는 행위.

행한다. 스타들의 개인기에 상품이 걸린 퀴즈 그리고 복불복. 전형적인 상업 예능의 요소들이다. 악플에 대해 논의해 보자는 중대한 목표를 가진 프로그램에서 불필요한 요소들이기도 하다. 또한 앞서 말한 MC들의 잘못된 행동은 제작진 측에서 편집을 통해 송출하지 않거나, MC들과 상의해 그런 일이 없도록 하면 되는 것 아닌가. 매회 반복되는 그러한 실수는 제작진의 몫이기도 하다.

2차 저작물, 반복된 실수

프로그램의 특정 부분을 잘라 편집한 짧은 영상들은 예능의 전체 영상보다 높은 유동성을 가지고 있어 최근 몇 년간 그 중요성이 매우 커졌다. 짧은 영상으로 인해 예전에 흥행했던 드라마나 영화가 갑자기 제2의 전성기를 맞는 모습은 이젠 흔히 있는 일이 되었다. 특히 예능이나 드라마에서 '명장면'으로 선정되어 떠도는 짧은 영상은 해당 프로그램의 시청률을 높이는 데 큰 역할을 하기도 했다. 그 때문에 프로그램 제작자들은 자신들이 생각한 '프로그램의 핵심'을 '명장면'으로 선정해 따로 클립을 만들어 유통한다. 다시 말해 '명장면'은 프로그램의 목적을 가장 함축적으로 담아낸 장면이어야 한다. 그렇다면 〈악플의 밤〉의 명장면은 어떨까. 프로그램의 목적을 제대로 담아내고 있을까? 올바른 댓글 문화에 관해 이야기하고, 악플에 대해 속 깊은 이야기를 나누는 장면들일까? 그들이 생각한 명장면은 그런 장면들과는 거리가 멀었다. 게스트들의 노래와 춤 그리고 각종 개인기가 담긴 영상이 없는 회차는 찾아보기 힘들다. 그런 영상을 제외하더라도 다소 자극적이라 할 수 있는 게스트들의 악플 읽기 장면, 혹은 락플 읽기 장면이 절반 이상을 차지하고 있다.

나머지 절반은 대부분 '악플 낭송' 이후의 '악플 토크쇼' 부분이었고, 진지하게 악플과 그 문화에 대해 이야기를 하는 영상은 거의 찾아보기 힘들었다. 제작진의 의도를 전달하기 위한 명장면이 아니라, 시청률을 올리기 위한 명장면들이었다.

명장면이 아닌 다른 클립들도 상태는 비슷했다. 예고편 클립은 악플을 읽는 자극적인 장면들, 악플에 대해 날 선 반박을 하는 장면들로 가득하다. 이탈리아 출신 방송인 알베르토 몬디(Alberto Mondi)가 나오는 회의 예고편에는 크게 논란이 되었던 '호날두 노쇼 사건'을 언급한다. 예고편의 목적이 본래 시청자의 호기심을 자극하는 것이라고는 해도, 당사자와 크게 관련 없는 사건까지 언급하는 것이 과연 옳은 것일까. 그 외에도 비혼, 페미니즘, 스캔들 등 자극적인 것들을 언급할 뿐, 악플에 관해 이야기를 나누는 장면은 찾아보기 힘들다. 유튜브를 통해 공개된 선공개 클립 또한 크게 다르지 않았다. 악플을 읽는 장면들을 짧게 편집해서 보여주는 것이 대부분이었고, 그것을 제외하고는 악플과는 전혀 상관없는 잡담, 가수의 히트곡 메들리 등이었다. 악플에 대해 논의하자며 나온 프로그램에서 악플에 대한 논의는 찾아보기 힘들었다.

소통 없는 논의

〈악플의 밤〉은 여러 가지 이유로 시청자와의 소통이 매우 중요한 프로그램이다. 첫 번째 이유는 프로그램의 소재가 '악플'이라는 것이다. '악플'이란 기본적으로 시청자의 반응이다. 시청자의 반응을 소재로 한 프로그램인 〈악플의 밤〉은 과연 스스로에 대한 시청자의 반응을 어떻게 수용하고 있을까. 이는 당연히 눈여겨볼 부분이기에 프로그램은 끊임없이 시청자들과 소통해야 한다. 두 번째 이유는 프로그램의 목적에 있다. 〈악플의 밤〉의 목적은 악플에 대한 논의를 양지로 가져와 건전한 댓글 문화에 대해 이야기해 보는 것이다. 여기서 말하는 논의는 단순히 MC와 패널들에게만 한정되는 것이 아니라, 궁극적으로는 사회 전체로 퍼져나가 모든 사회 구성원이 참여하는 것이다. 그러기 위해서는 우선 프로그램에서의 논의가 활발히 이뤄져야 하고, 그를 위해서는 논의할 수 있는 또 다른 주체, 시청자와의 소통이 활발히 이뤄져야 한다. 그 때문에 〈악플의 밤〉은 여타 프로그램들보다 시청자 게시판의 중요성이 커진다.

그런데 일반적으로 예능 프로그램마다 가지고 있는 시청자 게시판이 〈악플의 밤〉 홈페이지에는 없다. 대신해 그 자리에 '악플 아고라'라는 비공개 게시판이 있다. 고대 그리스에서 시민들이 서로의 의견을 막힘없이 주고받았던 광장, 아고라. 자유로운 의견 교환, 자유민주주의를 상징하는 것 중 하나다. 그러나 〈악플의 밤〉의 광장, 아고라의 소통은 꽉 막혀 있었다. 비공개 게시판의 특성상 타인의 게시물을 열람할 수 없기에 프로그램에 대한 논의도, 악플에 대한 논의도 이뤄질 수 없었다. 심지어는 모든 글의 제목이 '당신의 소중한 의견이 등록되었습니다'로 통일되어 있어 내용의 지레짐작도 불가능했다. '악플'이라는 사회적 문제에 대해 논의해 보자는 프로그램의 게시판은 서로의 소통을 막아두었다. 더욱이 '악플 아고라'라는 이름 자체도 시청자의 자유로운 의견 표명을 저해시킨다. '악플 아고라'라고 하면 대부분은 '이곳은 악플에 대한 광장이구나' 생각할 것이다. 그러나 실상은 프로그램의 시청자 게시판이다. 시청자 의견을 적는 게시판을 '악플 아고라'라고 칭하는 것은 곧 시청자 의견을 악플로 취급한 것이나 다름없다. 〈악플의 밤〉 공식 홈페이지의 말을 조금 빌려 쓰자면, "〈악플의 밤〉 4 MC들과 프로그램에 대한 자유로운 의견"을 '악플'이라 치부해 버린 것이다. 자신의 의견을 악플이라고 치부해 버리는 프로그램에 관해 이야기하고 싶은 사람은 없을 것이다.

그러한 요인들이 복합적으로 작용한 결과, 〈악플의 밤〉은 시청자와의 소통에 실패했다. '악플 아고라'에 있는 총 의견 수는 80개인데, 그중 다섯 개는 프로그램 방영 이전, 38개는 첫 방영 이후부터 다음 방영 사이에 적힌 의견이다. 첫 방송을 제외하고는 회차마다 네다섯 개의 의견이 달리다가 2019년 8월 이후로는 회차별 한두 개가 달렸다. 급기야 9월 6일을 마지막으로 시청자들은 게시판에 자신의 의견을 말하지 않았다. 저조한 시청률 탓도 있겠지만, 초반에 많은 의견을 내주었던 사람들조차도 의견을 내지 못한 것은 프로그램의 소통 실패가 크다고 볼 수 있다.

악플을 읽는 이유

'악플'이 처음 등장했을 때, 그것은 그저 유명 연예인들만을 향한 것이었다. 그러나 기술이 점점 발달하고, 사람들이 SNS를 활발히 이용하기 시작하면서 일반인들에게까지 악플이 따라붙기 시작했다. 단적으로 올해만 봐도 그렇다. 대통령을 지지하는 세력과 그렇지 않은 세력으로 나뉘어 서로를 향해 무수한 악플을 주고받았다. 단순히 SNS의 댓글에 대댓글[2]을 다는 것만이 아니라, 그 사람의 SNS 계정에 들어가 끊임없이 악플을 달았다. 이러한 현상들은 최근 몇 년간 계속되어 왔다. 한 사람을

---

2   댓글에 대한 댓글.

추적해 정체를 밝혀내는 이른바 '신상 털기'는 이미 사회에 만연해 있고, 학생들 사이에서는 SNS를 활용한 '온라인 왕따'가 생기기도 했다. 이제는 일반인들도 악플의 대상이 된 것이다.

처음 〈악플의 밤〉에 대한 이야기를 들었을 때, 정말 훌륭한 프로그램이 생겼다고 생각했다. 당시 내가 상상했던 프로그램의 모습은 현재 보이는 모습과는 매우 달랐다. 악의적으로 상처를 주려는 사람들에게, '보아라. 나는 당신들이 나에게 어떤 상처를 주려고 한들 아무렇지 않다'며 꿋꿋이 이겨내는 스타의 모습을 상상했다. 그런 스타들과 함께 악플과 댓글 문화에 대해 솔직하고 건설적인 논의를 이어가는 프로그램의 모습을 상상했다. 그리고 그런 프로그램을 보면서 반성하는 악플러의 모습과 용기를 얻는 '악플 피해자'들의 모습을 상상했다.

악플이 피할 수 없는 문화가 되어버린 지금, 사람들이 〈악플의 밤〉에 기대하는 것은 악플에 대한 논의는 없고, 그저 악플을 상업적으로 이용하기만 하는 모습은 아닐 것이다. 악플을 어떻게 대해야 할지 모르는 일반인에게, 어찌 보면 악플을 먼저 접한 선배인 스타들이 '나는 이랬었다'며 길을 제시해 주는 것. 그리고 악플에 대한 논의를 확장할 발판이 되어주는 것. 그것이 사람들이 〈악플의 밤〉에 기대했던, 그리고 〈악플의 밤〉이 마땅히 보여줘야 할 모습은 아닐까. 그저 말로만 악플이 사라지길 바라는 프로그램이 아니라, 실제로 그를 위해 노력하고 행동하는 〈악플의 밤〉이 되기를 기대한다.

이단아의 질문

tvN 〈유 퀴즈 온 더 블럭〉

이재정

1. 등산로

산의 등산로는 산이 만들어질 때부터 나 있던 것이 아니다. 여러 사람들이 산을 오르고 가장 쉽게 정상에 올라갈 수 있는 길을 다른 사람들이 따라가며 비로소 등산로가 만들어진다. 방송업계에서도 마찬가지다. 여러 프로그램들 중 하나가 시청자들의 사랑을 받고 성공을 거두면 다른 방송사들은 그것과 유사한 프로그램을 제작하며 일종의 등산로를 만들어낸다. 프로그램을 만드는 가장 일반적인 방법, 즉 장르적인 관습이 굳어지는 것이다. 이렇게 관습이 굳어지게 되면 이후에 제작되는 프로그램들은 자연스럽게 비슷한 형식, 유사한 내용으로 제작된다. 시청률 확보에 따라 수익이 변화되는 방송사의 입장에서는 시청자들이 좋아하고 유행하는 장르를 만들어 내는 것, 즉 만들어진 등산로를 통해 정상까지 오르는 것이 시청자의 거부감을 최소화하고 위험 부담을 줄일 수 있기 때문이다.

예를 들면 2015년 〈마이 리틀 텔레비전〉의 백종원과 〈냉장고를 부탁해〉의 전문 셰프들이 소위 말하는 '쿡방'[1]의 시초를 열고 난 이후 최근 4년간 TV에서는 채널을 돌렸다 하면 언제나 주방의 모습이 보였다. 좋게 보면 시청자들이 좋아하는 장르의 프로그램이 다양해졌다고 할 수 있지만 다른 한편으로는 방송이 내용적으로 획일화가 되어가고 있다고 할 수도 있다. 이러한 현상은 오랜 기간에 거쳐 축적된 원칙일수록 정도가 심화된다. 쿡방과 같이 비교적 최근에 유행하기 시작한 장르의 경우 여행, 가정 등 다른 장르와 결합해 다양한 시도를 보여주고 있지만 이미 오랜 기간의 시도를 통해 고정된 원칙이 자리 잡은 장르의 경우에는 새로운 시도를 하는 것조차 힘들어진다. 대표적인 사례가 바로 퀴즈 프로그램이다.

〈장학퀴즈〉, 〈우리말 겨루기〉, 〈1 대 100〉, 〈도전 골든벨〉 등 방송되었던 퀴즈 프로그램들을 보면 퀴즈를 풀어 상금, 명예를 얻거나 혹은 여러 참가자들 간의 경쟁에서 이긴 한 사람이 우승을 차지하는 것처럼 이미 십수 년 동안 방영되며 고정되어 있는 장르적 관습이 있다. 시청자들 또한 그 관습에 대해 의문을 갖지 않고 퀴즈 프로그램은 당연히 그런 것으로 인식한다. 생방송 진행과 실시간 시청자 문자 투표, 재미 위주의 퀴즈와 같은 새로운 방식을 시도했던 XtvN의 〈헐퀴〉가 인기를 얻지 못하고 8회를 끝으로 막을 내린 것을 보면 오히려 관습에서 벗어난 프로그램에 시청자들은 거부감을 느끼고 외면한다. 이러한 배경 속

---

1 '쿡(cook)'과 '방송'의 조어. 출연자들이 요리를 만드는 모습을 주로 보여주는 방송 프로그램.

에서 지난 1년간 기존의 퀴즈 프로그램과는 확연히 다른 〈유 퀴즈 온 더 블럭〉이 불러일으킨 '자기' 열풍은 색다르게 느껴진다. 이 글에서는 퀴즈 프로그램이라는 넓고 완만한 등산로 옆으로 조그맣게 나 있는 〈유 퀴즈 온 더 블럭〉이라는 샛길에 대해 이야기해 보고자 한다.

2. 원칙 뛰어넘기

현대 미술의 거장인 파블로 피카소(Pablo Picasso)는 "원칙은 전문가처럼 배워서 예술가처럼 어겨라"라고 말했다. 단순히 원칙을 어기라는 것이 아닌 원칙을 정확히 인지, 이해하고 독창적인 재해석을 통해 새로운 것을 추구하라는 의미다. 앞서 예로 들었던 등산로에 비유하자면 등산로가 어떻게 나 있고 어디로 가야 정상이 나오는지를 알지 못한 채 무작정 등산로를 피해 산을 오르면 정상에 오르기는커녕 그 전에 길을 잃고 만다. 〈유 퀴즈 온 더 블럭〉은 이 말을 가장 잘 이해하고 따른 프로그램이라고 여겨진다. 시청자들이 퀴즈 프로그램을 보는 이유, 퀴즈 프로그램의 기본적인 토대들을 이해하고 틀을 버리지 않은 채 기존의 퀴즈 프로그램에서 볼 수 없었던 새로운 형식과 내용을 도입했다.

첫째로 〈유 퀴즈 온 더 블럭〉은 도전자를 기다리지 않고 도전을 강요하지 않는다. 〈우리말 겨루기〉, 〈1 대 100〉과 같은 프로그램을 보면 끝날 때 항상 참가자 모집이라는 문구와 신청을 할 수 있는 홈페이지 주소, 전화번호가 등장한다. 〈도전 골든벨〉의 경우도 참가자를 공개적으로 모집하지는 않지만 매주 다른 학교가 참가자로 등장해 문제를 풀어 나간다. 한마디로 참가자가 방송으로 다가간다는 것이다. 또한 그렇게 방송 안으로 들어온 참가자는 도전을 강요받으며 탈락하거나 우승을 할 때까지 퀴즈에 참여한다. 하지만 〈유 퀴즈 온 더 블럭〉은 반대로 방송이 참가자를 찾아간다. 두 명의 MC(유재석, 조세호)가 길거리를 돌아다니며 눈에 띄는 시민에게 다가가 "유 퀴즈(You Quiz)?"라는 물음으로 즉석에서 참가자를 모집한다. 또한 그 물음에 "예스(Yes)"만을 강요하지 않는다. 문제를 풀기 싫다면 자연스럽게 "노(No)"를 외친다. 참가자의 도전이 주된 내용으로 이뤄지는 다른 퀴즈 프로그램들과는 확연히 다르게 퀴즈를 내고 답을 맞히는 것이 목적이 아닌 평범한 시민들과 소통하는 프로그램을 지향하고 있음을 보여준다.

둘째로 〈유 퀴즈 온 더 블럭〉은 영웅 만들기에 관심이 없다. 〈우리말 겨루기〉, 〈1 대 100〉과 같은 프로그램을 보면 신청한 참가자들을 예선이라는 수단을 통해 성적이 높은 사람들을 뽑아 방송에 출연시킨다. 〈도전 골든벨〉도 방송사에서 관여하지 않지만 학교 측에서 방송에 나갈 100인을 자체적으로 추려낸다. 이렇게 출연한 참가자들은 난이도가 점점 높아지는 문제들을 풀어나가며 '우리말 달인', '최후의 1인', '골든벨'이라는 개인, 집단의 명예 혹은 수백, 수천만 원의 상금을 위해 도전을 이어간다. 방송사가 주관하는 영웅 만들기 프로젝트에 적극적으로 참여하고 스스로 이용당하는 것이다. 하지만 〈유 퀴즈 온 더 블럭〉은 이러한 영웅 만들기에 초점이 맞춰져 있지 않다. 단 한 문제만을 출제하며 문제의 수준 또한 해당 회차에서 찾아간 지역에 관한 것 혹은 누구나 기초 상식이라고 여길 수 있을 만한 문제를 출제하고 답을 맞혔을 때의 보상 또한 100만 원으로 다른 방송에 비해 상대적으로 적은 액수다. 또한 '전부 아니면 전무(All or Nothing)'식의 보상에서 벗어나 답을 틀렸을 경우에도 경품 뽑기 이벤트에 참여하고 오히려 최신형 핸드폰과 같이 상금보다도 더 비싼 경품을 뽑기도 한다. 승자만이 기억되는 퀴즈, 답을 맞혀 영웅이 되는 퀴즈가 아닌 부담 없이 참여하고 승자와 패자로 구별

되지 않는 퀴즈 프로그램이라는 점이 색다르게 다가온다.

　　마지막으로 〈유 퀴즈 온 더 블럭〉은 출제자와 참가자가 소통을 한다. 다른 퀴즈 프로그램들의 경우 참가자는 방송국에서 출제하는 문제들을 수동적으로 받아서 푸는 역할만을 담당한다. 문제를 선택하거나 MC와 참가자가 문제에 대해 서로 소통하는 장면을 찾아보기 어렵다. MC는 침묵으로 일관하거나 냉정하게 카운트를 세며 답변을 기다린다. 반면 〈유 퀴즈 온 더 블럭〉은 출제될 문제의 키워드를 참가자에게 제시하고 그중 가장 자신 있는 분야에 대한 문제를 풀 수 있도록 참가자에게 선택권을 준다. 더 나아가 퀴즈를 낸 후에도 MC들은 침묵으로 일관하지 않고 소통하거나 답을 유추하는 데 도움을 주는 모습들도 보인다. 이런 모습들이 일방적인 퀴즈가 아닌 쌍방향적인 퀴즈 프로그램으로서의 〈유 퀴즈 온 더 블럭〉을 특별하게 만든다.

3. 따로 또 같이

〈유 퀴즈 온 더 블럭〉은 참가자를 찾아다니며 즉석에서 섭외하고 단 한 문제만 출제하기 때문에 방송에서 퀴즈가 차지하는 비중이 타 퀴즈 프로그램들에 비해 현저히 낮아질 수밖에 없다. 제작진은 빈 공간을 메우는 데 필요한 장치를 다른 장르와의 융합을 통해 만들어냈다.

　　그중 토크쇼와의 융합이 가장 효과적으로 작용했다는 생각이 든다. 〈유 퀴즈 온 더 블럭〉이 토크쇼라고 생각되는 기존의 프로그램들에는 등장하지 않는 일반인의 이야기를 다루었기 때문이다. 방송이라는 매체에 일반인이 등장하기 어려울뿐더러 일반인의 이야기를 궁금해하는 시청자들은 드물다. 하지만 〈유 퀴즈 온 더 블럭〉은 과감하게 일반인 참가자들과의 인터뷰를 진행했고 일상에 대한 질문, 평범한 이야기들을 통해 일반인만이 줄 수 있는 재미와 감동을 선사해 시청자들의 공감을 끌어냈다고 생각한다.

또한 회차마다 새로운 지역을 찾아가고 참가자를 찾아 돌아다니는 과정 속에서 하나의 지역 혹은 특정 장소에 대해 잘 알려지지 않은 역사적 배경들과 최근의 모습들을 보여주기도 하고, 두 MC의 점심 식사 장면을 통해 특산물, 지역 대표 음식을 소개하기도 하는 등 최근 유행하는 먹방[2], 여행 프로그램의 형식도 효과적으로 사용되었다고 보인다.

이 두 가지를 가능하게 만든 가장 중요한 요소를 뽑자면 '부제'라고 생각한다. 〈유 퀴즈 온 더 블럭〉을 모르는 사람에게 이 프로그램을 두 MC가 지역을 소개하며 돌아다니다가 우연히 지나가는 사람을 붙잡아 대화를 나누고 그 사람에게 문제를 내서 답을 맞히면 상금을 주는 프로그램이라고 설명해 준다면 프로그램을 정확히 이해하지 못할 것이다. 성격이 다른 세 장르의 프로그램이 섞여 있기 때문이다. 부제는 한 회차의 주제가 되어 지역과 사람들의 이야기, 퀴즈라는 서로 다른 내용들을 하나로 이어준다. 예를 들어 2019년 9월 10일 방송된 34회에서는 경상북도 영주시라는 지역과 "당신의 인생에서 풍년과 흉년은 언제였나요?"라는 질문으로 시작하는 대화들, '달타령', '오곡백과'와 같은 키워드로 출제되었던 문제들을 "Autumn Leaves"라는 부제를 달며 가을, 추석이라는 공통된 주제로 이어 자연스러운 내용 연결을 만드는 역할을 했다. 이처럼 부제의 활용으로 방송 내용 전체에 의미를 부여하고 내용적인 통일성, 높은 완성도를 만들어냈다는 점이 긍정적이라고 생각한다.

---

2   '먹는 방송'을 줄여 이르는 말로, 출연자들이 음식을 먹는 모습을 주로 보여주는 방송 프로그램.

4. 끌려갈 위험에 노출된 방송

다만 〈유 퀴즈 온 더 블럭〉에서 불안 요소는 있다고 생각한다. 일반인을 대상으로 진행하고 섭외가 먼저 이뤄지는 것이 아닌 즉석에서 이뤄지다 보니 방송이 참가자에 의해 끌려다닐 수 있다는 생각이 든다. 회차가 진행될수록 인지도가 쌓여 유재석과 조세호 두 MC만 보고도 프로그램 이름을 말하는 시민들이 방송에 노출되는 부분이 많았다. 촬영이 진행되는 날 SNS에는 '어느 동네 어느 골목에서 〈유 퀴즈 온 더 블럭〉 촬영 중'과 같은 글들이 올라오기도 한다. 최근에 방송된 회차들을 보면 방송임을 알고 고의적으로 두 MC에게 먼저 말을 걸어 도전을 유도하는 참가자들도 있음을 확인할 수 있었다. 이처럼 방송 노출 및 퀴즈를 통한 상금 획득을 노리고 고의적으로 방송에 접근하는 참가자들이 나타날 수 있다는 점이 프로그램의 진실성을 가로막는 요소로 작용될 수 있다고 생각한다.

또한 퀴즈를 진행하고 있으면 참가자 앞을 사람들이 둘러싸고 구경하는 모습들도 방송에 나타난다. 참가자와의 소통과 퀴즈를 중요 포인트로 제작되는 프로그램의 특성상 일반인인 참가자의 입장에서 과한 관심은 다소 불편하게 느껴질 수 있고 이는 곧 거짓 인터뷰, 가식적인 인터뷰와 같은 결과가 발생할 수 있다고 생각된다. 일반인을 대상으로 하는 프로그램인 만큼 그들의 말에서 느껴지는 진실성의 부분들이 신뢰를 잃게 되면 시청자들이 유대나 공감을 느끼지 못하고 오히려 반감을 살 수 있다는 생각이 든다.

5. 벽을 넘어서

마지막으로 프로그램명 〈유 퀴즈 온 더 블럭〉에서의 '블럭'은 '거리', '구역'이라는 뜻으로 사용되었지만, 영어 단어 'block'에는 '막다', '방해하다'는 뜻도 담고 있다. 나는 〈You Quiz On The Block〉이라는 프로그램명을 조금 다르게 해석해도 좋다고 생각한다. 방해물, 한계를 넘어선 퀴즈 프로그램으로 말이다. 방송을 비롯한 모든 분야에서 거의 대부분의 결정은 기존 틀 안의 것, 안전이 보장되어 있는 것을 추구하기 마련이다. 고정된 틀을 깨는 것은 그만큼의 위험 부담을 감수해야 하기 때문에 쉽지 않다. 하지만 〈유 퀴즈 온 더 블럭〉은 퀴즈 프로그램을 프로그램보다 참가자의 입장으로, 일반인과 시청자가 주가 되는 방송으로 변화시켰다. 과감하게 다른 장르와의 융합을 시도하며 시청자들이 퀴즈 프로그램을 재미없고 딱딱하게 느끼도록 하는 기존의 고정된 틀을 깼다. 그리고 묻는다. "이건 어때? 괜찮지 않아?" 하고. 〈유 퀴즈 온 더 블럭〉의 열풍은 이 이단아의 물음에 대한 방송업계, 시청자의 답변이 아닐까 생각한다.

영화인들을 위한 '알쓸신잡'

방구석에서 만나는 아는 영화의 모르는 이야기

최하정

영화는 두 번 시작된다. 처음 한 번은 극장 안에서, 그다음 한 번은 극장 밖에서. 수많은 사람들을 영화의 세계로 초대해 주었던 영화 평론가 이동진이 세상에 내놓은 편집론의 일부다. 한국 사람들은 참 영화를 좋아한다. 2018년 한 해 동안 극장에서 영화를 본 총관객 수는 2억 1638만 5269명.[1] 2억 명이 넘는다. 주위 사람들에게 "취미가 무어냐"라고 물었을 때 가장 흔히 돌아오는 대답이 "영화 감상"이다. 이뿐인가, 나홍진 감독의 작품과 같이 이를테면 복선이 짙게 깔린 영화들이 개봉하면 블로그에, 유튜브에 영화 분석에 관한 콘텐츠가 우후죽순으로 게시된다. 여태 우리 사회에는 어딘지 개운하지 못한 결말에 추측성 분석 글이 난무해 괴로워하던 사람들이 있었다. 영화를 보고 깊게 이야기하지 못해 아

---

1   영화진흥위원회 통합전산망(http://www.kobis.or.kr).

쉬워하던 사람들도 있다. 〈방구석1열〉은 그런 사람들에 의해, 또 그런 사람들을 위해 만들어진 프로그램이다.

영화의, 영화에 의한, 영화를 위한

〈방구석1열〉은 유일무이하다. 영화를 사랑하는 사람들의 가려운 곳을 긁어주고, 갈증을 해소해 주는 단 하나의 프로그램이다. 물론 주말 아침이면 영화를 소개해 주는 〈출발! 비디오여행〉, 〈영화가 좋다〉와 같은 프로그램들도 있다. 하지만 단순히 영화를 '소개'하는 것과 '감상을 나누는' 것은 다르다. 주로 새로 개봉하는 영화의 줄거리와 개봉 날짜를 홍보해 주는 것이 여태까지의 포맷이었다면, 〈방구석1열〉은 그것과는 거리가 멀다. 아주 먼 옛날에 개봉했던 영화부터, 최신작까지 망라하며 좋은 영화, 이야기 나누고 싶은 주제에 대한 대화를 나누는 프로그램이다. 얼마나 많은 사람들이 그 영화를 보았는지, 그래서 손익분기점을 넘겼는지 같은 단순한 질문들로 꾸려가는 프로그램이 아니다. 또 그저 '하하호호' 웃기려고 거짓말도 불사하는 이 시대의 흔한 예능과 다르게 시끄럽지도, 선정적이지도 않다. 그렇다고 그저 그런 밍밍한 프로그램이라는 것은 절대 아니다. 오로지 영화에 대한 이야기로 시작해 인문학적 지식을 발판 삼아 패널들이 전달하는 대화에는 작지만 큰 힘이 있다.

　동시에 〈방구석1열〉은 참 담백하다. 이 프로그램은 "아는 영화, 모르는 이야기"라는 홍보 카피와 완벽하게 부합한다. '영화'에 대해 마음껏 이야기하자는 프로그램의 기획 의도에 맞게 기본이 아주 충실하기에 더 빛나는 프로그램이다. 이것은 매회 초청된 게스트를 보면 더 잘 드러난다. "〈살인의 추억〉 vs 〈추격자〉 편"에서는 범죄 영화라는 장르적 특성에 포커스를 맞춰 범죄심리학 교수 이수정이, 오컬트 영화 특집인 "〈사바하〉 vs 〈유전〉 편"에서는 〈사바하〉의 연출을 담당한 장재현 감독 본인이 나왔다. 이 외에도 해당 회의 영화에 대해 가장 할 말이 많을 감독, 배우, 작가, 각 분야의 전문가 등을 섭외해 '다른 곳에서는 절대 알 수 없는' 영화 이야기를 들려준다. 그 섭외력에도 매번 놀라지만, 참 알맞은 사람들을 캐스팅해 시청자들이 알고 싶던 이야기를 끌어내는 능력에도 감탄을 금치 못했다. 그렇게 적재적소에 배치된 사람들과 스토리의 전개를 따라가며 복선을 짚어주고, 후에 어떻게 풀어나가는지 해석을 함께한다. 그뿐만 아니라 촬영장이나 캐스팅 비화, 비슷한 영화의 비교, 당시 시대상 등 영화에 관련된 흥미로운 사실들이라면 뭐든 전달한다. 그 때문에 같은 영화도 이 프로그램을 보고 난 전후의 감상이 달라진다. 영화의 답을 알려주는 듯했으나, 곱씹어 보니 영화를 어떻게 보면 더 좋을지에 대한 방법을 알려주고 있었다. 〈방구석1열〉을 보고 나면 이미 보았던 영화더라도 다시 보면서 나만의 영화적 해석을 만들어 나가고 싶어진다.

친숙함과 신선함 사이

윤종신, 장성규, 변영주 감독, 유시민 작가 등 고정 MC와 반고정 패널들을 포함해 일회성으로 나오는 게스트들까지 모두 고유한 아이디가 있다. 프로그램 안에서 사용하는 닉네임이 있는 셈이다. 게스트들은 등장하면서 아이디를 소개하며 마치 영화 동아리에 가입하는 듯 프로그램이 시작된다. '옥탑방 구석에 앉아 편하고 즐겁게 영화에 대해 수다를 떨자'고 말하는 이 프로그램은 정말 설명 그대로다. 처음 이 프로그램이 생긴다고 했을 때는 옥탑방 세트 안에서 영화 전문가들이 어려운 예술 영화에 대해 토론하고, 철학적인 이야기만 하다가 끝나지는 않을까, 하는 걱정이 앞섰다. 하지만 첫 회를 보고 내 걱정은 의미가 없었다는 것을 단박에 깨달았다. 딱딱하고 네모반듯한 책상에 앉아, 양복을 입고 토론을 하는 느낌이 아니라 푹신한 빈백(beanbag)에 편안하게 앉아 과자를 뜯어 먹으면서 이야기를 나눈다. 그러한 편안함 속에 오고 가는 대화에서 영화를 사랑하는 시청자들은 진정한 힐링을 얻어 가고 있다. 다른 어디도 아닌 우리 집에서, 나랑 같이 영화를 보고 이야기 나누는 행복을 느끼는 것이다. 따라서 분명 각 분야의 전문가들이고 조금은 어려운 이야기를 할 때도 있지만 강의실에 앉아서 듣던 것의 몇 배의 이해력을 발휘할 수 있다.

프로그램이 주는 분위기는 친숙함이지만 영화 줄거리를 보여주는 방식은 평범하지 않다. 보통과 같이 직접 줄거리 제작 콘텐츠를 제작하지 않고 유튜버들이 제작한 영상으로 대체한다. 유튜브에 올라오는 영화 줄거리 소개 영상들의 전문성과 내레이션에 압도되었던 것이 분명하다. 그중에서도 유투버 '거의없다'의 영상이 대부분이다. 시청자 게시판을 통해 그 인기를 알 수 있었는데, 많은 시청자들은 "방구석 1열의 충성도는 '거의없다'의 존재로 판가름 난다"라고 할 정도로 그 영향력이 실로 어마어마하다. 〈방구석1열〉이 단 1회 만에 시청자들을 화면 앞으로 끌어들인 이유엔 분명 '거의없다'의 '띵작소개'(명작 소개) 시간이 있었기 때문이라는 평도 많았다. 그도 그럴 것이 '거의없다'는 스피디하게 끌고 가는 스토리라인과, 알싸하고 트렌디하게 장착한 멘트, 집요할 만큼 디테일한 장면들의 해부, 얕지도 너무 깊지도 않은 해박한 영화 철학적 지식 그리고 특유의 매력적인 목소리와 정확한 발음까지 갖추었다. 이 때문에 그가 고정으로 띵작소개 영상을 배급하고 있는 것은 아니지만 많은 시청자들이 고정으로 남기를 바랄 정도로 큰 인기를 자랑한다. 〈방구석1열〉에 출연한 많은 게스트들도 그의 영상을 보며 공감하고, 웃고, 놀라워했다. '거의없다'의 영상이 〈방구석1열〉의 집중도를 한층 높여준다는 것은 자명한 사실이다.

매회 다뤄지는 영화와 테마가 다르다. 주로 두 영화씩 매칭해 보여 주는 구성을 취하고 있다. 이렇게 두 개의 영화를 비교하는 것은 앞서 다루었던 다른 영화 프로그램에서도 흔히 쓰이는 구성이지만, 전혀 다른 느낌으로 다가온다. 비단 비슷한 개봉일, 줄거리 혹은 배우 등 단순한 연결 고리로 묶이는 것이 아니라 장르, 제작사, 감독, 배우, 자체 선별한 이유 등 다양한 테마를 통해 토론이 진행된다. 또 "아는 영화의 모르는 이야기"라는 슬로건과 어울리듯이 정말 사람들이 이미 다 알고 있을 만한 영화만으로 선정해 이야기를 나누는 것이 인상 깊다. 사람들이 많이 아는 영화라면 이미 수없이 대화가 오고 간, 할 말이 닳은 영화일 것이다. 하지만 그러한 영화들 속에서 아주 생경하고 놀라운 이야기를 뽑아내고 있다. 예를 들면 우리에게 너무나도 친숙한 디즈니의 "〈라이온 킹〉 편"이 있다. 영화 속 배경인 프라이드 랜드의 실제 배경이 아프리카 케냐의 헬스게이트 국립공원이라는 것은 〈라이온 킹〉을 여러 차례 보았어도 몰랐던 사실이다. 게다가 직접 사바나에 가서 관찰도 하고, 스튜디오에 살아 있는 진짜 사자를 데려다 놓고 영화를 구현해 냈다고 한다. 어쩌면 소위 TMI(Too Much Information)로 치부될 수 있는 사실이지만, 영화를 사랑하는 사람들에게는 이처럼 흥미로운 사실도 없을 것이다.

이렇게 매력적인 프로그램임에도 개인적으로 아예 없었으면 하는 부분이 있었다. 바로 프로그램 말미에 하던 짧은 코너 '머글랭밥차'다. 아주 전형적이고 전체 프로그램의 흐름에 비해 붕 뜬 것처럼 느껴지는 신작 영화 소개 시간이다. 갑작스레 분위기가 과하게 밝아진 야외에서, 앞서 진행된 영화 토크와는 하등 상관이 없는 다른 영화의 주인공들이 출연해 식사를 하며 부자연스럽게 영화를 홍보하는 시간이었다. 약 10분 정도의 짧은 코너였지만, 나와 같은 생각을 한 시청자들이 많았는지 어마어마한 지탄을 받고 빠르게 사라졌다. 하지만 시청자의 의견을 수렴해 프로그램을 더 나은 방향으로 발전시키려는 제작진의 모습을 볼 수 있어서 좋았다.

웰컴 투 방구석

따뜻하고, 친숙하고, 재미도 있으면서 유익함을 잃지 않으려면 제작진의 노력도 필요하다. 하지만 이는 결국 방송에서 말을 하는 사람들이 짊어진 과제라고 생각한다. 그중에서도 윤종신은 프로그램 전체의 흐름과 토크의 균형을 잘 잡아주고 있다. 변영주 감독이 하차 후에 한 인터뷰 내용에 따르면, 자신이 좋은 말을 했다면 그 말이 나올 수 있도록 판을 벌이고, 일부러 반대의 질문을 던지기도 하고, 엉뚱한 말을 하기도 하며, 자신에게 '말할 이유와 목적'을 항상 촉매처럼 제공해 준 두 사람(윤종신, 장성규) 덕이라고 한다. 방송을 보면 두 진행자는 말이 많지 않다. 물론 가끔은 사람인지라 영양가 없는 이야기를 해서 시청자들에게 지탄을 받을 때도 있지만, 다른 패널 혹은 게스트들이 해야 하는 이야기를 이끌어내는 역할을 톡톡히 수행 중이다. 다만 단순히 '웃기기 위한' 멘트를 가끔씩 던지는 장성규가 이 프로그램만의 장점을 갉아먹고 있다는 생각이 들기도 한다. 장성규에 대한 이야기를 조금 덧붙이자면, 그는 프로그램상에서 '영알못(영화를 잘 알지 못한다)' 콘셉트로 등장한다. 따라서 더 자세한 설명을 요하거나, 엉뚱한 질문을 내놓는 등의 역할을 하며 앞서 말한 대화의 화두를 던지는 기능을 하지만, 가끔은 개그 욕심에 그 정도가 과해서 억지스럽다는 느낌을 받는다. 아쉽게도 고정 MC로 첫 회부터 같이했던 윤종신이 자리를 비우며 장윤주, 정재형이 새로운 MC로 들어와 장성규와 3인 체제를 이룬다는데 프로그램의 결이 어떻게 바뀔지 예상되지 않는다. 오리지널 〈방구석1열〉에 가장 열광했던 시청자이기에 기대보다는 걱정이 큰 상태다.

토크의 균형을 잡는 것이 윤종신이라면, 그 무게를 잡는 것은 단연 변영주 감독이다. 다년간의 경험으로 다져진 뇌와 혀로 시청자들에게 영화적 지식을 전달하며 큰 즐거움을 준다. 그뿐만 아니라, 아직까지도 현장에서 뛰는 현역 감독이기에 그가 전해줄 수 있는 지식과 이야기의 폭은 남다르다. 다루고 있는 '영화' 자체가 흥미로운 소재이기도 하지만 인문학적·영화적 지식을 동원해 그녀가 내뱉는 말들 자체가 유익함과 동시에 재미있다. 오히려 영화 자체보다 더 재미있을 때도 있다. 변영주 감독은 특히나 언어 센스가 섹시해 많은 팬을 거느리고 있었다. 한번은 변영주 감독이 "역사적·사회적·서정적 이야기를 영화를 빌미로 이야기할 수 있다는 것이 매력적이다"라는 말을 한 적이 있다. 그 말에 백분 공감하며 그것이 그가 만들어낸 〈방구석1열〉의 가장 큰 매력이 아닐까, 생각했다. 변영주 감독은 약 40회를 함께한 후 영화 준비를 위해 하차했다. 다른 많은 감독, 작가, 관련 직업을 가진 사람들이 그 자리를 대신해 프로그램을 잘 이어나가고 있지만 첫 회부터 함께하며 중심축 역할을 했던 변영주 감독의 빈자리가 완전히 메꿔지지는 않는다. 개인적으로 변영주 감독이 내뱉는 말들이 이 프로그램에 빠지게 된 가장 큰 이유였기에 아쉬움이 크다.

'영화를 정말 사랑하는 사람들이, 영화가 일상인 사람들과 영화에 미치고 싶은 사람들을 위해 정성스럽게 만든 프로그램'이 내가 내린 〈방구석1열〉의 한 줄 평이다. 처음 시작할 때부터 기사로 접하고는 '봐야지, 봐야지' 하다가 바빠서 못 보고 있던 프로그램이다. 그러다가 뒤늦게 영화 〈사바하〉에 빠져서 제대로 된 분석을 찾다가 얼떨결에 보게 된 〈방구석1열〉이다. 그 편을 시작으로 한 달 만에 약 70회를 다 보았다. '영화를 좋아해서'라는 이유도 있지만 그것을 떠나 따뜻하고, 유익하며, 힐링이 되는 프로그램이기에 가능했다고 생각한다.

최근(2019년 7월 21일 방송분)부터 (시청자 게시판과 개인 SNS 등을 통한) 많은 시청자들의 염원에 의해 방송 시간대가 바뀌었다. 매주 금요일 오후 6시 30분에 방송하던 이 프로그램은 '불금'을 즐겨야 해서, 회식이나 야근 때문에 집에 들어올 수 없어서 등 본방송을 놓치는 사람들이 많아 시간대를 바꿔달라는 요청이 많아지자 의견을 전격 수렴해 일요일 오전 10시 40분으로 바꾸었다. 프로그램 자체도 완벽한데, 시청자 게시판을 통해, 또 SNS를 통해 시청자들과 소통하며 운영하기까지 하면 반칙 아닌가? 메인 MC의 교체와 수많은 시청자를 유입시킨 중심축의 하차에도 〈방구석1열〉이 크게 걱정되지 않는 이유는 이 때문일 것이다.

영화가 세상을 변화시킬 능력은 없겠지만, 영화를 보며 수다를 떨다 보면 우리 스스로의 고정된 생각을 변화시킬 수는 있다고 믿는다. 세상은 영원히 옳은 나와 이상한 너로 구성되는 것이 아니라 함께 이야기하며 변화하는 우리로 구성된다고 믿기 때문이다. 그 때문에 앞으로도 〈방구석1열〉은 최선을 다해 행복하게 살아갈 우리 곁에서 좋은 안내자이며 선생님으로 남을 것이다.

그들의 작은 TV가 쏘아 올린 콘텐츠

2019년 트위치와 지상파의 융합, MBC 〈마이 리틀 텔레비전 V2〉

윤여빈

불과 4년 전까지만 해도, 대중에게 방송이란 플랫폼은 다수가 모여 제작할 수 있는 대형 콘텐츠로 인식되어 왔다. 그러나 개인이나 소규모 콘텐츠를 다루는 플랫폼은 대중의 인식이 확립되기 전부터 꾸준히 유지되고 발전되어 왔다. 그중 2006년부터 현재까지 서비스 중인 아프리카TV는 국내 인터넷 개인 방송 플랫폼 중에서도 가장 오래된 역사를 갖고 있으며 채널 목록, 채팅, 후원 시스템을 도입해 지금의 인터넷 방송 시스템의 기반을 다졌다. 그 밖에도 다음tv팟에서 파생된 카카오TV, 도네이션 시스템으로 개인 방송의 선풍적인 인기를 몰고 있는 트위치, 생방송은 물론 세계적으로 모든 영상 콘텐츠가 업로드되는 유튜브까지. 국내 인터넷 개인 방송 플랫폼 시장은 대표적으로 이 네 종류가 자리 잡은 상태다.

2015년 MBC에서 방영된 〈마이 리틀 텔레비전〉은 인터넷 방송의 대중성을 확립시킨 발화점이 되어 기존의 방송문화를 뒤흔드는 계기가 되었다. 인터넷 방송이 대중화되기 시작한 시기는 5년도 채 되지 않는 짧은 역사를 갖고 있지만 개개인이 콘텐츠를 만들 수 있었기에 종류와 양·질에 관계없이 우후죽순 쏟아졌고 후원과 스폰서를 통해 돈을 벌 수 있다는 소식이 널리 퍼지며 너도나도 인터넷 방송에 도전하는 레드 오션 콘텐츠로 성장했다. 이 과정에서 2019년에 방영되기 시작한 〈마이 리틀 텔레비전 V2〉(이하 〈마리텔 V2〉)는 로고에서부터 시즌 1 때와 달리 검은색 악마의 모습으로 바뀐 마스코트 인형을 내세우며 전보다 공격적이고 자극적인 콘텐츠를 다룰 것만 같은 분위기를 자아냈으나 결과는 시즌 1과 비교해 연출(CG, 자막)은 뛰어났으나 콘텐츠 자체는 별다른 차이를 보여주지 못했다. 또한 개인 방송으로 선택한 플랫폼이 트위치였다는 점에서 상당한 이질감을 느꼈는데, 그 이유는 트위치 자체는 게임 스트리밍이 보편화된 플랫폼이기 때문이다. 이로 인해 〈마리텔 V2〉의 선택은 게임 방송으로 굳어진 트위치 안에서 다양한 콘텐츠를 시도하려는 도전적인 태도와 겹쳐 보였다.

그러나 결과는 유쾌하지 않았다. 정확히는 '인터넷 방송으로서' 몇 가지 아쉬운 부분이 눈에 띄었다. 제작진들의 편집을 거쳐 지상파로 방영되는 〈마리텔 V2〉는 V1에서 선보인 것 이상으로 2049 시청자에 걸맞은 인터넷 유머, 서브 컬처, 복고풍 문화, 멀티 콘텐츠 패러디 등에 드립 코드를 활용해 웃음을 자아냈지만 트위치라는 플랫폼에서 선보인 생방송은 '도네이션' 기능을 제외하고 카카오TV에서 보여주었던 생방송과 비교해 특별한 점을 찾을 수 없었다. 어찌 보면 당연한 결과일지도 모른다. 트위치는 그 규모가 거대한 만큼 다양한 시청자들이 유입되면서 소위 '매운맛'[1] 채팅이 강한 플랫폼에 속한다. 이런 이유로 도네이션 또한 한 번의 검열을 거쳐 내보내지 않으면 방송 사고로 직결되는 문제인 만큼 지상파에서 다루기 버거운 플랫폼인 것은 사실이다. 〈마리텔 V2〉 제작진들도 이 점은 분명히 인지하고 있었을 것이다. 그럼에도 트위치를 선택한 이유는 무엇이며, 그들의 콘텐츠는 V1보다 성장했다고 볼 수 있을까?

트위치에서 그들이 선택한 콘텐츠

네 개의 트위치 채널로 운영되는 〈마리텔 V2〉는 고정 MC(김구라, 정형돈)가 담당하는 채널 두 개를 제외하고 새로운 호스트 및 게스트, 프로그램을 도입해 방송을 진행한다. 2019년 9월 20일 기준, 26화까지 반영된 지금까지 개설된 프로그램은 약 35개이며, 고정 채널을 제외한 가장 많은 횟수가 방영된 프로그램은 야쿠르트의 〈약탄 방송〉(5회), 김수미의 〈크리에이터 도전기 1, 2〉와 〈공포 크리에이터 도전기〉(도합 6회), 강부자의 〈아이 러브 사커〉와 〈축구 해설위원 데뷔 초읽기〉(도합 5회)가 있다. 프로그램 특유의 인기도 한몫했겠지만 호스트의 스케줄 문제, 출연 거부 같은 외적으로 알려지지 않은 요인도 있을 수 있기에, 언급된 프로그램이 절대적인 값으로 볼 수는 없지만 동일한 호스트가 5회를 넘긴 방송은 〈마리텔 V2〉에서 손에 꼽힐 만큼 적다. 그 때문에 트위치 문화와 접목해 일정 횟수 이상 방영된 타당한 이유를 살펴볼 필요가 있다.

야쿠르트의 〈약탄 방송〉은 호스트 자체가 훤칠한 부분도 한몫했겠지만 외적인 요인에만 안주했다면 꾸준히 프로그램을 유지할 수 없었을 것이다. 기존에 유튜브 채널을 운영하며 인터넷 방송을 이끌어가는 기

---

1   방송 콘셉트가 강렬하고 자극적이라는 뜻.

초가 확립된 상태였고, '약사 방송'이라는 마이너한 콘텐츠와 더불어 일상생활과 엮어도 불특정 다수 모두에게 유용한 정보를 알려주는 프로그램이었기에 양질의 콘텐츠를 제공하기엔 충분했다. 내외적 효과를 모두 사로잡은 것이다. 다만 이러한 콘텐츠를 효과적으로 살려주는 플랫폼은 유튜브에 한정되어 있다. 〈마리텔 V2〉의 인지도가 없었다면 지금처럼 트위치 방송에 안정적으로 정착하기에 무리가 있는 콘텐츠였다.

다음으로 김수미의 〈크리에이터 도전기〉 시리즈를 살펴보면 호스트 특유의 감칠 맛 나는 말투, 찰진 욕설, 거침없는 성격, 기존에 확립된 인지도와 이미지가 트위치의 '매운맛' 성격과 맞아떨어져 좋은 앙상블을 이뤄냈다. 그뿐만 아니라 인터넷 방송에 익숙지 않은 김수미 옆에 장동민이 붙어, 함께 방송을 리드함으로써 세대의 벽에 구애받지 않고 호스트가 가진 재미 요소를 잘 살려낸 프로그램이 만들어졌다. 그러나 가장 위험했던 점은 트위치에 근접할 만큼 거침없는 멘트였다. 16화에서 시청자의 요청으로 귀신 퇴치용 욕을 요구했더니 김수미는 봇물 터지듯 욕을 뱉는다. 편집으로 모든 욕설을 은유적으로 표현하며 보다 강렬하고 유쾌한 장면이 나왔지만 선을 조금만 넘었어도 지상파 심의에 걸릴 만큼 아슬아슬한 줄타기였다. 트위치 내에서는 가볍게 웃고 넘어가는 수위지만 지상파 프로그램인 이상, 위와 같은 상황은 철저히 대처해야 한다.

강부자의 〈아이 러브 사커〉와 〈축구 해설위원 데뷔 초읽기〉는 호스트 자체가 트위치에 잘 녹아들기보다 프로그램에서 선보인 '축구'라는 콘텐츠가 잘 부합되었다. 방송에서도 언급했다시피 '메호대전', '펠마대전', '손박대전'이라는 말이 나올 정도로 축구는 단체의 싸움을 넘어 개개인 팬덤의 대결로 다뤄질 만큼 뜨거운 주제다. 더구나 게임 스트리밍이 주를 이루는 트위치의 성격상 남성 시청자가 다분했고 온라인 축구 게임인 '피파 온라인'은 수백 개의 방송 카테고리 중, 상위 8위에 위치할 만큼 높은 비중을 차지한다. 〈마리텔 V2〉의 인지도, 트위치 내에서 축구라는 소재, 연예인 강부자의 출연 등이 합쳐져 프로그램이 5회까지 유지될 수 있었다고 본다.

종합해 보면 〈마리텔 V2〉에서 방송 5회 이상을 유지한 채널들은 트위치 플랫폼 내의 블루 오션 콘텐츠로 시청을 유도하거나, 처음부터 성격이 들어맞는 호스트와 상호작용 하거나, 기존의 관심사를 이끌어내는 등으로 프로그램을 유지했지만 여전히 전작과 비교해 '파격적인 콘텐츠였는가'는 애매한 결론에 잠겨 있다. 한편 이와 같은 분석이 무색할 정도로 〈마리텔 V2〉에는 시청자를 독식하는 프로그램이 있었으니, 바로 정형돈과 장성규의 〈무덤 TV〉다.

방치되는 생방송과 시청자 독식

2019년 9월 21일 〈마리텔 V2〉 26~27회(MLT-213)가 트위치로 송출되었다. 네 개의 채널이 각각 다른 시간에 생방송을 실시했으며, 1번 채널(김소희 셰프의 〈단디 키친〉 with 안유진)과 2번 채널(김구라, 장영란의 〈TV쇼 진품거품 2〉)은 약 50분의 중간 휴식을 거쳐 1부와 2부 형식으로 나누었고, 3번 채널(정형돈, 장성규의 〈무덤 TV〉)과 4번 채널(숲튽훈의 〈무리텔〉)은 논스톱 형식으로 진행되었다. 채널을 미리 팔로우하지 않으면 30분간 채팅을 금지해 충동적으로 방송을 망치려는 악질 시청자의 개입을 사전에 방지하고 채널에 대한 애정과 충성심을 확립하도록 유도했으며 1분 간격의 슬로우 채팅을 설정해 채팅 방이 터지지 않게끔 보호했다. 도네이션 역시 사전 검열을 통해 방송과 시청자의 특성에 부합할 메시지를 선별해 지상파에도 문제없는 영상을 유지시켰다.

　　그러나 생방송 진행은 인터넷 방송 시대를 이끌었다는 〈마리텔 V2〉 프로그램 소개와 달리 여타 인터넷 방송과 비교해서 미흡한 부분이 보였는데 먼저 '방송 준비 중'이다. 준비는 어느 방송이라도 반드시 필요한 요소이며 인터넷 방송의 경우도 방송을 송출해 시청자가 유입될 시간을 마련해 둔다. 문제는 지나치게 길었다는 것이다. 4번 채널을 예로 보면 20시 40분에 방송 준비를 시작했는데 그로부터 50분이 지나 방송을 시작한다. 인터넷 플랫폼이라는 편리성이 있기 때문에 방송을 틀어놓은 채로 방치해도 큰 문제는 되지 않겠지만 시청자 입장에서 언제 시작할지 모를 방송을 50분이나 기다려줄 만큼 친절하지 않다. 이는 시청자 유출과 더불어 생방송 준비에 소홀할 수 있다는 인식을 야기한다. 만약 호스트가 스케줄, 개인 사정으로 늦을 예정이라면 확실하게 도착하기 전까지 방송 송출을 하지 않거나, 가능하다면 방송을 준비하는 모습을 콘텐츠로 내보내는 편이 좋다는 의견이다. 인터넷 생방송이 지상파 생방송만큼 시간에 빈틈이 없고 철두철미해야 하는 법은 없지만, 생방송을 기다리는 시청자들을 위해서라도 개선되어야 할 점이라고 생각한다.

　　다음으로 '채널 독식'이다. 네 개 채널의 평균 시청자 수를 간추려 살펴본 결과 1번 채널 4900명, 2번 채널 1300명, 3번 채널 1만 1300명, 4번 채널 1500명으로 3번 채널의 〈무덤 TV〉가 압도적인 비중을 차지한다. 3번 채널의 강혜원, 최예나의 출연을 고려해 보면 방종(방송 종료) 이후 1번 채널에 두 사람이 출연하자마자 7100명까지 치솟은 점으로 미뤄, 게스트 효과는 대략 2200명으로 볼 수 있다. 그럼에도 9100명이라는 가장 높은 시청자 수를 자랑한다. 이는 다시보기 재생 횟수에도 동일하게 적용되는데 9월 22일 19시 30분 기준으로 각각 8170회, 825회, 1만

569회, 1560회로 상이한 횟수다. 이처럼 〈무덤 TV〉에 시청자가 몰리는 가장 큰 이유는 두 가지로, 하나는 타 채널보다 시청자 개입이 유연한 인터넷 방송의 특징에 잘 부합한다는 점, 다른 하나는 트위치 플랫폼에 큰 비중을 차지하는 게임 문화의 성격과 맞물린다는 점이다. 〈무덤 TV〉는 진행 자체가 게스트가 자신 있어 하는 특기로 '도전'하는 콘텐츠이기에 자연스레 시청자의 참여를 유도한다. 방송에 출연하는 시민은 이를 시청하는 시민과의 동질감을 형성하며 보다 편안하고 친근한 분위기에서 방송을 이끌 수 있으니 많은 시청자를 영입하는 데 유리한 조건을 갖추고 있다. 게다가 앞서 언급했듯 트위치는 게임이 주 콘텐츠다. 그중에서 '대결'은 게임의 흥미진진한 대립을 위해 빠질 수 없는 요소로 적용되는데 이 부분도 〈무덤 TV〉의 중심으로 작동하며 대결에서 이기면 상금을, 지면 낙인이 찍히거나 무덤에 들어가는 굴욕을 맛보여 주고 시청자들은 채팅 창에 웃음 기호를 도배하며 즐거워한다. 그런데 시청자 독식은 다양한 콘텐츠를 향유하고자 한 〈마리텔 V2〉의 의도와 어긋난 인상을 준다. 이와 비슷하게 〈마리텔 V2〉 권해봄 PD는 시청자들 사이에서 '모르모트'로 통용되며 출연하면 일정 수준 시청자를 이끌어내는 '치트 키'로 명성이 자자하다. 1번 채널이 시청자 수 2위를 기록한 이유에는 권해봄 PD의 등장이 큰 역할로 적용되었으리라. 이처럼 시청자를 유입하고 오래 유지하는 콘텐츠는 V1보다 흥미진진하고 자극적인 콘텐츠로 수용할 수 있었지만, 자칫하면 트위치 내에서 특정 채널만을 위한 프로그램으로 전락할 가능성도 고려해야만 했다.

트위치 시스템 TTS 도네이션

도네이션으로 후원되는 모든 금액은 KBS2 〈체험 삶의 현장〉의 패러디인 유니콘 상을 통해 '도움이 필요한 곳'으로 기부되어 시청자들의 추억과 감성을 동시에 자극했으며 기존의 경쟁 시스템을 폐지하고 함께 기부금을 모은다는 상생의 길은 매우 긍정적으로 비쳤다. 이러한 상생 구조는 누가 더 많은 후원을 얻어내는지에 대한 경쟁으로 보이기도 했지만 물어뜯는 순위전이 아닌 선의에 경쟁으로 적용되어 호스트 간의 부담도 〈마리텔 V1〉과 비교해 가벼운 분위기에 속했다. 방송에 따라선 후원을 부추기거나 장난 반, 진담 반으로 후원을 강요하는 등 이 과정을 콘텐츠의 소재와 연출로 활용해 〈마리텔 V2〉의 방송 도구로 무리 없이 소화해 내는 면모를 보여주었다.

아쉬웠던 점은 시청자와의 소통에서 트위치 도네이션의 기능을 완전히 끌어올리지 않았다는 점이었다. TTS(Text To Speech)뿐만 아니라 직접 음성을 녹음하거나 영상을 보내는 기능도 존재하지만 〈마리텔 V2〉 자체에서 이런 연출까지는 과도하거나 시청자의 지나친 간섭을 야기할 수 있다고 판단했는지 처음부터 TTS 음성에 한정해 두었다. 시청자와의 소통은 확실히 진보했으나 방송에서 다뤄지는 콘텐츠를 감상하고 의견이나 유머를 채팅, 도네이션으로 표현한다는 점에선 V1 때의 채팅과 비교해 TTS를 제외하고 큰 차이가 없었다. 그 밖에도 투표, 룰렛 기능처럼 시청자의 직접 참여를 가능케 하는 트위치 기능들의 쓰임도 눈에 띄지 않는 점에서 트위치 내에 방송 도구들을 오롯이 이끌어냈다고 보기 어려웠다. 트위치의 나머지 기능들도 적극적으로 활용한다면 보다 다채로운 연출과 기획을 창출할 수 있을 것이다.

차이는 있으나 발전은 없었다

"그 방송에 그 시청자"라는 말이 있다. 매우 당연하지만 지금에 이르러 이 말은 콘텐츠 시장에 매우 중요하게 적용된다. 실시간 소통으로 방송 프로그램과 시청자의 거리가 순식간에 좁혀졌기 때문이다. 〈마리텔 V2〉 생방송을 살펴보면 익명성에 기댄 무분별한 채팅보다 사랑방처럼 얼굴을 마주 보고 대화하는 화기애애한 분위기를 형성한다. TV에서 내가 원하는 채널을 선정하듯, 개인 방송 또한 내가 '즐기고자' 하는 방송에 들어가기 마련이다. 더 나아가 〈마리텔 V1〉에서 대중에게 인터넷 방송을 퍼트렸듯 모두가 시도할 수 있는 장점을 지녔던 인터넷 방송은 본인이 직접 원하는 콘텐츠를 창작하기에 이르렀다. 그러나 으레 콘텐츠들이 그러하듯, 인터넷 방송 또한 구설에 오르내렸다. 돈을 목적으로 자행되는 비인간적인 행동과 폭력성, 선정성 등 자극적인 콘텐츠를 이용한 조회 수 몰이, 후원 유도 등의 씁쓸한 문화도 함께 나타났다. 현재는 이러한 플랫폼의 문제를 자각해 개선하려는 의지를 보이고 있으니 차츰 해결될 사항으로 사료되지만 여전히 양질의 콘텐츠보다 킬링 타임에 안주한 콘텐츠 소비가 활발하다는 점에서 인터넷 방송의 성장은 멀게 느껴진다. 이를테면 〈마리텔 V2〉에서는 V1과 동일하게 지상파의 한계에 부딪혀 독창적인 콘텐츠보다 안정적인 콘텐츠와 보장된 인물을 채용하는 경우를 심심찮게 볼 수 있다.

　〈마리텔〉에는 속히 '치트 키'로 불리는 연예인 게스트 초청 자체가 콘텐츠로 되어 있는데 이것을 마냥 비판할 수 없는 노릇이다. 프로그램 자체는 대형 방송국이며 많은 인력이 필요하기에, 광고와 시청률을 목적으로 연예인이 출연하는 것은 지극히 자연스러운 일이다. 하지만 V1보다 한층 더 개선된 모습으로 찾아오겠다던 〈마리텔 V2〉의 프로그램 소개문을 돌이켜 보면 예쁜, 귀여운, 혹은 멋있는 연예인을 초청해 콘텐츠 자체보다 외모와 지명도를 활용한다는 점에서 V1보다 획기적인 콘텐츠라고 보기에 부족하다는 인상이 컸다. 해당 연예인을 애호하는 시청자는 그들의 출연이 반갑고 즐겁겠지만 시청자를 유입하려는 의도가 다분히 보였다. 시청률과 이슈가 목적이라면 연예인에게 트위치에서 자주 통용되는 게임을 시키면 그만이다.

인터넷 방송은 주제로 내세울 콘텐츠가 중요하지만 방송을 이끄는 주체, 즉 당사자의 특징과 개성이 뚜렷할수록 더욱 효과적인 재미를 보장한다. 가령 26화 최양락의 〈2019 알까기 리턴즈〉의 게스트로 출연한 팽현숙 여사를 살펴보자. 그녀는 게스트임에도 불구하고 멈추지 않는 TMI(To Much Information) 토크로 고정 출연자들보다 압도적인 존재감과 시청자들의 호응을 이끌어냈다. 이처럼 호스트와 게스트의 특징에 부합하는 출연진은 방송과 콘텐츠의 질을 높여주고 시청자에게 즐거운 인상을 심어준다. 이 같은 효과를 양질의 콘텐츠와 접목해 선보일 수 있다면 〈마리텔 V2〉가 추구하고자 했던 V1 이상의 파격적이고 신선한 콘텐츠, 더 나아가 일상과 사고(思考)의 발전에도 크게 기여할 수 있는 프로그램으로 성장할 수 있지 않을까.

타인의 고통을 향한 은밀한 즐거움

쌤통의 심리학: 뒷담화 쇼?! 채널A 〈풍문으로 들었쇼〉

이선옥

1. 남의 불행은 나의 기쁨!

올해 초, JTBC의 앵커 손석희가 갑작스러운 논란에 휩싸였다. 그가 뺑소니 사고를 냈다고 고발한 전직 기자에게서 시작한 이 논란은 '손석희 앵커가 당시 피해자에게 돈을 주고 매수를 했다', 그리고 더 나아가 '당시 손석희 앵커의 옆자리에는 여자가 타고 있었다', '그 여자는 JTBC의 모 아나운서이고 둘은 불륜 관계이며 당시 밀회를 즐기고 있었다'까지 순식간에 눈덩이처럼 불어나기 시작했고, 모든 언론은 앞다퉈 확인되지 않은 사실들을 쏟아내기 시작했다.

　'손석희 앵커를 둘러싼 보도'를 분석한 KBS의 〈저널리즘 토크쇼 J〉에 나온 안톤 숄츠(Anton Scholz) 기자가 '샤덴프로이데(Schadenfreude)'라는 독일어 단어를 사용해 언론에 숨겨진 속성을 한마디로 정의했다.

샤덴프로이데. 정확하지는 않지만 우리의 속담 중 '사촌이 땅을 사면 배가 아프다'나 혹은 '쌤통이다'라는 말과 비슷한 의미라고 한다. 즉, 타인의 불행은 나의 즐거움이지만 타인의 행복은 나의 불행이라는 뜻으로 설명할 수 있을 것 같다. 떳떳한 감정은 아니지만 불행인지 다행인지 비정상적인 감정도 아닐뿐더러 나 홀로만 느끼는 감정은 더더욱 아니다. 그저 우리의 마음 속 깊은 곳에 숨겨놓은 비밀스럽지만 자연스러운 감정 중 하나인 것이다.

그런데 과연 '쌤통 심리'가 '손석희 앵커 보도 논란'에서만 볼 수 있는 일이었을까? 한때 신문 가판대나 편의점 한편을 가득 메웠던 각종 일간지와 주간지, 스포츠 신문 등을 생각해 본다면 쉽게 이해가 갈 것이다. 각종 스캔들, 이별, 파산과 같은 개인적인 비극들이 현란하게 표지를 채우고 이것들을 조심스럽게, 하지만 호기심 가득하고 흥밋거리를 찾아 헤매는 눈으로 훑어보던 우리의 모습을 떠올려 본다면 쌤통 심리가 쉽게 이해 갈 것이다.

그러나 TV가 다채널 시대로 접어들고 인터넷이 발달하며 가판대의 종이 신문과 뉴스들의 존재감이 줄어들기 시작했지만 — 하늘이 무너져도 솟아날 구멍이 있듯 — 사람의 흥미를 자극하는 가십들은 새 활로를 찾기 시작했다. 인터넷에서 그리고 종편 채널의 개국과 함께 시작된 옐로저널리즘에 우리 안의 쌤통 심리는 새로운 날갯짓을 시작했다.

2. 믿거나 말거나: 뒷담화는 참 재미있다!

당사자가 없는 자리에서 누군가를 흉보는 뒷담화는 참 재미있다. 이야기의 진실 유무나 얼마나 과장이 되었는지는 상관없다. 어차피 믿거나 말거나식의 재밌거리이기 때문이다. 물론 뒷담화를 하면서 약간의 양심의 가책과 대상이 된 사람에게 미안함을 느끼기는 하지만 그러기에는 한번 시작하면 멈출 수 없을 만큼 말초적인 재미를 자극한다.

누구나 남의 뒷담화를 즐기고 잘된 사람들, 성공한 사람들의 흠집을 잡아내고 싶어 하는 심리를 자극하는 프로그램들이 한때 종편 방송의 인기 아이템으로 자리 잡은 적이 있다.

TV조선 〈호박씨〉, 채널A 〈풍문으로 들었쇼〉, MBN 〈아궁이〉는 대중이 궁금해하는 이야기를 전달한다는 목적으로 스타들의 루머와 가족사, 결혼과 이혼, 성공과 파산 등의 자극적인 소재들을 주로 다루었다. 이야깃거리의 당사자가 직접 출연하는 경우는 거의 없고, 대부분 고정 패널들의 입으로 소문을 전했는데 이 고정 패널들의 위치도 약간은 애매했다. 단지 같은 시기에 활동을 한 B급 연예인이거나 혹은 과거에 기자나 PD 등 방송에 종사했던 관계자들이 대부분이다. 이들 역시 당사자와 친밀한 관계까지는 아니었기 때문에 '카더라'식의 이야기를 전할 수밖에 없었다. 물론 소문의 당사자들의 기분은 나쁠 수밖에 없지만 제대로 항의를 할 수는 없다.

그 때문에 방송 당시, 여러 매체는 물론 시청자들까지 나서서 프로그램의 폐지를 운운하고, 수위를 넘나드는 자극적인 이야기들에 우려를 표하기도 했다. 하지만 아이러니하게도 해당 프로그램들의 시청률이나 화제성은 당시 결코 낮지 않았다. 〈풍문으로 들었쇼〉가 약 4퍼센트가 넘는 시청률을 유지했다는 것은 1~2퍼센트대에 머무르던 때의 종편 채널치고는 굉장한 선방이라고 할 수 있었다. 그리고 그들이 선방할 수 있는 힘은 바로 시청자들인 우리의 쌤통 심리라고 할 수 있다.

겉으로는 "저런 얘기 하면 안 돼!"라고 말하지만 사실 속으로는 그들의 이야기에 가장 솔깃해하는 심리가 프로그램의 시청률과 게시판에 나타나는 것이다. 사실 프로그램을 보지 않았다면 어떻게 게시판에 상세히 내용을 설명하며 비난하는 글을 남길 것인가!

그 심리를 잘 활용함으로 인해 옐로저널리즘 프로그램들은 높은 인기를 얻었지만 '깨어 있는 척', '착한 척' 자신을 속이는 여론의 뭇매와 논란 속에 하나둘 막을 내렸다. 하지만 그 와중에도 여전히 큰 화제성과 논란을 밑거름으로 살아남아 있는 것이 바로 채널A의 〈풍문으로 들었쇼〉다.

3. 논란과 화제의 중심 〈풍문으로 들었쇼〉

〈풍문으로 들었쇼〉는 "2049 세대 사이에서 끊임없이 회자되는 대중문화의 모든 이슈에 대해 팩트는 기본, 소신 발언은 덤으로 전달! 당신이 알아야 할 이슈의 모든 것! 대중문화 이슈 전반을 아우르는 고품격 토크쇼"를 기획 의도로 내세우고 있다.

그렇다면 과연 기획 의도에 걸맞게 고품격 토크쇼를 지향하고 있을까?

최근 방송에서 다뤄진 주제를 살펴보면 '화성 연쇄살인 사건의 진범 이춘재, 100억대 자산가?', '슬리피와 소속사 TS의 정산 논란', '전 카라 멤버 박규리의 남자 친구는 7세 연하 재벌 3세', '홍정욱 전 의원의 딸이 밀반입한 LSD는 1급 마약' 등 그야말로 사건의 본질을 벗어난 문제나 혹은 사람들의 저급한 호기심을 자극하는 연예인의 스캔들에 치우쳐 있다.

게다가 출연자의 면면을 살펴보면 스스로가 이슈 메이커를 자처하는 연예인들이나 전·현직 연예부 기자들, B급 언론사의 기자 혹은 칼럼니스트들이 자리하고 있다. 게다가 이들이 쏟아내는 얘기는 대부분 '제가 스타의 지인에게 들은 얘기인데요', 혹은 '스타의 단골집 사장님한테 들은 얘기로는……' 식의 팩트가 확인되지 않은 이야기들이 대부분인 것이다. 언론이라는 타이틀이 무색해지는 시점이다.

물론 그 옆에 앉아 자리를 채우고 있는 연예인들은 말할 것도 없다. 시청자의 호기심을 대신한다는 명목으로 'ㅇㅇㅇ 의원의 아버지가 사실은 과거 유명한 배우였고 그래서 그 의원도 외모가 출중한 것 같아요?'라는 식의 가족사를 끄집어내는 질문을 한다거나 혹은 그 사건에서 시청자들이 꼭 알고 싶어 하는 '범죄 혐의에 있어 특혜는 없었는지, 최근 왜 재벌가 자제들의 약물 문제가 연이어 터지는지, 사회적으로 어떤 영향을 끼치는지' 등 누구나 납득할 수 있는 질문은 전혀 이뤄지지 않는다. 이 와중에 논란이 된 대상의 얼굴을 평가하는 우스운 상황까지 왔으니 그런 심도 있는 질문은 기대조차 할 수 없는 노릇인 것 같기도 하다.

과연 이 프로그램의 어디에 팩트가 존재하고 소신 발언이 존재하는지는 알 수 없다. 더더군다나 고품격이라는 말은 사용하기조차 무색하다. 상황이 이러하니 게시판을 도배하는 글들도 "민망해서 방송을 못 보겠다", "방송에서 가짜 뉴스를 내보내냐"라는 식의 비난이 쇄도하고 있는 것이다.

하지만 아이러니한 것은 방송 다음 날, 관련된 기사가 인터넷 포털에 연이어 뜨고 그 뒤에 적지 않은 수의 댓글이 달린다는 것이다. 이는 그 방송을 보았든 보지 않았든 사람들의 관심을 적지 않게 받고 있다는 것을 방증하기도 한다.

4. 죄 없는 자, 〈풍문으로 들었쇼〉를 향해 돌을 던지라

가십을 다룬 〈풍문으로 들었쇼〉는 언제나 유명인들의 소식, 더 정확히는 연예인들의 소식에 초점을 맞춘다. 그리고 그들의 성공보다는 실패에 더 중점을 두고, 얼마나 더 깊은 나락으로 떨어졌는지 강조에 강조를 더한다. 그러면서 진행자인 박하나와 박수홍을 비롯한 출연자들은 안타까워하고 동정을 느끼고 그러면서 자신 혹은 지인들도 비슷한 경험이 있었고 얼마나 힘들어했는지를 앞다퉈 이야기한다. 과연 그들은 진심일까? 방송을 보면서 비슷한 감정을 느끼는 우리의 감정은 진짜일까?

심리학자 케이티 바우처(Katie Boucher)와 리처드 H. 스미스(Richard H. Smith)가 함께 진행한 한 연구가 그 안에 담긴 진짜 감정이 무엇인지를 보여준다. 미국의 대표적인 타블로이드 신문 ≪내셔널 인콰이어러(National Enquirer)≫의 기사를 10주간 조사한 결과 지위가 높은 인물일수록 그들의 불행을 전하는 기사에 더욱더 초점을 맞추었다고 한다.

우리는 누구나 부·명예·권력을 가진 사람이 되고 싶어 하고, 그것들을 갖고 있는 사람을 부러워한다. 동시에 그들을 보면서 좌절감과 질투를 느끼고 은연중에 그들의 실패를 원한다. 능력이 있는 사람을 존경하고 우러러볼 수는 있지만 선뜻 좋아하지는 못하는 본능이 우리 안에 탑재되어 있기 때문이다.

원하든 원하지 않든 우리는 그들의 실패와 고난에 관심이 갈 수밖에 없다. 성공한 사람들이 위기에 처했을 때 어느 정도 상대적 만족감 혹은 우월감 그리고 저들도 우리와 같다는 어쩌면 인류애적인 동질감을 느끼게 하는 은밀하고도 어두운 본능, 쌤통의 심리, 샤덴프로이데가 우리를 조종하기 때문이다.

겉으로는 고고한 척, 올바른 척 하지만 쌤통의 심리는 인간이라면 누구나 갖고 있는 본능이고 이것을 잘 이용한 것이 〈풍문으로 들었쇼〉다. 사람의 본성을 꼬집는 〈풍문으로 들었쇼〉의 뒷담화를 완벽하게 외면할 수 있는 이가 과연 존재할까?

5. 외면할 수 없는 은밀한 재미 〈풍문으로 들었쇼〉

미국의 유명한 소설가 고어 비달(Gore Vidal)은 "친구가 성공할 때마다 나는 조금씩 죽는다"라고 얘기했다. 이 말은 바꿔 말하면 '누군가 실패할 때마다 나는 조금씩 삶의 동력을 얻는다'는 의미다. 그리고 이것이 우리가 〈풍문으로 들었쇼〉를 보는 이유이고, 화제와 논란 속에도 〈풍문으로 들었쇼〉가 건실하게 자리 잡고 있는 이유이기도 하다.

이와 관련해 양심 고백을 하자면 솔직히 〈풍문으로 들었쇼〉는 재미있다. 보고 있으면 나도 모르게 또 어떤 이야기가 나올지 궁금하고 기대하게 된다. 내가 이미 알고 있던 이야기라도 실망하지 않는다. 왜냐하면 방송을 보다 보면 마치 내가 출연자들과 함께 뒷담화를 하는 듯한 즐거움에 빠져든다. 하지만 밖에 나가서 사람들과 얘기할 때 결코 "나는 〈풍문으로 들었쇼〉를 재미있게 보고 있어, 내가 제일 좋아하는 프로그램 중 하나야"라고 얘기할 수는 없을 것이다. 말했다시피 쌤통의 심리는 굉장히 은밀하고 어두운 감정이기 때문이다.

그리고 마지막으로 문제의 프로그램이 없어져야 한다고 비판의 날을 세우는 사람들에게 묻고 싶다. 나는 과연 100퍼센트 올바른 인간인가? 한 번도 타인의 실패에 남몰래 웃음 지어본 적이 없는가? 그렇다면 돌을 던지라고.

눈부신 그대들에게

위로가 필요한 시대에 전하는 메시지

이수민

배우 김혜자 님은 자신을 위한 헌정 드라마 〈눈이 부시게〉[1]로 2019년 백상예술대상 TV 부문 대상을 수상했다. 김혜자 님은 "후회만 가득한 과거와 불안하기만 한 미래 때문에 지금을 망치지 마세요. 오늘을 살아가세요. 눈이 부시게. 당신은 그럴 자격이 있습니다"라는 드라마 엔딩 내레이션으로 수상 소감을 대신했다. 배역의 이름도 김혜자, 〈눈이 부시게〉는 김혜자 그 자체였다. 배우 한지민이 25살의 혜자를 연기하는 2인 1역 캐스팅으로 두 배우가 교차해 나왔지만 전혀 이질감이 들지 않았다. "시간이란 무엇일까? 왜 사람들은 같은 시간 속에서도 서로 다른 삶을 살아가고 있는 것일까? …… 같은 시간 속에 살아가지만 서로 다른 '시간'을 지닌 그들을 통해 시간의 의미를 다시 그려보고자 한다."

---

1   연출: 김석윤, 극본: 이남규, 김수진.

〈눈이 부시게〉의 카피다. 드라마 〈눈이 부시게〉는 알츠하이머 환자의 시선으로 삶을 바라보며 시간의 의미를 재해석한다. 〈눈이 부시게〉는 말한다. 결국 삶의 모든 순간은 하나같이 눈부시다. 젊다는 것은 아직 늦지 않았을 뿐이고 그 자체로 아름다운 것이며, 늙음은 젊음과 다른 반짝임이 존재한다. 당신은 〈눈이 부시게〉가, 김혜자가 주는 위로를 받을 자격이 있다.

〈눈이 부시게〉만의 타임 슬립

타임 슬립 드라마는 시간의 흐름을 뒤틀어 버림으로써 사람들에게 재미를 준다. 타임 슬립은 현실에서는 불가능한 흥미로운 소재이기 때문에 이를 소재로 한 많은 드라마가 제작되었고, 타임 슬립은 이제 조금은 식상한 장르물이 되어버렸다. 주어진 시간을 다 써보지도 못하고 잃어버린 여자와 누구보다 찬란한 순간을 스스로 내던지고 무기력한 삶을 사는 남자, 같은 시간 속에 있지만 서로 다른 시간을 살아가는 두 남녀의 시간 이탈 로맨스. 〈눈이 부시게〉의 작품 소개를 보면 기존에 나왔던 타임 슬립 드라마와 크게 다르지 않아 보인다. 그래서였을까 〈눈이 부시게〉의 초반 시청률은 3.2퍼센트로 다소 저조한 편이다. 10화까지의 〈눈이 부시게〉는 작품 소개처럼 평범한 시간 이탈 로맨스라 생각해도 될 것이다.

하지만 "저는 알츠하이머를 앓고 있습니다"라는 대사가 나오는 그 순간부터는 더는 단순한 시간 이탈 로맨스일 수가 없다. '11회, 12회 남은 두 번의 방송이 이렇게 큰 반전을 감당할 수 있을까' 하는 생각이 들었다. 드라마를 끝까지 보고 나면 이 모든 것이 완벽하게 구성된 사전

제작 드라마였기에 가능했던 것이었음을 금방 알 수 있다. 탄탄한 구성과 배우들의 훌륭한 연기, 마지막 반전까지 더해져 종영 시에는 시청률이 처음보다 세 배나 오르며 타임 슬립 드라마로서 새로운 시도를 성공적으로 해낸 웰메이드 드라마로 평가받는다.

기존의 타임 슬립 드라마는 타임 슬립이 드라마를 지배했다. 반면에 〈눈이 부시게〉는 타임 슬립을 알츠하이머를 표현하는 도구로 사용했다. 알츠하이머를 타임 슬립으로 표현하는 방법은 시청자가 알츠하이머에 대한 부정적인 고정관념을 떠올리지 않게 했다. 이를 통해 시청자는 드라마가 보여주는 알츠하이머 환자의 시선으로 바라본 삶에 더욱 몰입할 수 있었다. 생각해 보면 알츠하이머라는 병도 타임 슬립처럼 갑자기 겪게 되는 것이 아닌가. 25살에 갑자기 할머니가 되어버린 혜자가 살아가는 삶. 10화에 이 모든 것이 알츠하이머를 앓는 혜자의 허상이었음을 알게 될 때, 25살 혜자가 원래의 모습을 되찾기를 응원했던 시청자들은 70대 알츠하이머 환자 혜자의 시선으로 그동안의 일들을 다시 보게 된다.

또 〈눈이 부시게〉의 타임 슬립은 철저하게 등가교환의 법칙이 적용된다. 무언가를 얻기 위해서는 그만큼의 가치를 희생해야 한다. 극중 혜자는 아빠를 구하기 위해 되돌린 시간만큼 늙어버린다. 그 시간은 혜자가 다리가 불편한 아들과 함께 이 악물고 살아온 시간으로도 볼 수 있을 것 같다. 현실에서 시간은 어떠한 등가교환으로도 되돌리거나 가질 수 있는 것이 아니기 때문에 더욱 역설적이다. 언젠가 시간이 흘러 과거의 소중함을 깨닫게 되더라도 우리는 절대 그 순간으로 돌아갈 수 없다. 극 중 김혜자는 오빠 영수(손호준 분)의 인터넷 방송을 시청하는 젊은이들에게 등가교환의 법칙을 직접 언급한다. '과거에 대한 후회와 미래에 대한 걱정으로 지금을 망치지 말고, 현재를 살아가라'는 〈눈이 부시게〉가 전하는 메시지가 돋보이는 장면이다.

　인간은 초능력자가 아니기 때문에 타임 슬립 드라마에는 시간 이동을 위한 도구가 필요하다. 작게는 무전기, 책 등이 있고 조금 더 커지면 터널이나 지하철을 이용해 시간 이동을 한다. 이러한 능력을 가지게 되면 대부분의 주인공은 특별한 존재가 되고 자신의 인생 또는 다른 사람의 인생에 개입해 역사를 바꾸기도 한다. 혜자도 가족들과 놀러 간 바닷가에서 우연히 주운 시계로 시간을 되돌릴 수 있는 능력을 지니게 된다. 그 능력 때문에 혜자는 특별한가? 혜자는 특별하지 않다. 그러나 〈눈이 부시게〉는 특별하다. 기존 드라마에서는 주인공이 현재의 모습 그대로 시간을 여행하며 문제를 해결했다. 〈눈이 부시게〉는 주인공 혜자의 시간을 직접 움직였다. 또 혜자는 역사를 바꿀 만한 중대한 일이 아니라 일상에서 일어난 사소한 일들을 위해 타임 슬립을 한다는 점에서도 기존의 작품들과 구별된다. 〈눈이 부시게〉의 역사는 바뀌지 않았다. 혜자의 삶은 그대로였다.

　〈눈이 부시게〉에는 기존의 타임 슬립 드라마에서 주인공만으로도 내용 전개를 가능하게 했던 '시간 이동을 한 곳과 현실의 시간 차이'가 존재하지 않는다. 시간 이동을 한 곳과 현실과의 시간 차가 있을 때는 타임 슬립이 있었다는 사실을 주인공밖에 몰라도 되었다. 그리고 다시 주인공이 현실로 돌아왔을 때 주변인들에게 아무런 의심을 받지 않았다. 〈눈이 부시게〉에는 이러한 시간 차가 없기 때문에 25살 혜자가 갑자기 70대 노인이 되었을 때 혜자의 모습을 모두가 알 수밖에 없다. 주변 사람들과 함께 살아가야 한다. 혜자의 주변인들은 혜자와 원래의 관계를 유지하면서 달라진 겉모습에 적응해 가려고 노력한다. 혜자도 자신의 변화를 외면하지 않는다. 25살 혜자가 입던 대로 입고, 하던 대로 한다. 하나씩 시도해 보고 적응해 나간다. 〈눈이 부시게〉는 혜자의 가족, 친구들의 모습을 통해 늙음 그리고 알츠하이머 환자를 대하는 우리의 태도에 대해 다시 생각해 보게 만든다.

〈눈이 부시게〉가 말하는 삶

보통의 드라마는 다양한 사건이 일어나고 여러 인물이 등장한다. 많은 내용 중 사람들이 기억하는 부분은 선택적이고 저마다 다르다. 〈눈이 부시게〉는 타임 슬립 드라마지만 다뤄지는 시간과 공간이 제한적이다. 시간은 혜자의 과거와 현재, 공간은 홍보관(요양원)과 혜자의 집으로 한정된다. 따라서 다른 작품들에 비해 등장인물의 수가 훨씬 적다. 그 대신 한 사람, 한 사람의 인생에 집중한다. 그래서 드라마를 다 보고 나면 기억나지 않는 사람이 없다. 모두가 저마다 눈부신 삶의 주인공임을 생각하게 한다. 〈눈이 부시게〉는 이 작은 공동체가 담고 있는 우리 사회의 모습을 혜자의 시선에서 바라보고 얘기한다.

노화: '시간의 흐름에 따라' 생체 구조와 기능이 쇠퇴하는 현상
샤넬 할머니(정영숙 분)는 이 드라마에서 가장 비극적인 죽음을 맞이한다. 일흔이 넘은 나이에도 타고난 외모와 분위기로 샤넬 백을 찰떡같이 소화하는 샤넬 할머니. 편안함보다는 언제나 교양을 우선시하는 바람에 다른 노인들 사이에서는 재수 없는 할머니로 불리며 기피 대상이다. 그녀가 항상 들고 다니는 샤넬 백은 미국으로 떠나버린 아들이 준 처음이자 마지막 선물이다. 미국으로 떠난 아들은 좀처럼 연락이 되지 않았다. 샤넬 할머니는 준하를 통해 아들에게 지속적으로 편지를 보낸다. 그 편지들이 홍보관 창고로 보내진다는 사실을 전혀 알지 못한 채. 샤넬 할머니가 직접 아들을 만나러 미국으로 가겠다고 다짐했을 때 비로소 여태껏 준하가 자신을 속여왔고, 아들과는 진작에 연락이 끊겼음을 알게 된다. 그리고 샤넬 할머니는 한강에서 시체로 발견된다. 샤넬 할머니의 처연한 죽음은 보는 시청자들을 안타깝게 했다. 이때 샤넬 할머니는 혜자와 정을 쌓아가고 있었다. 샤넬 할머니와 혜자의 관계는 우리가 늙음을 어떻게 받아들이고, 어떻게 대해야 할지 보여준다. 혜자는 갑자기 늙어버렸지만 절대 움츠러들지 않았다. 이에 반해 샤넬 할머니는 늙으면서 생기는 자연스러운 변화를 부끄러워했다. 혜자와 샤넬 할머니가 성형외과에 갔을 때 한 남자가 두 사람을 보며 다 들리도록 비아냥거린다. 혜자는 그냥 지나치지 않고 예뻐지고 싶은 마음은 다 똑같은 것이라며 당당하게 말한다. 늙음 앞에 당당한 혜자의 모습을 보며 조금씩 자신을 받아들이게 되는 샤넬 할머니의 변화는 늙음을 어떻게 받아들여야 할지 생각하게 한다. 어느 정도 예상은 했겠지만 샤넬 할머니의 아들은 한국에 있었다. 한국에 있으면서도 어머니에게 안부조차 전하지 않았던 아들은 샤넬 할머니의 빈소에도 형식적으로 얼굴만 비친다. 이러한 모습은 시청자들을 화나게 하지만 안타깝게 늙음을 짐처럼 여기는 우리 사회의 실제 모습이기에 더욱 씁쓸하다.

시계: 시간을 재거나 시각을 나타내는 기계나 장치

〈눈이 부시게〉는 '시계'를 타임 슬립의 도구로 사용했다. 그 시계는 젊은 시절 혜자가 준하에게 예물로 직접 선물한 것이었다. 자유가 억압받던 시절 사회부 기자였던 준하는 고문사로 혜자 곁을 떠난다. 일명 시계 할아버지(전무송 분)는 젊은 시절 준하를 조사했던 경찰이었다. 할아버지가 차고 있던 시계는 과거에 가로챈, 혜자가 준하에게 선물한 시계가 맞았다. 〈눈이 부시게〉의 타임 슬립은 혜자가 바닷가에서 우연히 시계를 줍게 되면서 시작된다. 그리고 10화 말미에 시계 할아버지가 혜자에게 시계를 건네주었다. 시계 뒷면에 새겨진 이니셜을 본 그 순간 혜자의 시간이 뒤엉키기 시작한다. 이 모든 것이 시간을 되돌리는 시계가 만든 것이 아니라 알츠하이머에 걸린 혜자의 머릿속에서 벌어진 일임이 밝혀진다. 〈눈이 부시게〉가 타임 슬립의 도구로 사용한 것이 다른 물건이 아니라 시간을 재고 나타내는 시계이기 때문에 시간의 의미를 더욱 깊이 생각하게 한다.

지금껏 수고한, 늙음을 준비하는 중년층에게 보내는 위로

〈눈이 부시게〉에서 중년층으로 볼 수 있는 대표적 인물은 대상(안내상 분)과 정은(이정은 분), 두 사람이 있다. 사실은 혜자의 아들, 며느리지만 드라마의 대부분을 혜자의 아빠와 엄마 역할로 나온다. 지금은 둘 중 정은에게 초점을 맞추려 한다. 사실 우리 사회에서 고부 관계는 그리 애틋한 사이가 아니다. 며느리의 마음을 헤아려주는 시어머니는 그리 많지 않기 때문에, 시어머니로서 혜자가 며느리인 정은에게 하는 대사가 더욱 큰 위로로 다가왔다. 대상과 정은의 이혼 서류를 본 후 혜자는 정은에게 말했다. "너 빠듯하게 사는 거 알면서도 나 사는 거 바빠서 모른 척했다. 그래도 자식 탓하긴 싫어서 친정도 없는 널 혼자 뒀어. 네가 그 낡은 미용실 한쪽에서 시름시름 늙어가는 걸 알면서도. 그래, 다 내 욕심이었어. 미안하다. 이제는 네 생각만 하고 살아. 그래도 돼. 정은이, 우리 착한 며느리. 난 네가 무슨 결정을 하든 늘 네 편이다." 시어머니 혜자로서의 마지막 기억이자 순간이다. 쉴 새 없이 미용 일을 하느라 성할 날이 없었던 정은의 손을 어루만지며 전하는 혜자의 위로는 〈눈이 부시게〉가 혜자를 통해 중년층에게 전하는 메시지다. 중년층은 말 그대로 중간에 있다. 젊음과 늙음, 그 사이에 있지만 절대로 젊음으로 갈 수는 없다. 청년 문제, 노인 문제에 대해서는 활발히 논의되지만 중년 문제에 대해서는 잘 말하지 않는다. 중년이 의지할 곳은 더욱 없다. 앞으로 다가올 시간을 홀로 고민하고 있었을 중년층에게 〈눈이 부시게〉가 따뜻한 위로를 전했다.

위로가 필요한 시대에게

내 삶은 때론 불행했고 때론 행복했습니다.

삶이 한낱 꿈에 불과하다지만

그럼에도 살아서 좋았습니다.

새벽에 쨍한 차가운 공기,

꽃이 피기 전 부는 달큰한 바람,

해 질 무렵 우러나는 노을의 냄새.

어느 하루 눈부시지 않은 날이 없었습니다.

지금 삶이 힘든 당신,

이 세상에 태어난 이상

당신은 이 모든 걸 매일 누릴 자격이 있습니다.

대단하지 않은 하루가 지나고,

또 별거 아닌 하루가 온다 해도,

인생은 살 가치가 있습니다.

후회만 가득한 과거와 불안하기만 한 미래 때문에

지금을 망치지 마세요.

오늘을 살아가세요.

눈이 부시게.

당신은 그럴 자격이 있습니다.

누군가의 엄마였고, 누이였고, 딸이었고,

그리고 나였을 그대들에게.

김혜자 님의 목소리로 전하는 〈눈이 부시게〉의 마지막 엔딩 내레이션이다. 이 내레이션 전체를 많은 자리를 할애해 적은 것은 한 줄 한 줄 소중히 읽었으면 하는 나의 바람 때문이다. 한 시청자는 엔딩 내레이션을 완벽한 내레이션이라고 했다. 이 시대를 살아가는 누구에게 보내도 어색하지 않을 메시지기 때문이다. 〈눈이 부시게〉의 종방연이 있었던 다음 날 JTBC 〈뉴스룸〉의 '앵커브리핑'에서 손석희 앵커가 〈눈이 부시게〉를 소개하며 말했다.[2]

때로는 드라마 한 편이 백 번 천 번의 뉴스보다 사람들을 더 많이, 깊이 생각하게 해주고 그것이 세상을 더 좋은 방향으로 가게 한다는 말에 동의(합니다).

---

2   손석희, "앵커브리핑 '눈이 부시게'", JTBC 〈뉴스룸〉, 2019년 3월 20일 자.

방을 구해드립니다

MBC 〈러브하우스〉에서 EBS 〈방을 구해드립니다〉까지,

어른들의 집과 청년들의 방

권순현

방에서 없어진 것들

어머니는 그릇을 모으는 취미가 있으셨다. 주로 꽃과 나비가 그려진 도자기 제품들이었다. 어린 시절, 높은 찬장을 올려다볼 때면, '어머니는 왜 쓰지도 않는 그릇들을 저렇게 많이 모으실까'라는 의문이 들기도 했다. 가끔 가사 노동을 일찍 마치신 날이면, 어머니는 도자기 컵에 차를 따라 베란다로 향하셨다. 우리 집은 신도시의 13층 아파트였다. 차를 홀짝이며 앉아 계신 어머니 너머로 네모반듯한 아파트들이 줄지어 서 있었다. 개가 짖고, 아이들이 뛰놀고, 오토바이가 지나가는 지상의 소리는 13층이라는 거리감을 확보한 후엔 소음이라기보단 그저 계속해서 재생되는 노랫소리에 가까웠다.

세월이 흘러 나는 대학가의 원룸 촌을 전전하는, 불완전한 독립 상

태의 청년이 되었다. 만약 내가 '내 집 마련'에 관한 꿈을 여전히 조금이나마 갖고 있다면, 그 꿈은 과거의 13층 아파트와 어머니의 그릇에서 비롯되었을 것이다. 2018년 겨울, 지금의 자취방으로 이사한 지 얼마 안 되었을 때였다. 나는 부엌의 텅 빈 찬장을 채우려, 짜장면이 담겨 있던 일회용 그릇을 박박 닦고 있었다. 그 순간 어머니의 컵에 그려져 있던 꽃과 나비가 기억 속에서 떠올랐다. 마침 아래층의 젊은 부부는 부부 싸움을 벌이고 있었고, 벽을 넘어 들어온 욕설이 일회용 그릇을 닦는 물소리와 섞였다. 그때 알았다. 이 방엔 꽃과 나비를 위한 자리가 눈을 씻고 찾아봐도 없었다. '내 집 마련'의 꿈을 이루는 것은 우리 세대에게는 도저히 가능할 것 같지 않았다. 주거 대출, 월세, 전세, 반전세까지, 한없이 많이 남은 생에 달라붙는, 끝없이 길어지는 꼬리표들이 속삭였다. "네 방은 네 집이 아니야."

나는 스물이 되고 서울 생활을 시작했고, 고시원, 기숙사, 자취방을 전전했다. 이후 다섯 해 동안 다섯 번의 이사를 거쳤다. 거친 셈으로, 겨우 1년 남짓 몸을 의탁했을 뿐이다. 방을 떠난 이유도 가지가지였다. 더 나은 방을 찾아서, 주인에게 쫓겨나서, 룸메이트와 사이가 벌어져서, 이유는 다르지만 결과는 같았다. 이삿짐을 옮길 때마다, 떠나는 방에 내 집에 대한 욕심을 한 줌씩 버려두고 왔다. 안락한 집, 편안함이라는 그림 같은 희망보다는, 몸을 누일 수 있는 정도로의 최소화된 조건과 저렴함, 교통 같은 무미건조한 계산 쪽에 마음이 기울었다. 내 삶에 '집'이라는 단어가 더 이상 기능하지 않는다는 것을 직감하게 되었을 때부터, 나는 언제든 물건을 담을 수 있도록 종이 백과 박스, 커다란 가방을 모으기 시작했고, 불필요하다 싶은 무겁고 부피가 나가는 물건들은 잡동사니로 취급하기 시작했다. 나는 더 이상 책을 모으지 않았고, 애써 가구를 고르지 않았다. 옷을 버리기 시작했고, 취미로 하던 프라모델 역시 그만두게 되었다. 집에서 보낸 유년기의 많은 것들이 방에선 없어졌다. TV도 마찬가지였다.

2019년 3월부터 MBC에서 방영하는 〈구해줘! 홈즈〉라는 예능 프로그램이 인기라는 이야기를 들었다. '복', '덕'의 이름으로 팀을 나눈 연예인들이 의뢰인이 찾는 집을 대신해 구해준다고 했다. 내 주변 사람들은 〈구해줘! 홈즈〉에서 온갖 형태의 집을 감상하고 함께 품평하는 것이 제법 재미있다고 했다. 방에 TV가 없는 나는 핸드폰을 꺼내 유튜브를 켰다. 프로그램명을 검색창에 입력했다. 방송사에서 정식으로 제공하는 짧은 클립(clip) 영상들을 제하고도 수많은 영상들이 있었다. 부동산 중개인들이 방송과 연계해 올려놓은 수많은 업체 홍보물이었다. "〈구해줘! 홈즈〉에 방영된 집! 박나래 님이 반한 신축 전원주택!" 따위의 다소 속물적이라고 느껴지는 제목의 영상들이 끝도 없이 검색되었다. 〈구해줘! 홈즈〉에 등장하는 드라마에서나 볼 것 같은 인테리어와 멋들어진 풍경의 집들은 나에게는 그다지 재미가 없었다. 웃을 수 없었고 감탄하지도 못했다. 그런 집들을 나의 집이라 꿈꿔보는 대리 만족의 상상은, 핸드폰 액정 화면을 보고 있는 내가 누운 컴컴하고 비좁은 방에 맥없이 갇혔다.

부동산 공화국의 착한 집 구하기 예능?

EBS가 2019년 5월 18일부터 방영을 시작한 〈방을 구해드립니다〉(이하 〈방구〉)는 출연진이 일반인의 집을 대신해 구해준다는 점에서 〈구해줘! 홈즈〉와 포맷이 유사했다. 하지만 프로그램 제목이 암시하듯, 한국 사회의 주거 문제와 관련해 '집'이 아닌 '방'을 강조한다는 점에 흥미를 느껴 찾아보게 되었다. 〈방구〉의 첫 방영분은 다음과 같은 자막으로 시작하며 제작진이 생각하는 한국 사회의 주거 문화 자체와, 청년 주거난에 대한 문제의식을 명백히 밝힌다.

> 방(房), 한 사람의 이야기가 담긴 공간이자
> 이 시대를 살아가는 사람들의 문화가 묻어나는 곳
> ......
> 눈코 뜰 새 없이 바쁜 일상을 살아가는 사람들
> 이들에게 '방(房)'이란…?!
> 거주 기간이 2년 이내인 가구 비율 중 청년 가구 80.3%
> 평균 1년 3개월마다 이사하는 대한민국 청년들

〈방구〉의 구성은 집을 구하는 일반인 출연자에게 방송인과 전문가로 구성된 두 팀이 조건에 맞는 매물을 대신해 찾아준다는 점에서 〈구해줘! 홈즈〉와 완벽히 같다. 하지만 〈방구〉는 일반인 출연자의 선택과 진행 방식을 결정하는 데 있어 큰 차별점이 있었다.

일반인 출연자를 선택하는 데 있어서, 〈방구〉는 프로그램 서두의 자막에서 밝혔듯, 주거난에서의 취약 계층인 청년으로 출연진을 한정 지었다. 그렇기에 〈구해줘! 홈즈〉의 매 화의 스펙터클을 책임지는 화려한 집이 등장하는 대신, 〈방구〉는 절대다수의 청년들이 선택하는 일반적인 전·월세의 방들로 화면을 채웠다. 〈방구〉의 시각적 재미는 오히려 출연한 청년들이 떠나고 싶어 하는(혹은 떠나야만 하는), 현재 주거의 열악함을 보여주는 데 있었다. 5월 18일 1회 방영분에 등장하는 20대 여성 직장인 차주희 씨의 반지하 원룸은 카메라가 들어올 수 없을 정도로 비좁아 창틀 너머로 반지하의 출연진을 내려다봐야만 했다. 같은 방영분의 이정환 씨 부부는 신혼 첫 살림집인데 접지 불량으로 조명이 제대로 들어오지 않아 어둠 속에서 생활하고 있었다. 하지만 〈방구〉는 빈곤을 선정적으로 보여주며 출연자에게 값싼 연민을 던지고 있지는 않았다. 오히려 열악한 주거 환경에서 일상생활을 이어나가기 위해 택한 삶의 양식을 이해와 애달픔이 공존하는 유머로 받아들이며 공감의 제스처를 취했다. 옷을 좋아하는 차주희 씨는 갖고 있는 옷을 줄이는 대신, 공간을 수직으로 활용해 접은 옷을 차곡차곡 위로 쌓고 있었고, 창문을 열어도 환기가 잘되지 않는 신혼집의 이정환 씨는 비싼 공기청정기 대신, 방향제를 구비해 두고 있는 모습이 강조되었다. 이렇듯, 나와 다를 것 없는(또는 나라도 그렇게 했을) 출연자들이 선택한 삶의 양태와 주거 환경 덕에 그리고 〈방구〉가 그 이미지들을 지나치게 희화화하지 않는 연출 방식 덕에, 프로그램에 보다 쉽게 공감하고 몰입할 수 있었다.

진행 방식에 있어서 〈방구〉는 두 개로 나뉜 팀이 두 명의 일반인 출연자 중 하나를 각자 선택해, 매물들을 보는 현장에 동행하고 최종 선택을 돕는 방식을 택했다. 스튜디오에서, 출연자에게 자신의 팀이 가져온 매물을 선택할 것을 경쟁적으로 구애하는 〈구해줘! 홈즈〉와는 정반대의 방법론을 취한 것이다. 이렇듯, 〈방구〉는 예능 프로그램 제작자들이라면 쉽게 택할 수 있는 자극적인 경쟁을 배제하려는 노력이 돋보였다. 〈방구〉의 일반인 출연자들이, 앞서 언급했듯 열악한 주거 환경에서 거주하는 청년들임을 고려할 때, 출연진의 경쟁을 제하고 출연자 각각의 상황에 밀착해 도움을 주는 것을 진행 방식으로 택한 제작진의 선택이 다행스럽게 여겨졌다. 청년들에게 주거는 집이 아닌 방이고, 방은 재산이 아닌 생존의 요소이니 말이다. 생존의 문제를 경쟁의 시각, 즉 〈구해줘! 홈즈〉의 토너먼트 방식을 가져와 마치 스포츠처럼 중계했다면, 그 과정을 보는 시청자로서 몹시 불편했으리라는 생각이 들었다.

그럼에도 여전히, 어른들의 집, 청년들의 방

아쉽게도 〈방구〉는 청년 출연자들의 주거 문제를 해결하는 방법론에 있어서 그 시각의 진부함이 크게 드러났다. 〈방구〉의 1화에서 전문가들은 보다 넓은 집을 구하던 차주희 씨에게 서울이 아닌 부천의 아파트를, 월셋집을 찾던 이정환 씨에게는 청년 주거 대출을 통한 전세 매물을 제시한다. 서울이라는 큰 조건을 포기한다면, 또는 빚을 지지 않겠다는 고집을 제도적 혜택을 위안 삼아 내려놓는다면, 경제력이 부족한 청년도 좋은 집을 구할 수 있다는 노골적인 추파다.

하지만 '탈서울'이라는 키워드와 자수성가가 불가능해진 시대의 '대출'이 주거난의 본질적 해결책이 아니라는 뻔한 사실을, 〈방구〉가 애써 숨기고 있다는 생각이 지워지지 않았다. 한국의 미디어가 청년을 재현하는 가장 보편적인 방식 그대로, 〈방구〉는 "젊을 때 고생은 사서도 한다"라는 낡은 격언을 지지대 삼아, 열악한 상황에서도 힘을 내 살아가고 있는 힘찬 청년들로 출연자들의 모습을 포장하고 있었다. 청년들이 살아가야만 하는 지금 이 시대의 깊은 상처는 철저히 숨긴 채로 말이다. 그들이, 언젠가 성공한다면, 그때 제대로 된 집을 구할 수 있으리라고. 대출이 필요 없는 진짜 내 집, 서울에 있는 진짜 내 집을 그들도 언젠가 구할 수 있으리란 낡은 암시.

〈방구〉의 크레디트가 올라갈 때 함께 띄워진 영상은, '이사 지원금'이란 명목으로 출연료를 받은 차주희 씨와 이정환 씨가 제작진에게 감사함을 표하는 인터뷰 영상이었다. 하지만 그들이 비좁은 방에 살아야만 했던 이유가, 또 새로운 집을 구하는 과정에서 대출을 받고 서울을 떠나야만 했던 이유가 그들의 능력 부족과 나태함 때문이 아니라는 것을 우리는 안다. 그들이 방송사와 어른들의 도움을 필요로 하는 구제 대상이 아니라는 것 역시 마찬가지다. 한국 사회의 청년 주거 문제의 본질은 청년에 있지 않다.

취직해 30년 동안 한 푼도 버리지 않고 모아야 서울에 작은 아파트를 구할 수 있다는 통계를 보며 쓰게 웃었던 기억이 떠올랐다. 매해 서울을 떠나는 인구가 몇만 명에 달한다는 기사도 스쳐 지나갔다. 반면에 상위 1퍼센트의 집 부자들이 1인당 일곱 채의 집을 소유하고 있다는 보고서를 보았던 기억도 빼놓을 수 없었다. 〈방구〉의 청년 주거난에 대한 해결책이 잘못된 이유는 자명했다. '서울 공화국'이란 말을 만들어낸 폭등하는 부동산, 또 '수저론'이 대표하는 재분배의 총체적 실패라는 본질적 문제를 〈방구〉는 애써 외면한다. 더 나아가 청년-부동산 정책에 지속적으로 실패해 온 대한민국 정부가 체면치레용으로 고안한 청년 주거 대출 같은 부족한 복지 대책을, 마치 새로운 만능 치료제처럼 광고하기도 한다. '방'이 아닌 진짜 내 '집'이 지금의 청년들에게도 가능할 것이란 믿음을 그래도 가져보라며, 다시금 일상으로 돌아가라 말하는 〈방구〉의 해결책이 청년 시청자로서 불편할 수밖에 없었다.

〈러브하우스〉에서 〈방을 구해드립니다〉까지

어른들이 말하는 '집'이 있던 시절은 13층 아파트에 살던 유년기뿐이었다. 하지만 그 집이 결코 내 집이 아니었다는 것을, 그저 내 부모의, 어른들의 집이었다는 것을 이제는 안다. 부모의 집에 살던 아이들은 이제 청년이 되어 좁디좁은 방을 전전한다. 이제 '방'이 아닌 '집'은 기억 속에만 있다. 거실과 주방이 분리되어 있고, 널찍한 화장실과 각자의 방이 있는 집. 그리고 그때 거실엔 TV가 있었다는 기억. 저녁을 먹고, 부모님과 거실에 앉아 속옷 바람으로 과일을 먹던 그 시절, MBC 〈러브하우스〉라는 하우스 리모델링 예능이 유행이었다. '내 집'을 사랑하던 한국 사회가 강산이 두 번 바뀌며 둘로 나뉘었다. '집'을 사랑하는 중·장년층과, '나'를 사랑하는 것마저 쉽지 않은 '방' 속의 청년들.

불과 몇십 년 전과는 전혀 다른, 새로운 시대다. 청년 주거난을 전면에 내세운 〈방구〉가 '집'이 아닌 '방'이라는 단어로 주거를 호명하는 것이 신선했고, 또 반가웠다. 하지만 〈방구〉가 여전히 '집'을 사랑하는 기성세대의 관점에서 청년들의 주거난을 바라보는 데서 발생하는 아쉬움이 그보다 컸다. 〈방구〉가 진정 청년 주거난의 심각성에 귀를 기울이고 있다면, 단순히 의뢰한 청년들에게 좋은 매물을 제시하는 것에서 멈춰선 안 된다. 부동산의 폭등, 세대 담론과 궤적을 같이하는 재분배의 실패에 관한 근본적인 문제 제기가 어떤 형식으로든 함께 진행되어야 한다.

내게는 올겨울, 또 한 번의 이사가 남아 있다. 그곳이 어디든, 다음 방을 내 집이라 부르게 될 것 같지는 않다.

'캐슬'과 '머니' 감당할 수 있으시겠습니까?

같은 소재 다른 반응, JTBC 〈SKY 캐슬〉과 MBC 〈공부가 머니?〉

────────────────────────────── 최미지 ──┘

> 암기만 하면 대학 갔던 학력고사 시대랑은 달라요. 지금은 학종 시대라구
> 요. 학종 시대! 부모의 경제력과 정보력에 따라서 당락이 결정된다구요.

JTBC 드라마 〈SKY 캐슬〉에서 고등학생 딸에게 수십억 하는 입시
코디를 붙이려는 아내 한서진(염정아 분)에게 남편 강준상(정준호 분)이
유난 떨지 말라며 나무라자 한서진은 이렇게 항변한다. 학종 시대, 즉
교과 성적뿐만 아니라 봉사, 동아리, 진로 활동, 자치, 독서, 수상 실적
등 비교과 활동까지 평가해서 대학 입학생을 선발하는 비율이 증가한
학생부 종합 전형 시대에는 다양한 평가 기준이 생긴 장점이 있다. 반면
한서진의 말처럼 부모의 삐뚤어진 자식 사랑과 교육열이 파고들어 학생
의 노력보다 부모의 직업, 경제력, 정보력, 사교육이 대학 입시에 큰 영
향을 미치는 부작용도 생겼다. 〈SKY 캐슬〉은 이런 현실을 실감나게 보

여주며 교육 문제에 민감한 우리나라 시청자들의 공감을 얻었다.

대학 병원 의사들과 판검사 출신의 로스쿨 교수들만 입성할 수 있는 고급 저택 단지 'SKY 캐슬'의 교육·입시 이야기를 다룬 JTBC 드라마 〈SKY 캐슬〉은 각종 명대사와 패러디를 낳으며 엄청난 화제를 일으켰다. 2018년 11월 23일 시청률 1.7퍼센트로 시작했지만 회가 거듭될수록 시청률이 상승해 최종회에서는 23.8퍼센트를 기록했다. 그 전까지 역대 비지상파 프로그램 최고 시청률이었던 공유, 김고은 주연의 tvN 드라마 〈도깨비〉의 20.5퍼센트를 훌쩍 넘었다. 자식을 통해 3대째 의사 가문, 한국의 케네디(Kennedy)가를 꿈꾸는 부모들의 욕망을 풍자하며 과연 성공한 인생은 무엇인가, 가족은 무엇인가, 교육은 무엇인가 등 우리 사회에 필요한 화두를 던진 〈SKY 캐슬〉은 시청률만큼이나 많은 호평을 받았다.

〈SKY 캐슬〉처럼 교육을 소재로 화제를 일으킨 예능도 있다. 경제협력개발기구(OECD) 국가 중에 교육비 지출 1위, 연간 19조 원이 넘는 돈이 자녀 교육비로 지출되는 대한민국에서 교육비는 반으로 줄이고 교육 효과는 배 이상 높이는 에듀 버라이어티를 표방하는 MBC 〈공부가 머니?〉다. 2019년 8월 22일과 29일 파일럿 방송에서 각각 4.1퍼센트, 4.3퍼센트의 높은 시청률을 기록하며 같은 해 10월 18일 정규 편성이 확정되었다. 〈SKY 캐슬〉과 같은 교육과 입시를 소재로 다루었고 높은 시청률로 화제성을 얻었다는 점에서는 같으나, 이 두 방송의 큰 차이점은 시청자의 반응이었다. 〈SKY 캐슬〉이 호평이 주를 이루었다면 〈공부가 머니?〉는 방송 후 시청자 게시판에 500여 개의 의견이 폭주하며 혹평을 받았다. 많은 학부모들의 고민인 사교육비 부담을 덜어주는 방법을 알려주고, 지금껏 한 번도 공개되지 않은 1급 비밀 교육 노하우를 공개한다는 프로그램 홍보에 시청자들은 기대를 하며 시청했을 것이다. 하지만 시청 후 출연한 전문가에 대한 불신, 학부모들의 불안감과 위화감을 조성하는 내용, 출연한 아이들이 교육이 아니라 아동 학대를 당하는 것 같은 모습 등에 비판과 실망이 쏟아졌다. "기획 의도가 무엇인지 모르겠다", "공영방송에 적합하지 않아 정규 편성을 반대한다"라는 목소리도 높았다.

교육과 입시라는 같은 소재로 시청자들에게 호평과 혹평이라는 극과 극의 반응을 받은 JTBC 드라마 〈SKY 캐슬〉과 MBC 예능 〈공부가 머니?〉는 무엇이 달랐을까?

첫째, 프로그램의 정체성. 정체를 밝혀라!

프로그램의 정체성은 기획 의도를 얼마나 잘 표현하고 전달했는지로 판단할 수 있다. JTBC 드라마 〈SKY 캐슬〉은 '상류층의 처절하고 치열한 욕망이 꿈틀대는 내밀한 속을 들여다보는 리얼 코믹 풍자극, 부모 자식 간에 마주 앉아 도란도란, 허심탄회하게 얘기를 나누다 때로는 격렬히 싸우다, 울다, 웃다, 끝내 존재만으로도 감사한 마음으로 서로를 끌어안게 되길 간절히 바라는 휴먼 힐링 드라마, 어른다운 참 어른으로 성장하는 청소년 그리고 어른들의 성장 드라마'로 스스로를 소개한다. 그리고 이러한 기획 의도를 20회 동안 충실히 구현해 낸다.

드라마 〈SKY 캐슬〉은 대한민국 최고의 명문 사립 주남대학교 초대 이사장이 세운 저택 단지를 배경으로 한다. '캐슬(castle)'은 말 그대로 성으로 허락된 자들만이 들어올 수 있는 그들만의 세상이다. 주남대 병원 정교수 또는 판검사 출신의 로스쿨 교수 등 선택받은 자에게만 입성의 자격이 주어진다. 한서진, 이수임(이태란 분), 노승혜(윤세아 분), 진진희(오나라 분)의 네 가족이 이야기를 이끌어간다. 고등학생과 중학생 자녀를 둔 이 네 가족의 부모들은 각자의 욕망을 품고 자식의 입시 성공을 위해 수단과 방법을 가리지 않는다. 욕망의 전차 제일 앞에 에서 엄마 한서진이 있다. 캐슬 사람들에게 본명 곽미향과 가난한 집안 출신을 숨긴 한서진은 딸 에서(김혜윤 분)를 서울대 의대에 합격시켜 자신을 무시하는 시어머니와 남편에게 인정받고 자신의 열등감을 극복하려 한다. 그래서 수십억을 지불하고 서울대 입학사정관 출신 김주영(김서형 분) 선생을 딸 에서의 입시 코디로 삼는다.

〈SKY 캐슬〉은 상류층의 비뚤어진 욕망이 만들어내는 사교육, 입시 문제를 보여주고, 그 과정에서 상처받고 망가지는 아이들의 모습들도 보여줌으로써 시청자들로 하여금 지금의 교육 현실을 돌아보게 한다. 좋은 대학에 합격만 한다면 과정은 불공정해도 용서가 되는가? 과열된 교육열이 진정 아이의 미래를 위해서인가? 부모의 욕심이 있지는 않은가? 매회 분투하는 부모와 아이들을 보며 시청자들은 생각한다. 무엇을 위해서 우리는 교육에 열을 올리고 있는 것인가.

반면 MBC 〈공부가 머니?〉는 '성적은 쑥쑥 올리고 교육비 부담은 확 줄이고 공개된 적 없는 1급 비밀 교육 노하우를 공개하겠다'는 기획 의도를 밝히며 출발했지만 실패했다. "기획 의도가 뭔지 모르겠다", "기획 의도가 혹시 사교육 조장인지 의심스럽다"라는 시청자의 혹평이 쏟아졌다. MC 신동엽과 유진, 사연을 신청한 연예인 학부모, 네 명의 교육·입시 전문가가 관찰 영상을 보고 설루션을 제시하는 것으로 방송이 진행되었다.

1회에는 배우 임호 부부가 출연했다. 대치동에 사는 이 부부의 세 아이는 총 34개의 사교육을 하고 있었는데, 9세 딸 14개, 7세 아들 10개, 6세 아들 10개였다. 교육 컨설턴트는 수업 34개를 11개로 줄이고, 나머지 시간은 엄마가 선생님이 되어 가르치는 것을 권했다. 그리고 배워 오는 것 없이 휴식과 마찬가지인 토요일 숲 체험 학습 대신 가족들이 토요일마다 시대순으로 역사 탐방을 다니라고 설루션을 제시했다. 이 설루션대로 하면 사교육비는 65퍼센트 절약되고, 학원 숙제 때문에 밤 12시에 잠들어야 했던 아이들에게도 여유가 생길 것 같아 보인다. 교육비 부담을 줄이겠다는 기획 의도도 달성한 듯하다. 하지만 정말 그럴까? 중요한 것이 빠졌다.

MBC 〈공부가 머니?〉는 교육비 부담의 근본적인 원인을 분석하고 해결하려는 대신 표면적인 현상에만 집중하고 있다. 왜 우리나라가 교육비 지출이 많은지, 공교육이 있음에도 엄청난 사교육비가 왜 계속 지출되고 있는지 원인에 대한 언급이 전혀 없다. 오히려 사교육은 당연한 것으로 전제하고 방송을 진행하고 있는 듯했다. 수학을 싫어하고 선행학습 때문에 딸과 다툼이 많아져서 선행(학습)은 포기했다는 엄마의 말에 교육 컨설턴트는 비겁하다고 한다. "엄마가 아이와 트러블이 생기는 게 두려워서 뒤로 빠지신 거 아닌가요? 약간 비겁하시지 않았나 싶네요. 초등학교 2학년은 수학을 포기할 나이가 아니에요." 선행 학습을 하지 않으면 수학을 포기하는 것인가? 학교에서 배우는 수학은 공부가 아닌가? MC 유진이 "혹시 너무 많이 해서 수학을 싫어하는 게 아닐까"라고 묻자 교육 컨설턴트는 의아하다는 표정으로 말한다. "이 아이의 진도를 보면 너무 많이 시킨 게 하나도 없는데요?" 초등학교 2학년인 아이는 선행 학습만 하지 않을 뿐 수학 학원 두 곳을 다니고 학습지 수학도 하고 있었다.

기획 의도를 잊은 제작진의 편집 또한 문제였다. 교육 컨설턴트가 설루션 과정에서 연산 수학 문제집을 추천하고 싶은데 방송이라 문제집 이름을 말해도 되는지 머뭇거렸다. 그러자 임호의 아내는 "저만 알고 싶은데, 저만 알고 싶어요"라고 속내를 말했다. 그런 고급 정보를 알면 다른 엄마들이 정보를 얻기 위해 줄을 설 것이라면서. MC 신동엽은 "돼지 엄마가 꿈이냐"라며 농담으로 분위기를 바꾸었고, MC 유진은 제작진과 눈빛을 주고받는 문제집 이름을 말씀하셔도 괜찮다고 알렸다. 하지만 다음 장면에서 "방송 관계상 이름을 밝힐 수 없겠지만 교재 정보는 녹화 끝나고 알려주는 걸로"라는 자막만 나오고 결국 시청자들에게는 교재 정보를 알려주지 않았다. 교육 노하우를 알려주겠다는 기획 의도는 어디로 가고 낚시성 편집으로 결국 스튜디오에 있는 출연자들만 알고 시청자는 모르는 황당하고 허탈한 상황을 만들었다. 교재 정보를 알려줄 수 없다면 이 장면들 또한 편집을 했어야 했다.

둘째, 출연자 선정은 적절했나?

드라마 〈SKY 캐슬〉은 입체감 있는 캐릭터가 극의 설득력을 높였다. 캐슬의 모든 부모도 현실의 부모들처럼 자식이 잘되기를 바란다. 하지만 속내는 제각각 다르다. 우주 엄마, 아빠처럼 진짜 자식의 행복을 위해서인 부모도 있지만, 예서 엄마, 아빠처럼 열등감을 채우고 명예를 위해, 세리, 기준, 서준이 아빠 차민혁(김병철 분)처럼 트로피같이 자랑거리 삼기 위해 등등. 온전히 선하기만 한 캐릭터도, 악하기만 한 캐릭터도 없다. 그래서 시청자들이 더욱 공감했는지 모른다. 허구의 세상에 사는 특별한 캐릭터지만 현실 사람들과 닮은 모순 덩어리여서.

　〈SKY 캐슬〉에서 자식의 성적을 위해 온갖 악행을 저지르는 예서 엄마 한서진보다 더 비현실적인 캐릭터라고 비판을 받기도 했던 우주 엄마 이수임 캐릭터가 그래서 더 필요했는지 모른다. 과외도 아들 우주

(찬희 분)가 하고 싶다고 할 때만 시키고, 입시 정보를 공유하자고 연락 오는 다른 학부모들은 차단하고, "아이들이 정말 원하는 건가요?"라며 공익광고에 나올 법한 대사를 캐슬 부모들에게 던지는 이수임은 이상적인 완벽한 부모로 보인다. 하지만 완벽한 부모인 듯 보이는 이수임도 화가 나서 사람들 앞에서 한서진의 과거를 폭로하는 실수를 하고, 좋은 의도로 책을 쓰려 했다는 이유로 다른 가족의 아픔을 허락도 없이 소재로 삼으려 하는 우를 범하기도 한다. 시청자들은 완벽하지 않은 캐릭터들을 보며 자신의 실수를 돌아보기도 하고, 나와 타인을 용서하기도 한다. 이것이 방송에 등장하는 캐릭터, 인물들의 힘이다. 그들이 허구의 인물이든 실제 인물이든 시청자들의 가치관에 영향을 미친다.

그런 점에서 방송에 등장하는 출연진 선정과 역할 부여는 매우 중요하다. 출연자 선정과 캐릭터 설정의 책임은 출연자뿐만 아니라 편집으로 방송의 결을 만드는 제작진에게도 있다. 그런데 MBC 〈공부가 머니?〉는 자극적인 출연자 소개로 시청자를 불편하게 했다. 전 서울대 입학사정관이었던 전문가를 '드라마 속 입시 코디 김주영의 실제 모델'이라고 소개하며, 이번 방송을 보면 입시 코디 비용 20억을 벌어가는 것이라고 했다. 드라마 〈SKY 캐슬〉에서 수단과 방법을 가리지 않고 학생들의 입시를 성공시킨 후 그 가정을 파멸로 이끄는 캐릭터인 김주영 선생과 출연한 전문가가 서울대 입학사정관으로 설정이 같다는 이유로 롤모델, 실존 모델로 언급하는 것이 적절한지 의문이다. 비정상적인 사교육 시장과 교육 현실을 비판한 드라마 〈SKY 캐슬〉 이후에 드라마에 나왔던 감옥 같은 1인용 독서실 책상과 입시 코디 문의가 많아졌다는 뉴스만큼이나 씁쓸했다.

또 다른 전문가인 멘토링 대표 교육 컨설턴트 선정과 소개에도 제작진의 편견과 자극적인 표현이 보였다. MC들은 교육 컨설턴트를 이렇게 소개했다. 자녀가 소위 SKY라 불리는 대학과 포항공대, 카이스트에 합격했고, 현재 서울대 학사 과정 4년 전액 장학생으로 재학 중이라고 한다. 그리고 수상 경력이 많은데 미래창조과학부 장관상, 모범 청소년 표창, 노벨 영재 수재 장학생 등에 뽑혔다고 한다. 그리고 소개 마지막에 자막으로 '진정한 슈퍼 맘'이라고 표현했다. 자녀가 좋은 대학에 합격한 것은 축하할 일이고 자랑스러운 일이다. 하지만 자식의 수상 경력이 엄마의 이력으로 소개될 일인가? 자식을 좋은 대학에 보낸 엄마야말로 진정한 슈퍼 맘인가? 자식의 성과를 엄마의 성과로 동일시하는 현상은 위험하다. 방송에서 이런 편견을 당연시해서는 안 된다.

셋째, 공익성, 균형성을 저버린 자극적인 방송

MBC 〈공부가 머니?〉는 자극적인 방송 내용과 구성으로 공익성과 균형성을 잃었다. 드라마 〈SKY 캐슬〉이 같은 소재인 비정상적인 입시 교육 문제를 다루면서도 크게 공감을 얻은 것은 과장되고 비현실적인 드라마 속 상황을 통해 현실의 문제를 꼬집고, 반면교사 삼을 수 있는 이야기와 캐릭터를 구축해 설득력을 높였기 때문이다. 하지만 MBC 〈공부가 머니?〉는 정규 편성을 위한 욕심 때문이었을까, 노이즈 마케팅을 통해서라도 화제성을 얻고 싶은 선택이었을까. 시청자의 이목을 끄는 데는 성공했지만 공감은 얻지 못했다. 자녀 교육에 민감한 부모들의 불안을 증폭시키고, 오히려 사교육을 조장하는 듯한 내용과 편집으로 방송의 윤리성, 공익성을 지키지 못했다.

교육의 중요한 당사자인 아동의 권리 보호에 대한 노력도 부족했다. 우리나라도 비준한 유엔 아동권리협약에 따르면 아이들은 28조 교육받을 권리와 함께 12조에 자신들에게 영향을 미치는 문제를 결정할 때 의견을 말할 권리도 있다. 〈SKY 캐슬〉에서는 아이들의 생각을 잊지 않고 설득력 있게 풀어낸다. 하지만 〈공부가 머니?〉는 부모의 입장에 집중해서 상대적으로 아이들의 목소리에는 귀 기울이지 못했다. 하루 종일 학원과 숙제에 내몰린 아이들이 몸짓, 표정, 한숨으로 표현하는 말은 듣지 않고 심리 상담가의 분석에 더 반응한다. MC들도 밥도 제대로 못 먹는 아이들을 안쓰러워하면서도 결국 어쩔 수 없는 엄마 마음에 더 공감한다. 7세 아이를 집 밖으로 쫓아내는 과한 훈육에도 혼내면서 마음 아픈 엄마를 위로한다. 여섯 살 동생과 장난쳤다는 이유로 집 밖으로 쫓겨나는 훈육이 과연 바람직한지, 9세, 7세, 6세 아이들이 수업을 하느라 밥을 제대로 못 먹고, 숙제를 하느라 잠을 자정에 자는 것이 진정 아이를 위한 것인지 그 이면에 부모의 욕심은 없는지 물어봐야 했다. "아이들이 정말 원하는 건가요?" 〈SKY 캐슬〉 이수임의 대사가 생각난다.

목표만 보고 달리면 마왕에게 소중한 것을 잃는다

〈SKY 캐슬〉에서 입시 성공을 위해 수단과 방법을 가리지 않는 입시 코디 김주영이 즐겨 듣는 곡이 있다. 프란츠 슈베르트(Franz Schubert)의 「마왕」이다. 곡의 내용은 이러하다. 아버지는 아이를 안고 말을 타고 달려 집으로 향한다. 그런데 아이가 자신을 데려가려는 마왕의 소리가 들리지 않느냐고 두려움에 떨며 아버지에게 묻는다. 아버지는 바람 소리, 안개라며 귀 기울이지 않고 계속 달린다. 아들이 계속 괴로워하자 공포에 질린 아버지는 말을 더 빨리 몰아 집에 도착한다. 하지만 아들은 이미 품속에서 죽어 있었다. 드라마 〈SKY 캐슬〉에서 부모들은 대학이라는 목표만을 보고 달리느라 김주영과 같은 입시 코디, 주변 사람들의 참견 그리고 '남들 보란 듯이', '남에게 부끄럽지 않게'라는 자신의 욕망이 아이들을 괴롭히고 있음을 깨닫지 못한다.

MBC 〈공부가 머니?〉에서도 성적과 교육비를 걱정하는 어른들은 정작 아이들의 찌푸림을 봐도 보지 못하고, 한숨을 들어도 듣지 못한다. 방송도 마찬가지다. 시청률이라는 목표만 보고 달리다 보면 욕심에 눈이 멀어 자극적인 소재, 낚시성 편집의 문제점, 방송의 공익성과 윤리성은 잊어버리게 된다. 결국 기획 의도를 상실한 프로그램은 시청자의 외면을 받고 사라질 수밖에 없다. 공영방송은 특히 국민의 알 권리를 보장하고 정보의 소외 계층이 없도록 노력할 책임이 있다. 그렇기에 MBC 〈공부가 머니?〉 파일럿 방송에는 아쉬운 점이 많았다. 〈SKY 캐슬〉은 현실을 반영했지만 그래도 허구라는 점에서 과장된 부분도 극적 허용이 가능했다. 하지만 〈공부가 머니?〉는 현실이라는 점에서 시청자 및 학부모들에게 더욱 가혹했다. 방송이 보통의 부모들을 불안하고 조급하게 만들었다. 사교육비를 줄인다는 취지와 달리 사교육을 더 시켜야 하는지 고민하게 만들었다. 정규 편성에서는 쓸데없는 사교육에 돈 낭비를 하지 않고 아이들이 좀 덜 고생하는 길을 찾아줄 계획이라는 제작진의 말에 기대를 걸어본다. 같은 소재로도 다른 시청자 반응을 얻은 사례인 JTBC 〈SKY 캐슬〉과 MBC 〈공부가 머니?〉를 통해 방송의 책임과 목적에 대해 다시 한번 생각해 볼 수 있길 바란다.

완전히 무너져야 했을 그들만의 성

비지상파 시청률의 역사를 다시 쓴
JTBC 드라마 〈SKY 캐슬〉에 대한 통찰

정연우

2018년 11월부터 2019년 2월까지 대한민국에 한차례 큰 폭풍이 몰아쳤다. 그 주인공은 바로 드라마 〈SKY 캐슬〉이다. 열풍이라는 단어를 쓰기 위해서는 어떤 것에 의해 떠들썩한 분위기가 형성되어야 하며 많은 사람들이 매료되어 있어야 한다. 〈SKY 캐슬〉은 단연 '열풍'이라는 단어와 가장 잘 어울리는 드라마였다. 드라마가 방영될 당시 페이스북을 비롯한 모든 SNS에서는 이 드라마에 대한 이야기가 대부분이었으며 드라마의 매회가 끝날 때마다 엄청난 양의 기사가 쏟아졌고 많은 사람들이 다음 화의 내용을 추측하고는 했다. 시청자들은 금요일과 토요일 저녁 11시만 되면 TV 앞에 앉아 있기 바빴고, 대화의 주제가 〈SKY 캐슬〉이 되는 경우가 많아 드라마를 안 보는 사람들은 소외된다는 느낌을 받을 정도로 많은 사람들이 집중하고 있었다. 하지만 시작부터 높은 시청률을 달성했을까? 아니었다. 첫 시청률은 고작 1.7퍼센트에 그쳤다. 그러나 결국은 최고 시청률 23.8퍼센트를 찍으며 그 전까지 비지상파 시청률 1위 자리를 지키고 있던 드라마 〈도깨비〉를 몰아내고 1등 자리를 꿰차며 종영하게 되었다.

무엇이 〈SKY 캐슬〉을 역대 비지상파 최고 시청률 드라마로 만들었는가

요즘은 핸드폰으로도 재방송을 보기 쉬운 시대이며 OTT(Over The Top) 서비스인 넷플릭스는 〈SKY 캐슬〉과 계약을 맺고 서비스를 시작해 국내 콘텐츠에 영향력을 넓혔다. 이러한 이유로 〈SKY 캐슬〉은 다른 드라마들보다 한 번에 몰아 보는 것이 쉬워졌는데도 불구하고 많은 사람들이 본방 사수를 하려고 했던 이유는 무엇일까. 바로 매회가 긴장감 있는 서사로 이뤄졌기 때문이다. 손에 땀을 쥐게 하는 강력한 스토리 전개로 매회를 끌고 갔으며 특히 1화에서 영재의 엄마가 자신에게 총을 쏴 자살하는 장면은 방송이 끝나고 큰 화제를 불러일으키며 이 드라마의 시청률을 끌어올리는 데 한몫을 했다. 그로 인해 첫 방송 이후 페이스북과 같은 SNS부터 많은 인터넷 게시판까지 '첫 방송부터 미친 드라마'와 같은 타이틀로 도배가 될 수 있었다. 유현미 작가는 1화뿐만이 아니라 모든 화를 시청자들의 궁금증을 이끌어내고 많은 추측, 즉 속된 말로 '궁예'를 하게 만드는 스토리로 드라마를 전개했다. 사람들이 각자 다른 해석을 할 수 있는 소재들을 배치해 드라마가 끝나면 극 중 보여주는 사물에 숨어 있는 의미를 추측하는 글들이 도배되기도 했다. 그 예시로 드라마 11회를 보면 혜나(김보라 분)가 강준상 가정의 가족사진을 보며 사과를 베어 무는 장면이 나온다. 13회에도 사과가 등장하는데 혜나가 베어

문 사과를 클로즈업해서 보여준다. 그 장면을 두고 여러 추측이 나왔는데 첫 번째 추측은 "사과가 선악과를 뜻하는 것으로 혜나가 먹은 사과는 손대선 안 될 금단의 열매이기에 혜나는 비극적인 결말을 맞을 것이다"라는 것이다. 또 다른 추측으로는 혜나가 베어 문 사과가 애플의 창업자인 스티브 잡스(Steve Jobs)를 뜻하는 것으로 실제로 그에게도 혼외 딸이 있었는데 그녀는 잡스에게 딸로 인정받지 못했기에 결국 "혜나는 강준상에게 딸로 인정받지 못할 것이다"라는 추측이 있었다. 사과 외에도 14회에서 혜나의 추락 장면 직전에 죽은 잠자리가 화면에 잡혔는데 말라 죽은 잠자리가 혜나의 비극적인 결말을 뜻하는 것이라는 추측도 있었다. 이렇게 드라마가 끝나면 각종 사이트에 수많은 추측들이 올라왔기에 본방 사수를 하지 않으면 '스포일러'를 볼 확률이 높았다. 반전과 충격적인 전개가 많았던 드라마인지라 더욱 시청자들의 본방 사수를 이끌어낼 수 있었고, 이것이 〈SKY 캐슬〉이 비지상파 드라마 시청률의 역사를 새로 쓰게 만든 요인이 아닐까.

여성을 앞세웠지만 여성에게만 가혹한 드라마

하지만 이렇게 성공한 드라마에서도 여성 혐오가 빠질 수는 없었던 것일까. "가장 높은 곳을 향한 그녀들의 이야기가 시작된다." 이 드라마가 대표로 세운 문구다. 이 문구만 본다면 주체적인 여성들의 이야기를 다룬 드라마일 것이라는 생각이 든다. 게다가 드라마 포스터 또한 여성 주인공 5인이 마치 여왕과 같은 느낌을 준다. 그러나 드라마 1화만 봐도 '과연 이것이 주체적인 여성의 모습일까'라는 의문이 드는 부분들이 많다. 우선 SKY 캐슬에 사는 남자 주인공들은 전부 주남대 교수들로 나온다. 그러나 여성 주인공들은 전업주부로 한정 지었으며 심지어 극 중 노승혜(윤세아 분)는 좋은 집안에서 태어나 불문학 박사과정을 수료했음에도 교수의 꿈을 접고 육아에 전념한 인물로 나온다. 또한 극 중 아내들은 남편에게 존댓말을 쓰고 남편은 아내에게 반말로 호통을 치는 장면들이 나온다. 누가 봐도 동등한 관계라고 볼 수 없는 장면들이 1화만 해도 몇 번은 등장한다. 1화에서 가장 눈살이 찌푸려졌던 장면 중 하나는 서울대 의대에 진학한 영재(송건희 분)의 포트폴리오를 얻기 위해 한서진(염정아 분)이 축하 파티를 열자 차민혁(김병철 분)이 자신의 부인인 노승혜에게 언제나 예서 엄마보다 한발 느리다고 호통을 치는 장면이다. 이 장면에서 차민혁은 노승혜에게 줄곧 반말로 일관하며 마치 아내가 아랫사람인양 가르치려고 하며 삿대질을 일삼는다. 그에 반해 노승혜는 차민혁을 두려워하는 것처럼 연출해 존댓말로 말을 더듬기도 하고 누가 봐도 겁에 질린 표정으로 미안하다고 사과를 한다. 배경음악 또한 어둡고 공포스러운 분위기를 고조시키는 듯한 곡조를 사용해 더욱 상하 관계를 드러내기도 했다. 이러한 장면 외에도 한서진이 자신의 남편에게 "아들 못 낳아서 시어머니한테 그렇게 구박받았는데 예서는 꼭 서울대 의대에 보내야 하지 않겠어?"라고 이야기하는 장면이 있는데 그러한 대사 또한 남아 선호 사상과 아들을 낳지 못하면 구박을 받아야 하는 존재로 전락하는 여성을 보여준다. 컨설팅 비용을 지원받기 위해 자신을 못마땅하게 생각하는 시어머니 앞에 무릎을 꿇고 "예서를 서울대 의대에 보내는 것만이 며느리로 인정할 수 있는 마지막 기회다"라는 말을 듣는 장면을 보면 한집안의 며느리 혹은 엄마가 아니라도 주체적으로 살아갈 수 있는 여성이 고작 며느리로 인정받기 위해 자신의 모든 것을 바치는 것처럼 느껴지기도 한다. 1화는 이명주(김정난 분)가 스스로 목숨을 끊는 장면으로 끝이 난다. 바로 다음 화인 2화를 보면 자기 인생의 전부라고 생각했던 자신의 아들 영재가 부모에게 복수할 것이라고 쓴 글을 봐버린 이명주와 폭력적인 남편 박수창(유성주 분) 사이에서 갈등이 생기는데 그러한 과정에서 박수창은 아내의 뺨을 때리는 등 가정 폭력을 휘두른다. 그날 밤 이명주는 스스로 자신의 목숨을 끊는다. 결국 그녀가 목숨을 끊었던 이유도 자신의 아들과 남편에 의해서였다. 자신의 인생이 자신의 것이 아니라 항상 아들과 남편을 위한 삶이었기에 그들에게서 버려졌다는 생각이 들자 목숨을 끊은 것이 아닌가. 삶이 자신을 위한 것이었다면 과연 이명주가 자살을 택했을까.

　　어른들 사이에서만 이러한 여성 혐오 서사가 진행된 것은 아니다. 〈SKY 캐슬〉에 나오는 여성 청소년과 남성 청소년의 차이는 극명하다. 여성 청소년들의 경우 각자 다양한 결점을 가지고 있다. 극 중 혜나는 아빠 없이 엄마의 손에서 자랐고 엄마마저 병으로 세상을 떠난다. 엄마가 세상을 떠나고 자신이 에서 아빠인 강준상(정준호 분) 교수의 딸이라는 출생의 비밀을 알게 되어 그의 딸로 인정받기 위해 독기를 품고 누구보다도 치열하게 산다. 그러나 결국은 자신의 아빠인 강준상 교수에 의해 죽음을 맞이한다고 해도 과언이 아니다. 자신의 힘으로 전교 1등을 하며 엄마의 병간호까지 했던 독립적인 소녀의 마지막을 이런 식으로 연출한 것은 어떤 의도였는지 의문일 따름이다. 또한 예서(김혜윤 분)를 보면 누구보다도 의대에 가고 싶다는 욕심이 큰 야망 넘치는 소녀로 비치지만 결국은 우주(찬희 분)라는 소년을 사랑하게 되어 발목을 잡히는 모습을 보며 여성 인물 서사에 아쉬움이 남을 수밖에 없었다. 이에 비해 남성 청소년들은 영재를 제외하면 입체감이 없는 평면적인 인물들로 크게 결점이 없고 그저 예쁘게 보여진다. 그러나 마지막에 웃는 것은 남성 청소년들이 아니었는가. 혜나는 죽어서 뒤늦게 부계성을 부여받는다. 부계성을 부여하는 것이 조금이나마 혜나에 대한 죄책감을 덜 수 있다고 생각하는 것이 아닌가. 이는 혜나를 두 번 죽이는 일이나 마찬가지다. 혜나 살인 혐의로 잡혀갔다가 풀려난 우주는 어떻게 되었는가. "행복은 성적순이 아니잖아요"라는 대사를 치며 학교를 자퇴하고 해외여행을 떠난다. 서준이(김동희 분)와 기준이(조병규 분)도 시험지를 던지고 웃으며 학교를 뛰쳐나가 "지옥 탈출"을 외치는 모습을 보여주며 죽음을 맞이해야 했던 혜나와는 극명하게 다른 결말을 보여준다.

과연 현실 비판을 위한 성차별적 요소들이라 할 수 있는가

〈SKY 캐슬〉에서 볼 수 있는 성차별적인 장면들이 현실을 그대로 묘사하며 비판하는 것이라고 생각할 수도 있겠다. 그러나 작가의 의도가 그러했다면 가정 폭력범이라고 봐도 무방한 남성들이 완전히 무너져 내리는 결말을 냈어야 했다. 1화만 봐도 그들에게 교화의 가능성이란 전혀 보이지 않는다. 그러나 결말을 보면 죄 없는 여성들에게는 죽음이라는 '형벌'을 내린 작가가 남성 인물들에게 너무나도 관대한 것이 아닌가 하는 생각이 든다. 자신의 아내에게 폭력을 휘두르고 집 안에서 아들에게 총을 겨누는 등의 말도 안 되는 행동들을 한 박수창 교수가 반성하고 교화되어 결국은 아들인 영재와 화해하며 둘 다 의사가 되는 결말은 정말 경악을 금치 못할 만하다고 생각한다. 또한 드라마 초반 집안의 권력을 쥐고 가부장적인 모습과 아내를 하대하는 모습을 보여주었던 차민혁 교수를 뒤로 갈수록 희화화해 코믹한 캐릭터로 탈바꿈하고 동정심을 불러일으키는 안타까운 캐릭터로 그려낸 것을 보면 이 드라마 속의 성차별적인 장면들이 현실 비판을 위한 것은 아닌 것 같다는 생각이 들 수밖에 없다. 이 드라마에서 죽는 죄 없는 여성 인물들, 이명주와 혜나 그리고 혜나 엄마, 이들의 죽음은 그저 남성 주인공들의 반성과 각성을 위해 죽는 것 그 이상도 그 이하도 아니다. 여성 주연을 앞세워 화제 몰이를 한 드라마치고는 여성에게만 너무 가혹하지 않은가.

공든 탑을 무너뜨린 최악의 마지막 화

마지막 화는 허탈했다. 매회 스릴러와 막장을 넘나들며 숨통을 조이는 연출을 했던 〈SKY 캐슬〉은 마지막 화에서 교훈을 주는 성장 드라마로 둔갑했다. 충격적인 결말을 기대했던 시청자들은 마지막 화를 본 후 자신이 본 것을 의심하는 반응이었다. 마지막 화에서는 각 가정에 큰 변화들이 찾아왔다. 아이들에게 피라미드 꼭대기에 올라갈 것을 강요하고 가부장제의 표본이었던 차민혁은 마지막 화에서 한 편의 '코미디 쇼'를 보여준다. 아이들을 구출해 가부장제로부터 탈출할 것 같았던 노승혜는 차민혁을 동정하며 용서한다. 강준상 가족에게도 큰 변화가 찾아온다. 누구보다 자신의 딸을 서울대 의대에 보내겠다는 욕망이 컸던 한서진은 욕망을 버렸고, 독기를 품었던 예서도 마치 다른 사람이 된 것처럼 누구보다도 순한 아이가 되었다. 강준상은 혜나의 죽음으로 각성하고 새사람이 되었다. 누구보다도 성적에 모든 것을 걸었던 아이들이 갑자기 뭔가를 깨달은 듯 시험지를 던지고 학교 밖으로 뛰쳐나가는 장면은 손발이 오그라들어 제대로 눈 뜨고 볼 수도 없었다. 어깨동무를 하고 학교를 나와 웃는 배우들의 연기는 가식적으로 느껴지기까지 했다. 억지로 해피 엔딩을 이끌어내려고 하니 어설퍼 보였던 결말이었다. 드라마가 시작할 때만 해도 한국의 교육 현실을 날카롭게 꼬집은 현실적인 드라마로 보였지만 결국 결말은 한 편의 비현실적인 '동화'였다. '큰 고난들이 있었지만 결국은 행복하게 살았습니다'와 같은 결말은 시청자들에게 전혀 다가오지 않았다. 결국 가장 불쌍한 것은 혜나뿐이었다. 혜나의 죽음을 통해 인물들이 개과천선하고 행복하게 사는 결말 말고 더 큰 파국을 불러와 완전히 무너져 내리는 인물들의 고통과 절망 그리고 비현실적인 가정의 회복 대신 가정의 파멸을 보여주었더라면 어땠을까. 그랬더라면 시청자들의 가슴에 더욱 오래 남는 드라마가 되었을 것이며 사람들에게 한국 교육의 폐해에 대한 시사점 또한 던져줄 수 있었을 것이다. 시청률에 있어서는 "시작은 미약했으나 그 끝은 창대하리라"라는 말이 떠오른다. 그러나 내용적인 측면에서는 그러한 말이 전혀 적용될 수 없는 결말이었다.

그들만의 'SKY 캐슬'은 계속해서 생겨날 것이다

〈SKY 캐슬〉은 인간의 본성과 욕구, 사회를 풍자하는 블랙코미디다. 성적과 명문대만을 외치는 어른들로 인해 '괴물'로 변해가는 아이들을 그려내며 한국 교육 현실에 비판적으로 접근하는 드라마지만 과연 경각심을 불러일으킬 수 있었을까. 드라마 속 억압적인 부모를 보며 너무 심하다고 비판을 하면서도 여건만 된다면 내 자녀도 드라마 속 김주영(김서형 분)과 같은 입시 코디네이터를 붙여주고 싶다는 욕망을 자극한다는 반응이 많았다. 욕하면서도 그들을 동경하는 학부모들의 이중 잣대는 드라마 종영 후 여러 현상들로 나타났다. 극 중 서울대 의대를 목표로 하는 예서는 외부와 단절된 채 공부에 집중하기 위해 1인용 스터디 큐브를 사용하고, 이는 입시 코디네이터인 김주영에게도 좋은 평을 받는 공부 장치였다. 이는 방송이 끝난 후 일명 '예서 책상'으로 불리며 학부모들에게 선풍적인 인기를 끌고 주문 폭주 상품이 되었다. 이 스터디 큐브의 가격은 약 245만 원에 육박한다. 또한 〈SKY 캐슬〉 방송 후 입시 코디네이터의 존재를 알게 된 학부모들이 이를 알아보고 문의하는 사례가 급증하기도 했다. 한국의 교육제도를 비판하는 드라마 속에서 새로운 정보를 얻고 이를 자신의 자녀에게 적용하는 모순적인 모습이 대한민국의 교육 현실이다. 그들의 눈에는 드라마 속 지나친 교육열로 병들어 가는 아이들이 보이지 않는 것이다. 서글프지만 현실이다. 드라마의 마지막 장면에는 또 다시 입시 코디네이터 선점을 위해 한자리에 모여 숨죽여 프로필을 보고 있는 새로운 학부모들의 모습이 담겼다. 엔딩 크레디트가 올라가기 직전 날카롭게 눈을 치켜세운 김주영이 등장하며 드라마는 막을 내린다. 이는 제2의 한서진, 김주영과 같은 인물들이 비극을 이어갈 것을 암시한다. 지금도 어디에선가 그들만의 'SKY 캐슬'은 계속해서 생겨나고 있다. 한국의 경쟁 사회 프레임은 절대 무너지지 않을 것이다.

다른 포맷,
결국은 하나의 이야기: 상품화된 아이들

KBS2 〈아이를 위한 나라는 있다〉와 〈슈퍼맨이 돌아왔다〉
그리고 SBS 〈리틀 포레스트〉까지

노동원

TV는 시대를 닮는다. 간혹 시대를 앞서는 프로그램이 등장하기도 하지만 곧 시장에서 자취를 감추기 마련이다. 시청자들의 공감을 사지 못한 탓이다. 반대로 시대를 역행하는 프로그램도 간간이 나타난다. 과거의 추억이나 향수를 자극하려는 의도로 제작되는 것인데, 이 역시 단발성으로 그치는 경우가 많다. MBC 〈무한도전〉의 "토토가" 기획이 그 예다. "토토가"는 과거 음악 프로그램 〈토요일 토요일은 즐거워〉와 〈나는 가수다〉를 차용한 포맷이다. 지금은 해체한 그룹의 멤버를 한자리에 모아 그들을 위한 무대를 꾸밈으로써 "토토가"는 시청자들의 호평을 얻었다. 하지만 팬들의 요청에 응답하기 어려운, 그 요청을 돈벌이로 삼으려는 일부 멤버로 인해 그 인기는 오래가지 못했다. 여기에 그들을 추억하는 이들이 전 세대에 걸쳐 분포되어 있지 않다는 점도 한몫했다. "토토가"처럼 왕년의 스타를 지금으로 초대해 세대별 반응을 살폈던 JTBC

〈슈가맨〉또한 시즌 2를 넘어서지 못했다. 시청자들의 공감을 사지 못해서든 혹은 과거의 향수가 오래가기 힘들어서든 TV는 현재를 반영하는 방향으로 흘러온 것이다.

그렇다면 TV는 오늘의 어디에 초점을 맞추고 있을까. 각기 다른 분석이 가능하겠지만 이 글에서는 '돌봄 예능'에 주목하고자 한다. 저출산 현상이 사회적인 문제로 대두됨에 따라 TV는 아이를 낳고 기르는 데 관심을 기울이고 있다. 특히 양육 부담의 불균형을 해소하는 것이 '돌봄 예능'의 주류로 자리 잡았는데, 육아에서 아빠의 역할을 강조하는 게 큰 특징이다. MBC 〈아빠! 어디가?〉가 '돌봄 예능'의 서막을 열었다고 볼 수 있다. 물론 이전에도 스타의 아이들을 주연으로 한 프로그램은 있었다. 하지만 오늘의 '돌봄 예능'과 큰 차이가 있다. 이전의 프로그램이 주로 스튜디오에서 아이들과 스타들의 교류에 천착했다면 작금의 프로그램은 그들의 집이나 야외 촬영지에서 그들이 어떻게 아이들을 다루는지를 집중 조명하고 있다. 게다가 아빠들이 전담해서 아이들을 돌보는 방식은 이전과는 확연하게 구분되는 지점이다. 이런 측면에서 〈아빠! 어디가?〉는 가족 예능에서 '돌봄 예능'으로의 전환점이라 할 수 있으며, 지금은 그 전환점에서 촉발된 프로그램들이 TV에 방영되고 있다.

다양한 육아 프로그램 중에 이 글에서 좀 더 접근하고자 하는 프로그램은 KBS2 〈아이를 위한 나라는 있다〉와 〈슈퍼맨이 돌아왔다〉그리고 SBS 〈리틀 포레스트〉이 세 편이다. 아이와 그들을 돌보는 스타들의 모습을 전면에 내세운다는 점에서는 유사하지만, 프로그램 형식과 섭외 대상 측면에서는 다르다고 할 수 있는 이 세 편의 프로그램에 주목하는 이유는 이들이 모두 비슷한 메시지를 전달하고 있는 게 아닌가 하기 때문이다. 그 의문은 '아이를 위한 프로그램'이 사실은 '아이를 이용하는 프로그램'이 아닌가 하는 것이다. 각기 다른 포맷으로 꾸려진 프로그램들을 한 쾌로 엮어 비판한다는 것이 엉성할 수 있을지라도 '돌봄 예능'이 주류로 떠오른 지금, 점검 차원에서도 한 번 되짚어 보는 게 의미가 있을 수 있다고 생각한다.

아이에 관한 이해는 어디에 〈아이를 위한 나라는 있다〉

'육아에는 퇴근이 없다', 아이를 키우는 부모 사이에서 통용되는 표현이다. 모두가 알다시피 아이는 부모 마음대로 따라주지 않는다. 아이가 어린이집이나 유치원에 다니는 나이가 되어서도 이런 사실은 변하지 않는다. 등·하원 과정에서도 부모와 아이 간에는 작은 실랑이가 벌어진다. 떨어지지 않으려는 아이와 아이를 떼어내려는 부모 사이의 갈등. 이 갈등 속에서 부모는 정신적으로나 육체적으로나 고단함을 겪는다.

    KBS2 〈아이를 위한 나라는 있다〉는 이러한 부모들의 고단함을 덜어주고자 시작했다. 연예인들을 등·하원 도우미로 변신시켜 비연예인 가정에 개입한다. 육아에 치여 구직 활동을 하지 못하는 엄마를 돕고자, 편부모 가장의 출근 준비에 일조하고자, 황혼 육아에 지친 조부모에 휴식을 주고자 등 이유는 다양하다. 얼핏 보면 육아의 고단함을 이해하고 그 부담을 나눠 짊어지려는 유익한 프로그램처럼 보인다.

    하지만 화려한 겉포장을 걷어내면 불편한 속살이 드러난다. 아이에 관한 몰이해가 그것이다. 아이들은 새로운 환경이나 사람에 낯설어 한다. 아무리 친화력이 좋은 아이라도 약간의 경계심을 지닌다. 그러나 〈아이를 위한 나라는 있다〉는 이 지점을 간과했다. 새벽부터 비연예인의 가정을 방문해 다짜고짜 도우미를 자처하기 때문이다. 낯선 성인 남성을 도우미로 맞이해야 하는 아이들의 심정은 어떨까. 프로그램에 그

심정이 담겨 있다. 프로그램에 출연한 대다수 아이는 연예인들을 보고 멈칫하거나 울었다. 몇몇 아이들은 연예인 도우미와의 등원을 거부하기도 했다. 결국 해당 아이의 부모는 연예인과 함께 등원길에 올랐다. 부모들을 대신해 아이를 보육 기관에 데려다주겠다며 호기롭게 등장한 연예인이 제 몫을 하지 못하면서, 이들은 그 과정에서 우는 아이를 달래야 하는 추가 업무까지 생겼다. 치열한 일상을 넘어서는 일상을 맞이한 부모에게 그보다 더한 부담이 어디 있을까. 진정으로 부모의 부담을 덜어주려 했다면, 그 전부터 해당 가정의 일상에 조금씩 다가가 아이와 유대감부터 쌓았어야 했다.

더 심각한 것은 칼로 물 베듯 아이와의 하루를 마무리한다는 점이다. 연예인의 등·하원 도우미로서의 역할은 부모나 조부모가 집으로 돌아왔을 때 끝난다. 시간이 딱 정해져 있는 것은 아니다. 아이가 보육 기관에 있는 시간을 제외하더라도 상황에 따라 연예인 도우미들은 수 시간을 아이와 함께해야 한다. 육아에 서툰 혹은 육아를 해보지 않은 연예인들에게는 고역일 수 있다. 하지만 그 시간 동안 아이들은 연예인과 정을 쌓는다. 자신에게 친절함을 베풀고, 식사를 챙겨주고, 놀아주고, 씻겨주는 등 보호자의 역할을 하는 연예인에게 아이들은 경계심을 풀게 마련이다. 프로그램 속에서 아이가 자신이 아끼는 장난감을 건네거나 맛있는 음식을 나눠주는 행위가 그 방증이다. 그럼에도 연예인 도우미들의 퇴근 시간은 그러한 아이의 정을 고려하지 않는다. 원래의 보호자가 돌아오면 아이에게 이별을 고한다. 정이 든 아이는 첫 만남과는 다른 의미로 울고 불고를 반복한다. 이를 수습하는 것은 다시 부모의 몫이다. 올 때도 갈 때도 마음대로, 처음부터 끝까지 부모에게 뒷수습을 맡기는 프로그램이 아이를 위한 프로그램이라 할 수 있을까. 〈아이를 위한 나라는 있다〉고 자신하려면 먼저 아이에 관한 이해부터 갖춰야 한다.

숲속의 놀이터는 어디에 〈리틀 포레스트〉

'아이는 뛰어놀아야 한다'라는 당위적인 말에는 한 가지 의문이 뒤따른다. '어디에서'라는 질문이 그것이다. 이 질문에 대한 답변으로 한국 사회는 안전한 놀이터를 가꾸었다. 넘어져도 다치지 않고 납, 석면 등과 같은 중금속으로부터 안전한 놀이터를 위해 흙을 치우고 쇠를 감추었다. 하지만 이러한 변화가 곧 안전을 의미하지 않았다. 새로운 놀이터를 채운 자재들에 발암물질이 섞여 있다는 주장이 나오면서 놀이터는 다시 변화의 과도기에 놓였다. '위험한 놀이터'로의 변화가 대표적인데, 위험한 놀이터는 이름과는 다르게 아이들의 모험심과 면역력을 기르는 데 효과적인 것으로 나타나고 있다.

SBS 〈리틀 포레스트〉 역시 비슷한 질문에서 출발한다. '아이들이 어디에서 놀아야 할까.' 다만 그에 대한 답변은 사회와 다르게 내놓았다. 〈리틀 포레스트〉는 도심 속 위험한 놀이터에서 그치지 않고 아이들을 숲속에 초대했다. 강원도 인제의 '찍박골'이라는 산속이 주 무대다. 이곳에서 연예인이 부모를 대신해 먹이고 재우고 놀아준다.

하지만 이 과정에서 놀이터보다는 연예인이 도드라진다. 이 프로그램에서 아이들은 조연, 놀이터는 엑스트라일 뿐이다. 먹이고 재우고 놀아주는 이 일련의 행위의 주체가 결국 연예인이기 때문이다. 〈리틀 포레스트〉에는 네 명의 연예인이 등장한다. 이 네 명은 각기 다른 역할을 분담한다. 한 명은 요리를, 한 명은 놀이 기구 제작을, 나머지 두 명은 요리와 보육을 맡는다. 각자 나름의 전문성을 띠기 위해 몇몇 출연진들은 아동 요리 자격증이나 아동심리 상담 자격증을 따기도 했다. 여기까지는 아이를 더 잘 돌보기 위한 준비 과정으로 이해할 수 있다.

그러나 극이 시작되면 모든 조명은 연예인의 행위에 맞춰진다. 요리하는 연예인, 아이와 놀아주는 연예인, 아이를 위해 놀이 기구를 만드는 연예인이 중심이다. 아이가 숲속에서 잘 놀기 위해 보조하는 역할이 아닌 연예인들의 행위에 아이를 끼워 넣는다. 그중에서도 요리 비중이 크다. 프로그램의 중심을 이끌어가는 이서진이 요리를 맡아서인지 대부분의 장면이 요리를 만들고 그 요리를 맛있게 먹는 아이들에 할애되어 있다. 물론 잘 놀기 위해서는 잘 먹어야 한다. 하지만 아이들이 숲속에서 노는 장면이 적다면? 아이들의 활동 반경은 촬영지 밖을 넘어서지 못한다. 간혹 기구 제작을 맡은 이승기가 아이들을 위해 놀이 기구를 만들기도 하지만 아이들의 관심은 일회성으로 그친다. 출연진 역시 그러한 아이들을 숲속으로 더 안내하지도 않는다. 안전을 위한 조치겠지만, 숲속에서 뛰어노는 아이들의 모습을 그리겠다는 포부는 찾기 힘들다. 흙을 만지고 나무를 뛰어넘어야 숲속의 놀이터는 완성된다. 시골에 마련된 세트 속에서 아이들과 놀아준다고 하더라도 그것은 안전한 놀이터의 반복일 뿐이다.

일반적인 슈퍼맨은 어디에 〈슈퍼맨이 돌아왔다〉

슈퍼맨은 어린이들의 영웅이다. 강한 힘으로 적을 물리쳐 세계의 평화를 끌어내기 때문이다. 시선을 집안으로 옮기면 누가 슈퍼맨일까. 힘이 센데다 집안의 경제력을 책임지는 아빠가 보통은 슈퍼맨이다. 하지만 슈퍼맨이 저 멀리 가상의 세계에 있듯, 현실의 슈퍼맨 역시 아이들과 친밀하지 못하다. 일을 이유로 아이와 함께 보내는 시간이 부족하기 때문이다.

  KBS2 〈슈퍼맨이 돌아왔다〉는 바깥으로 겉도는 슈퍼맨인 아빠를 집안의 슈퍼맨으로 불러내는 프로그램이다. 하루라는 시간 동안 아빠와 아이를 밀착시키고 이를 관찰한다. 대상은 연예인이나 스포츠 스타의 가족이다. 여기서부터 슈퍼맨은 일반성을 상실한다.

〈슈퍼맨이 돌아왔다〉의 슈퍼맨은 보통의 슈퍼맨과는 다르다. 매일 출근하고, 때로는 야근까지 해야 하는 일반의 슈퍼맨과는 달리 TV 속 슈퍼맨은 출근 개념과는 거리가 멀다. 일거리가 있는 날에는 보통의 슈퍼맨보다 더 시간이 없지만, 일거리가 없는 시기에는 아이와 보낼 시간이 많다.

하루의 활약으로는 슈퍼맨이 되기 힘들다. 〈슈퍼맨이 돌아왔다〉는 하루 동안 빚어진 아빠와 자녀 사이의 교류를 담는다. 그 안에서 아이는 기뻐하고 슈퍼맨은 흡족해한다. 하지만 현실 세계에서 슈퍼맨은 하루로 완성되지 않는다. 주말을 아이들과 보냈다 하더라도 바쁜 평일을 지내고 나면 아이들과의 관계는 금방 서먹해진다. 관계가 회복되었다가 다시 서먹한 제자리로 회귀하는 것이 일상의 모습이건만 〈슈퍼맨이 돌아왔다〉는 그 모습을 담아내지 못한다.

상품화된 아이들을 이야기하다: 〈아이를 위한 나라는 있다〉와 〈슈퍼맨이 돌아왔다〉 그리고 〈리틀 포레스트〉

지금까지 각기 다른 프로그램을 비판적인 시각에서 분석했다. 물론 이 세 프로그램에는 불편한 지점만이 있는 것은 아니다. 그럼에도 '돌봄 예능'의 바람직한 모습을 제시했다고 평가하지는 않았다. 전술한 내용의 문제들도 있지만, 세 가지 프로그램이 지닌 치명적인 한계 때문이다.

이 세 가지 프로그램은 아이들을 상품화한다는 점에서 공통점을 지니고 있다. 아이를 전면에 내세웠지만, 이는 아이들을 위해서가 아니다. 거칠게 말하면 아이를 시청률 증진에 이용하는 것에 불과하다.

먼저 〈아이를 위한 나라는 있다〉를 보면 아이는 연예인 선전의 도구에 불과하다. 아이를 어떻게 돌보는 것이 바람직한지는 후순위다. 그 아이를 연예인이 어떻게 다루었느냐가 관건이다. 즉, 해당 연예인이 이혼남이어도 혹은 미혼이어도 아이를 잘 돌본다는 걸 강조하기 위해 아이를 활용하는 것이다. 포털 사이트에 〈아이를 위한 나라는 있다〉를 검색해 보면 '돌봄'보다는 연예인의 이름이 더 화제다. 돌봄 과정에서 겪는 어려움이 아니라 '연예인이 이렇게나 아이를 잘 보더라'가 조명된다는 뜻이다.

〈리틀 포레스트〉 역시 아이들을 시청률 제고의 도구로만 활용하고 있다. 이 프로그램의 취지는 아이들이 숲속에서 뛰어놀 수 있도록 돕는 것이다. 그러나 프로그램은 연예인이 아이들을 위해 음식을 만들거나 기구를 제작하는 것에 주목하고 있다. 더 큰 문제는 아이들의 행위에도 기존의 관점을 덧댄다는 점이다. 미취학 아이들 사이에서도 누가 좋고 누가 더 끌리는지의 문제는 있을 것이다. 그런데 그것을 군이 들춰내 누가 누구를 좋아하고 누가 상처받는지를 부각할 필요는 없다. 하지만 〈리틀 포레스트〉는 "그네 위의 하트 시그널"과 같은 자막으로 이러한 분위기를 연출한다.

〈슈퍼맨이 돌아왔다〉도 같은 비난에서 자유로울 수 없다. 슈퍼맨이 아이를 어떻게 돌보는지, 그 과정에서 어떤 어려움을 겪는지 등은 잘 드러나지 않기 때문이다. 그보다는 출연진의 아이들이 얼마나 예쁘고 착한지, 어떤 장점이 있는지를 부각해 팬덤을 형성하기 바쁘다. '랜선 이모', '랜선 삼촌'[1]을 조장하는 것이 프로그램의 시청률을 올리는 데 효과가 있을 수 있어도 양육의 불균형을 해소하는 데는 어떤 효능이 있을

지 의문이다.

이처럼 이 세 가지 프로그램은 아이를 주제로 하지만 아이를 위한 프로그램이라 부르기엔 어려움이 있다. 사회적으로 저출산이 문제이고 그 저출산의 원인 중 하나로 양육의 불균형, 돌봄의 어려움이 꼽히는 이 때 TV는 여전히 아이를 상품화하는 데서 발전하지 못했다. 그럼 이제 남는 것은 도태뿐이다. TV가 현실을 반영하려면 자신의 행보를 점검할 필요가 있다.

---

1   실제 이모나 삼촌은 아니지만 방송이나 인터넷 등을 통해 남의 아이를 자신의 조카처럼 관심 있게 지켜보며 응원하는 젊은 사람을 지칭한다.

"나의 가장 행복한 시간으로
같이 떠나보시겠습니까?"

JTBC 드라마 〈눈이 부시게〉

박영주

1. 서론

2019년 현재, 대한민국에서는 '알츠하이머'를 어떻게 바라보고 있을까. 뉴스의 사회면에서는 치매 부모를 돌보던 자녀가 부모를 죽이고 본인도 죽은 비극적인 소식이 간혹 보도되고는 한다. 케이블 TV 방송 광고 중엔 '치매 보험'에 대한 광고가, 건강 프로그램에서는 치매 예방을 위한 방법 안내가 나오는 등 치매는 누구나 걸릴 수 있지만 걸리면 한 가족을 해체시키는 무서운 질병으로 그려지고는 한다. 나 역시 요양원에서 돌아가실 무렵 치매를 앓다가 가신 외할머니를 옆에서 보았기에 늙어가는 부모님을 보면서 언젠가 치매에 걸리실 수도 있겠다는 막연한 두려움을 가지고 있다.

　〈눈이 부시게〉 드라마가 한창 방영할 때는 보지 않았다. 김혜자라는 배우가 연기를 잘하는 원로 배우라는 것은 알고 있었지만 그녀가 나오는 작품을 다 챙겨볼 만큼 팬은 아니고, 이미 2018년 tvN에서 〈아는 와이프〉를 통해 타임 슬립물을 한 차례 찍은 한지민과 잘생긴 것 빼고 아무것도 없는 배우라 생각한 남주혁. 이 셋의 조합이 그렇게 재미있어 보이진 않았다. 그리고 작품 소개부터 너무 진부하다고 생각했다. "시간 이탈 로맨스"라니. 또 타임 슬립이라고는 하지만 남주혁은 김혜자를 한지민이라 느끼고 사랑하고 중간에 다시 한지민으로 돌아가서 사랑을 이루는 드라마일 것이라 생각했고, 진정한 사랑과 관련된 내용이라면 이미 이 드라마 전에 방영했던 〈뷰티 인사이드〉와 겹치는 드라마일 것이라 생각했다. 그리고 이건 완전한 내 착각이었다.

드라마가 10회까지 방영되고 난 후, 모든 수수께끼가 다 풀린 이후에 관심을 가지고 드라마를 보게 되었는데, 김혜자의 드라마 속 인생을 간접적으로 체험하며 가장 먼저 떠오른 것은 외할머니였다. 오랜 투병 후 돌아가신 나의 외할머니께서는 마지막 요양원에서 돌아가실 무렵 치매를 앓으셨다. 요양원에 가장 자주 찾아가는 손녀인 나를 바로 알아보시지 못하고 다른 사람이라 알고 계시던 할머니를 보며 속상하기도, 가슴 아프기도 했지만 요양원에 계시는 중에 치매를 앓으셔서 다행이라는 못된 생각을 하기도 했다. 그리고 외할머니께서 돌아가시던 그해 엄마의 생신날 어쩌면 마지막이라는 생각이 들어 엄마 모르게 외할머니를 찾아뵈었고, 우리 엄마를 낳아줘서 감사하다는 말씀을 드렸다. 그날 할머니께서는 바로 나를 알아보시며 엄마를 부탁한다고 하셨다. 기억을 잃어가는 그 순간까지 할머니에게 엄마는 소중한 본인의 자식이었고 잘해주지 못해 미안한 자식이었다. 드라마 속 혜자와 우리 외할머니가 겹쳐 보였기 때문일까. 아니면 늙어가는 부모님을 보며 우리 부모님도 치매를 앓으실 수 있다는 생각이 들어서일까. 〈눈이 부시게〉에 빠져들었고, 작가와 연출자가 혜자의 인생을 '타임 슬립'이라는 장치를 통해 보여준 이유는 시청자에게 간접적으로 알츠하이머를 체험하게 하고자 한 것이라는 생각이 들었다.

인간의 과학기술이 아무리 발전해도 정복하지 못한 분야인 '시간'. 돈이 많든, 권력이 많든 아직까지 인간에게 유일하게 공평하게 주어진 것은 시간이다. 전근대 시대에는 신에 의해서만 가능하다고 여겨졌던 시간 정복이 산업사회가 시작되면서 인간의 발명품인 '기계'에 의해서 인간의 힘으로 가능하다고 여겨졌고 여기에 상상력이 더해지며 소설·영화·드라마에서 '타임 슬립' 소재를 다루게 되었다.

우리나라 드라마도 케이블 방송사가 성장하면서 2012년 이후 한동안 붐을 이루었다. 우리나라 타임 슬립은 주인공의 의지로 이동하는 것이 아닌 과거로 통하는 통로가 있거나 주인공이 위기에 처하자 '우연히', '미끄러지는' 방식으로 이뤄진다. 인물이 적응할 수는 있지만 시간을 조작할 수는 없다. 또한 주인공의 현재 처한 삶이 만족스럽지 않고 고통스럽다는 전제가 깔려 있다. 그러나 타임 슬립 드라마는 초기에는 다양한 소재가 등장하지만 뒤로 갈수록 현재는 과거의 복제와 반복의 틀을 벗어날 수 없으며 과거로 돌아가서 현실을 바꾼다 하더라도 미래는 변하지 않고, 바꾼 만큼 대가를 치른다는 윤회설·인과론의 한계를 벗어나지 못한 채 이야기가 전개되어 대부분 드라마의 스토리가 비슷하다는 점과 처음의 거창한 시작과 달리 끝은 애매하게 맺어진다는 장르적인 한계를 가진다.

타임 슬립의 기본 틀은 사용했지만 그 한계에 매몰되지 않고 시청자에게 깊은 감동을 준 드라마 〈눈이 부시게〉를 통해 왜 타임 슬립의 형식을 사용한 것이며 이것이 어떤 의미를 가지는지 살펴보고자 한다.

2. 드라마 〈눈이 부시게〉 소개

2019년 2월 11일에서 2019년 3월 19일까지 JTBC에서 총 12부작으로 방영한 월화 드라마 〈눈이 부시게〉는 최고 시청률 9.7퍼센트, 평균 시청률 7퍼센트대를 유지하며 JTBC 월화 드라마 역대 최고 시청률을 기록하며 인기를 끌었고, 드라마의 주인공인 배우 김혜자는 백상예술대상 TV 부문 대상을 수상하는 영광을, 드라마는 방송통신심의위원회가 선정한 '2019년 3월 이달의 좋은 프로그램' 중 최우수작으로 선정되었다.

이 드라마는 주어진 시간을 다 써보지도 못하고 잃어버린 여자와 누구보다 찬란한 순간을 스스로 내던지고 무기력한 삶을 사는 남자, 같은 시간 속에 있지만 서로 다른 시간을 살아가는 두 남녀의 시간 이탈 로맨스를 그리고 있다.

이 드라마의 주인공 김혜자(김혜자, 한지민 2인 1역)는 어릴 적 바닷가에서 우연히 '시계' 하나를 줍는다. 이 시계의 바늘을 돌리면 갑자기 시간이 과거로 가고 내가 원하는 대로 다시 한번 그 삶을 살며 미래를 바꿀 수 있다. 그러나 시간을 돌리면 돌릴수록 혜자는 늙어간다. 시간을 돌리며 또래보다 빨리 늙은 혜자는 어느 순간부터 이 시계를 사용하지 않고 장롱 속에 보관한다. 취업 준비생, 애교 많은 딸 등 대한민국의 평범한 20대로 살아가던 25살의 혜자(한지민 분)는 어느 날 택시 운전을 하는 아버지가 트럭에 치이는 사고가 발생하자 아버지를 구하기 위해 계속해서 시계를 돌린다. 그렇게 아버지를 구했지만 그 부작용일까. 혜자는 70대의 혜자(김혜자 분)로 변한다. 다시 젊음을 찾기 위해 시계를 돌리지만 이미 시계는 고장 나버렸고, 충격을 받은 혜자는 시계를 버린다. 그렇게 노인이 된 자신의 모습을 받아들이고 살아가는 혜자는 동네에 있는 홍보관에서 자신의 연인인 준하(남주혁 분)를 만나고, 기자의 꿈을 포기한 채 홍보관에서 약장수로 전락한 안타까운 그의 삶을 보며, 그에게 유일한 희망이었던 자신의 모습을 찾기 위해 다시 시계를 찾고자 하지만 시계는 이름 모를 노인의 손에 있다. 우여곡절 끝에 시계를 다시 찾은 혜자. 시계를 보며 잃어버린 혜자의 기억이 떠오르는데 이는 타임 슬립이 아닌 70대의 치매 걸린 노인인 혜자가 본인에게 가장 아름다운 기억을 떠올리며 만들어낸 것이었다. 그리고 혜자는 사랑하는 가족, 친구와 마지막 시간을 보낸 후 다시 가장 아름다운 순간이었던 20대로 돌아가 남편을 만난다.

3. 혜자 인생의 기쁨과 슬픔을 담은 '시계'

〈눈이 부시게〉는 대부분의 타임 슬립 드라마가 어떤 과거로 돌아갈지 예측할 수 없는 것과 달리 혜자가 원하는 시간으로 정확하게 돌아갈 수 있다. 또한 다른 드라마와 달리 타임 슬립의 인과론을 깨려 하지 않는다. 아버지를 구하기 위해 무수히 많은 시간을 돌린 혜자가 한순간에 70대 노인이 된 것처럼 시간을 돌리면 돌린 만큼 혜자는 늙어간다. 또한 시계를 돌려 아버지를 구했지만 결국 아버지는 다리의 장애를 가지게 된다. 하나를 바꾸면 하나를 잃게 된다는 등가교환의 법칙이 이 드라마에서는 잔인한 현실로 다가온다.

타임 슬립의 장치로 보였던 시계는 사실 혜자가 준하에게 준 결혼 예물로, 둘의 사랑을 상징하는 것이었다. 평생 외롭기만 했던 준하에게 가족이라는 선물을 주고 둘의 사랑의 결실인 아들 대상(안내상 분)을 낳아 행복하게 살 것이라 혜자는 생각한다. 그러나 둘의 결혼기념일에 시계를 차고 나간 준하는 더 이상 집에 돌아오지 못하고 쓸쓸하게 경찰서 고문실에서 죽고 만다. 장례를 치른 후 혜자는 준하의 유품을 찾으러 경찰서에 갔으나 그를 죽게 한 형사가 시계를 훔쳐가 돌려주지 않고 결국 형사의 손에 흉터만 남긴 채 찾아오지 못한다. 혜자의 인생에서 시계는 남편에 대한 사랑이자 기쁨이었지만 남편을 지키지 못하고 남편을 죽게 한 형사에게 빼앗긴 것이었기에 슬픔과 한이 서린 물건이었다. 혜자의 환상 속에서 시계를 되돌려 준 홍보관 노인과 실제 혜자가 입원한 요양원에 있던 노인은 동일한 인물로 그는 준하를 죽게 한 형사였다. 준하의 유품인 시계를 훔쳐 차고 있던 노인은 말도 못 하고 걷지도 못 하는 몸으로 혜자를 찾아와 마지막 순간에 혜자에게 시계를 돌려주며 용서를 구하고 혜자는 이 시계를 돌려받지 않고 다시 노인에게 건넨다. 혜자 생전 마지막 준하의 제삿날, 혜자는 사진 속 준하에게 시계를 가져오지 못해 미안하다고 말하며 평생 외로운 사람을 가는 길까지 외롭게 만들어서 미안하다는 말을 한다. 이 드라마에서 타임 슬립 장치가 시계인 이유는 사랑하는 사람과의 사랑의 상징이자 아무도 기억해 주지 않았던 시대의 희생과 같은 준하의 죽음, 그 죽음마저 끝까지 죄책감을 갖지 않았던 한 형사에 의해 더럽혀졌기 때문에 시계를 통해 과거로 돌아감으로써 쓸쓸한 준하의 삶을 위로해 주며 둘의 사랑을 기억하려는 의미가 새겨진 것이다.

4. 왜 타임 슬립 장치를 사용했는가

1) 반전의 묘미, 알츠하이머에 대한 간접 체험

과연 이 드라마가 단순히 김혜자의 상상이었고 회상만으로 이 장면들을 풀어냈다면 이렇게까지 인기를 끌 수 있었을까. 그리고 과연 시청자들은 이런 혜자에게 공감했을까. 아마 단순 회상으로 극을 전개했다면 그냥 그런 치매 걸린 노인에 대한 드라마가 되었을 것이다. 이 드라마는 타임 슬립을 통해 알츠하이머라는 병을 간접 체험하게 하며 모두의 삶을 돌아보게 했다.

그동안 드라마에서 치매에 걸린 노인을 현실적으로 표현한 적은 거의 없었다. "과거 영화나 드라마에서 치매가 주위를 괴롭게 하는 고통스러운 질병으로, 치매 노인이 주변부 인물로 그려졌다면 〈눈이 부시게〉는 주역으로 등장시켜 그분들 입장과 시선에서 이해하려 했다"라는 평론가 하재근의 말처럼 얼마 전 종영한 KBS 2TV의 주말 드라마 〈하나뿐인 내편〉에서 치매에 걸린 대기업 창업주인 할머니는 툭하면 며느리를 구박하고 심지어 때리기까지 한다. 결국 이에 지친 가족들이 할머니를 요양원에 보내는데, 이처럼 철없고, 주변 사람들에게 민폐 끼치는 사람이라는 식의 표현은 한국 사회가 치매 노인을 어떻게 바라보는지에 대해 보여주는 것이다.

또한 하재근은 "치매를 타임 슬립 설정으로 바꾼 아이디어 자체가 반전"이라 표현했는데, 10회 혜자가 알츠하이머 환자였다는 반전을 통해 모든 것이 처음부터 치밀하게 계획된 것이었음을 알리며 시청자는 이 드라마가 단순히 혜자와 준하의 로맨스가 아니라 우리에게 전해주고자 하는 메시지가 있음을 더 깊게 생각하게 된다. 생각해 보면 이 드라마는 시대 배경에 대해 정확하게 알리지 않았다. 당연히 2019년이라 생각했지만 극 중 배경은 2019년이라기엔 묘하게 촌스럽다. 외모만 70대이지 실제로 20대인 혜자는 스마트폰을 사용하지 않는다. 홍보관에 있는 노인들은 그냥 늙은 사람들이라기엔 어딘가 이상하다. 이는 무엇인가 반전이 있을 것이라는 기대감을 주며 계속 드라마를 보게 만든다. 10회 마지막에 "긴 꿈을 꾼 것 같습니다. 그런데 나는 모르겠습니다. 젊은 내가 늙은 꿈을 꾸는 건지, 늙은 내가 젊은 꿈을 꾸는 건지······. 나는 알츠하이머입니다"라는 혜자의 대사를 통해 시청자는 혜자의 삶을 같이 체험하면서 이 이야기가 알츠하이머에 걸린 한 인간의 기쁨과 슬픔이 뒤섞인 삶 전체라는 것을 알고 강렬한 충격과 깊은 감동을 동시에 받게 된다. 그리고 '아 이 장면이 그래서 그렇게 표현된 것이었구나' 하고 자연스럽게 고개를 끄덕이게 된다.

2) 공감을 통해 세대 갈등 해결

극 중 타임 슬립은 실제로 타임 슬립이 아닌 치매에 걸린 노인 혜자가 본인의 인생에서 가장 아름다운 순간을 기억하며 만들어낸 것이다. 시청자는 혜자와 함께 시간 여행을 했기에 에피소드에 크게 공감할 수 있다.

이 드라마에서 혜자가 늙고 난 이후 홍보관이 극을 이끌어가는 주 무대가 되는데, 노인들은 비록 나이도 많고 늙었지만 마음만은 20대로 살아간다. 충남대 윤석진 교수는 "그전까지 한국 드라마에서 기능적인 요소로 봤던 알츠하이머를 환자의 시점에서 풀어내며, 모두가 자기 인생이란 무대의 주인공이라는 점을 굉장히 섬세하게 그려냈다"라고 했다. 이를 가장 단적으로 보여주는 에피소드가 바로 10화 이준하 팀장을 구출하는 "할벤져스 에피소드"다. 눈이 안 보이는 노인, 모든 것을 챙기는 도라에몽 노인, 걸음을 제대로 걷지 못해 보조 기구에 의지하는 노인, 별 볼일 없는 쌍둥이 노인, 개를 이뻐하는 노인 등 이들은 실제 혜자가 있는 요양원에 같이 있는 치매 환자로, 혜자의 상상 속에서도 무기력한 채 삶이 끝나기를 기다리는 사람들이다. 이들이 실제론 요양원 원장과 간호사인 상상 속 홍보관 사람들을 상대로 지혜롭게 다른 노인들과 준하를 구하고 이후 바닷가로 향하며 이들의 젊은 시절을 보여주는 장면을 통해 웃음을 유발함과 동시에 시청자들이 이들도 젊은 시절이 있었고 늙었다고 해서 부정적으로 바라볼 것이 아니라는 것을 자연스럽게 느끼게 한다.

또 다른 에피소드는 샤넬 할머니(정영숙 분)와 관련된 것이다. 혜자가 샤넬 할머니와 함께 성형외과를 방문하는 장면이 있다. 이 둘을 보고 젊은 내원객이 조소와 야유를 보내자 혜자는 "늙은 게 죄니? 이렇게 쭈글쭈글한 게 니네들한테 비난받을 죄냐구? 너희들은 안 늙은 것 같지? 이뻐지고 싶은 마음 고대로 몸만 늙는 거야!"라며 시원한 일갈을 날린다. 아름다움에 대한 추구가 마치 젊음의 특권인 것처럼 인식하는 우리에게 시원한 일갈을 날리는 것이다. 샤넬 할머니와 관련된 에피소드 중 현실을 그대로 반영한 것도 있다. 9회에서 샤넬 할머니가 자살한 채 발견된다. 자녀에게 버림받았다는 것을 어렴풋이 알면서도 인정하지 못했던 할머니는 결국 자살로 본인의 힘겨운 삶을 마감하는데, 그녀를 두고 홍보관 사람들은 "자살은 보험금 안 나오는 거죠? 어차피 곧 갈 거 자살은 왜 해?"와 같이 싸늘한 말을 한다. 우리 사회가 노인에 대해 어떻게 바라보고 있는지 가장 잘 나타내는 대사라 할 수 있다. 이미 우리는 혜자가 되어 이 드라마를 보고 있기에 그냥 지나쳤을 대사를 통해 안타까움을 느끼며 동시에 반성하게 된다.

젊은이들에게 반성을 하게 하면서도 위로와 공감을 전하는 에피소드도 있다. 7회 오빠 영수(손호준 분)의 인터넷 방송에 우연히 참여하게 된 혜자는 "태어나면 누구에게나 기본 옵션으로 주어지는 게 젊음이라 별거 아닌 거 같겠지만 날 보면 알잖아. 너희들이 가진 게 얼마나 대단한 건지, 당연한 것들이 얼마나 엄청난 건지. 이것만 기억해 놔. 등가교환. 거저 주어지는 건 없어"라는 말을 한다. 늙기 전 혜자도 꿈은 있지만 좌절을 맛본 후 하루하루 살아가는 캐릭터였고, 혜자의 친구도, 오빠 영

수도 그냥 하루하루 젊음을 낭비하며 살아가는 사람들이었다. 갑자기 늙어버리며 약 없이 하루도 버틸 수 없는 자신의 몸을 보며 젊은 시절 생각 없이 살았던 날들이 쌓여 늙은 후 어떻게 되는지 '등가교환'을 느낀 혜자. 그런 혜자와 함께 여행하는 시청자들은 젊음은 특권이 아님을, 내가 생각 없이 흘려보낸 시간은 나중에 반드시 돌아옴을 느끼고 자신을 반성하며 나를 다시 돌아보게 된다.

시청자는 혜자의 삶을 함께 체험하면서 그동안의 이야기가 알츠하이머에 걸린 한 인간의 기쁨과 슬픔이 뒤섞인 삶 전체라는 것을 알고 강렬한 충격과 깊은 감동을 동시에 받게 된다. 이 드라마가 타임 슬립이라는 소재를 사용한 이유는 바로 "어머니는 알츠하이머를 앓고 계십니다. 하지만 어머니는 어쩌면 당신의 가장 행복한 시간 속에 살고 계신 것일지도 모릅니다"라는 안내상의 대사를 통해 알츠하이머에 대한 새로운 인식을 표현하고 세대 간의 갈등을 해결하고자 한 것이다.

3) 가족애

이 드라마를 관통하는 또 다른 주제 중 하나는 가족애다.

시계를 돌리면 본인이 늙음을 알면서도 아버지를 살리기 위해 끊임없이 시간을 돌린 혜자와 한순간 늙어버린 딸을 보며 안타까워하지만 이내 인정하고 다 함께 살아가는 가족들과 친구들의 모습. 그런데 그 모습 중간중간 딸을 대하는 아버지(안내상 분)의 원망 어린 눈빛은 시청자들에게 왜 딸을 저렇게 바라보는 걸까라는 의문을 만들어냈다. 그리고 이 의문은 10화 현실로 돌아오고 난 후 혜자와 대상(안내상 분, 환상 속 아버지이자 실제 혜자 아들)의 모습을 통해 해결된다. 준하의 사망 이후 대상을 키우기 위해 한 가정의 가장이 된 혜자. 불행은 한순간에 온다고 대상이 교통사고를 당해 한쪽 다리를 잃게 된다. 그런 대상에게 혜자는

늘 모질게만 대한다. 아이들에게 놀림을 받아 학교에 가지 않는다고 하
는 대상에게 평생 그렇게 살라는 모진 말만 남기고, 불쌍함이 밥 먹여주
냐며 냉정한 태도를 보인다. 왜 아들에게 저럴까 싶게 냉정한 혜자는 사
실 눈이 오는 날엔 다리가 불편한 아들이 다칠까 남들보다 먼저 눈을 쓸
고, 아들의 다리를 잡고 미안하다고 한다. 지금은 편부모 가정이 아무렇
지도 않게 여겨지는 때지만 극 중 배경은 1970~1980년대. 아버지 없이
평생을 살아야 할 아들이 세상에 적응하며 살기를 바라는 마음에 모질
게 대했던 것이다. 이를 몰랐던 대상은 혜자를 원망하는 눈으로 바라보
다 치매 걸린 몸으로도 자신이 다칠까 눈을 쓰는 어머니의 모습을 보며
깊은 어머니의 사랑을 느끼고, 알츠하이머에 걸린 혜자에게 행복한 순
간만 기억하라며 어머니를 이해하게 된다. 혜자가 현실로 돌아오고 난
후 왜 드라마에서 늙은 혜자의 시작이 아버지의 사고였는지도 이해가
된다. 실제 혜자의 아들인 대상은 교통사고를 통해 다리를 다치게 되고,
혜자에게 이 사고는 남편의 죽음만큼 큰 충격이었을 것이다. 남편에 이
어 아들까지 지키지 못했다는 그녀의 자책감이 환상 속에서도 아버지가
사고를 당하고, 현실에선 지키지 못했지만 환상 속에선 지키기 위해 끊
임없이 남편의 시계를 돌린 것이다. 또한 준하와 마찬가지로 평생 아버
지의 사랑이 무엇인지 모르고 큰 대상은 그의 아들인 민수(손호준 분)에
게 어떻게 대해야 할지 몰라 서먹하다. 마지막 화에서 아내와 치킨을 먹
으며 민수가 닭 날개를 좋아하고 있음을 기억하고 있는 대상의 모습은
민수와의 관계도 좋아질 수 있음을 시사한다.

또한 부모에게 버림받고 할머니와 살아가는 준하의 모습을 통해,
자녀에게 버림받고 나중에 이를 알자 자살하는 홍보관 샤넬 할머니, 할
벤저스 할머니 중 도라에몽 할머니와 죽은 딸의 대화하는 모습, 한평생
누워 있는 배우자를 수발하다 배우자가 죽고 혼자 침대에서 울음을 삼

키는 노인의 모습 등을 통해 현대 가족의 의미를 다시 한번 되돌아볼 수 있게 한다.

4) 현대인에게 전하는 위로

극 중 남자 주인공 준하는 참 불쌍한 인물이다. 혜자의 상상 속 준하는 꿈도 있고 재능도 있지만 알코올중독자인 아버지 때문에 중학교 때부터 각종 아르바이트를 전전하고 툭하면 와서 할머니를 괴롭히는 아버지로부터 자해를 해 아버지를 폭행죄로 신고해서라도 할머니를 지켜야 한다. 할머니가 돌아가시고 난 후 준하는 꿈을 잃고 홍보관에서 약장수가 되어 노인들을 상대로 사기를 치며 살아간다. 실재 준하의 삶은 혜자의 상상 속과 비슷하다. 원하는 기자가 되고 가정을 이루며 행복할 것만 같지만 군사독재 정권하 고문을 당하다 비참한 죽음을 맞게 된다. 준하뿐 아니라 아나운서의 꿈을 꾸지만 현실의 벽에 부딪히고 첫 직장이라고 좋아했는데 알고 보니 에로 영화 더빙이었던 혜자, 방에서 1인 크리에이터를 꿈꾸지만 백수인 영수, 가수의 꿈을 꾸지만 몇 년째 준비생인 상은, 꿈도 없이 부모님의 가게 일을 돕는 현주 등 혜자와 혜자 주변 친구들은 모두 현대 젊은 계층의 표상인 것이다. 상상 속 혜자가 준하에게 계속해서 오로라를 보러 가라고, 꿈을 찾으라고 말하는 이유는 어쩌면 작가가 우리에게 하고 싶은 말일 것이다.

　이 작품을 통해 백상예술대상 TV 부문 대상을 수상한 김혜자는 "내 삶은 때론 불행했고 때론 행복했습니다. 삶이 한낱 꿈에 불과하다지만, 그럼에도 살아서 좋았습니다. 새벽에 쨍한 차가운 공기, 꽃이 피기 전 부는 달큰한 바람, 해 질 무렵 우러나는 노을의 냄새, 어느 하루 눈부시지 않은 날이 없었습니다. 지금 삶이 힘든 당신, 이 세상에 태어난 이상 이 모든 걸 매일 누릴 자격이 있습니다. …… 후회만 가득한 과거와 불안하기만 한 미래 때문에 지금을 망치지 마세요. 오늘을 살아가세요. 눈이 부시게. 당신은 그럴 자격이 있습니다. 누군가의 엄마였고, 누이였고, 딸이었고 그리고 나였을 그대에게 이 말을 꼭 하고 싶었습니다. 감사합니다"라는 이 드라마의 마지막 대사를 수상 소감으로 남긴다. 이 드라마를 관통하는 가장 큰 주제이자 드라마가 시청자에게 전달하고 싶은 말. 눈이 부시게 오늘을 살아가라는 말. 청춘은 눈이 부시지 않은 것이 아니라 눈이 부시게 아름답다는 것을 깨닫지 못하는 것이다. 이는 3포, 아니 5포 세대를 살고 있는 현대인, 특히 20~30대에게 가장 위로가 되는 말이다. 타임 슬립 로맨스라는 뻔한 소재임에도 불구하고 이 드라마가 사랑받은 이유. 바로 우리 모두는 드라마의 혜자이기 때문이다.

5. 결론

이 드라마에서 타임 슬립은 처음에는 시간을 돌려 과거로 가 현재와 미래를 바꾸는 것처럼 보이지만 마지막에는 치매 걸린 노인의 환상으로 풀어낸다. 드라마의 처음부터 2019년이라기엔 오래되어 보이는 극 중 장치들 덕분에 반전이 있을 것이라고 기대했던 시청자들은 타임 슬립이 치매로 이어지며 정교하게 연결되는 점에 더욱 매력을 느꼈고, 드라마 중간 남녀 주인공의 사랑을 타임 슬립을 통해 드러내며 시청자를 사로잡았다. '현재는 소중하다'는 타임 슬립 본연의 의미는 변하지 않았지만 이 드라마는 타임 슬립과 치매라는 두 요소를 결합함으로써 시청자들에게 많은 생각을 하게 했다.

드라마는 현재를 반영한다는 말이 있다. 2019년 현재 대한민국은 꿈을 잃은 청춘, 점점 심해지는 노인 문제, 세대 간 갈등 등 다양한 문제가 결합되어 있다. 이 드라마는 갈등의 요소를 타임 슬립이라는 장치를 활용해 모두의 삶을 돌아보게 하며 갈등을 해결하고자 한다. 또한 이런 효과는 '가족을 해체시키는 무서운 병', '간병 살인'이라 불리는 '알츠하이머'에 대한 새로운 담론을 형성하기도 한다. 인생에서 가장 행복한 순간은 동네에서 밥 짓는 냄새가 날 때 아들의 손을 잡고 퇴근하는 남편과 함께 노을을 바라보는 순간이었다는 혜자의 말처럼, 살아 있는 모든 날들이 소중하고 〈눈이 부시게〉라는 이 드라마의 제목처럼 모두의 삶은 가치 있고 소중하다는 것이 이 드라마가 가장 하고 싶은 말이 아닐까.

참고 자료

박상완. 2019.4.11. "눈부시게 찬란한 모든 삶에 대한 헌사: 김석윤 연출, 이남규·김수진 극본의 〈눈이 부시게〉(2019)". ≪웹진 문화 다≫, 79호.

이영미. 2014. 「타임슬립과 현재를 바꾸고 싶은 욕망」. ≪황해문화≫, 83호, 418~424쪽.

이후남·나원정. 2019.3.22. "치매 환자 김혜자 '오늘을 살아가세요, 눈이 부시게'". ≪중앙일보≫, 23면.

허은. 2017. "타임슬립 드라마: 장르적 특성과 관습". 홍석경 외. 『드라마의 모든 것: 막장에서 고품격까지, 지상파에서 케이블까지』. 컬처룩.

황진미. 2019.3.20. "'눈이 부시게' 제작진·김혜자에게 시청자 찬사 쏟아지는 까닭". ≪엔터미디어≫.

지하실에는 무엇이 있었나

치매 노인이 들춰낸 역사, JTBC 〈눈이 부시게〉

권나은

강아지를 자식으로 착각하는 할아버지. 보이는 물건마다 주머니에 넣는 할머니. '샤넬' 가방에 집착하는 할머니. 휠체어에 앉아 종일 앞만 보는 할아버지. 이른바 '효도원'이라 불리는 동네 홍보관의 풍경은 천태만상이다. 딱히 할 일도 없고 갈 곳도 없는 동네 노인들은 이곳에서 시간을 보낸다. 이들은 떨어진 악력으로 종이접기와 가위질을 배우고, 약해진 무릎관절을 움직이며 율동을 한다. 가끔 누가 안 보이면 "저 사람도 떠났구나" 하며 쓸쓸히 웃는다. 좋은 말로 '노치원(노인 유치원)'. 실상은 사회에서 쓸모가 사라진 노인들이 죽음을 기다리는 집하장. 홍보관의 하루하루는 더디고 지루하다.

어느 날 홍보관에 새로운 손님이 온다. 본디 꿈 많은 25살 아가씨지만, 시간을 돌리는 시계를 잘못 사용해서 하루아침에 칠십 할머니로 변한 혜자(김혜자 분)다. 이팔청춘 혜자에게 이곳 풍경은 낯설기만 하다.

보이는 노인마다 혐오스러운 행동을 일삼는데, 가까워지고 싶은 사람도 없다. 홀로 홍보관 복도를 걷는 혜자의 시야에 지하로 가는 계단이 들어온다. 컴컴하고 칙칙한데다 인적도 느껴지지 않는 공간이다. 이때 홍보관 동료 할아버지인 우현(우현 분)이 옆으로 다가와 외친다.

"혹시라도 이쪽은 절대 얼씬도 하지 마세요. 한번 내려간 사람은 있어도 다시 올라온 사람은 없거든요."

카메라는 부감 숏(high angle shot)[1]으로 지하실을 비춘다. 빙글빙글 돌아가는 앵글에 잡힌 지하실 입구는 우현 할아버지의 경고만큼 을씨년스러운 기운을 풍긴다. 마치 무시무시한 사연이 담긴 장소 같다. 몇 초 뒤, 무슨 일이 있었냐는 듯 장면이 전환된다. 그렇게 노년 혜자의 시계가 돌아간다. JTBC 〈눈이 부시게〉의 전반부 풍경이다.

노인을 위한 커뮤니티는 있는가

노년기를 보는 세간의 통념은 대개 부정적이다. 느리고, 귀가 어둡고, 아프고, 귀찮고, 쓸모없는 시기. 그래서 노년기에는 또래 집단이 필요하다. 인간은 사회적 동물이라, 자신에게든 타인에게든 '쓸모' 있는 존재로 남고 싶어 하는데, 비슷한 처지에 놓인 사람만이 서로의 기능을 정확히 파악하기 때문이다. 〈눈이 부시게〉에 이를 명징하게 보여주는 시퀀스(sequence)[2]가 있다. 일명 '노벤져스(노인 + 어벤져스)'라 불리는 홍보

---

1   피사체를 위에서 내려다본 시점으로 포착한 장면.
2   영화에서, 하나의 이야기가 시작되고 끝나는 독립적인 구성단위. 극의 장소, 행동, 시간의 연속성을 가진 몇 개의 장면이 모여 이뤄진다.

관 노인들이 동네 중국 음식점에 모여 궐기하는 순간을 다룬 시퀀스다.

홍보관은 사실 노인을 상대로 사기를 치는 곳이다. 직원들은 노인들에게 생명보험 가입을 권한다. 이들은 보험에 가입한 노인을 대상으로 야유회 초대장을 보내고, 고의로 교통사고를 내 보험금을 받을 계획을 세운다. 홍보관에서 그나마 양심적인 직원인 이준하 팀장(남주혁 분)은 이들의 만행을 알리려고 하지만, 이미 납치되어 지하실에 감금된 상태다. 전말을 눈치챈 혜자는 운 좋게 보험에 가입하지 않은 노인들을 소집한 뒤 "우리 노인들의 힘을 보여줘야 한다"라고 설득한다. 노인들은 반신반의하면서도 혜자의 말을 따른다. 이들은 귀가 먹고, 눈이 어둡고, 행동도 느리지만, 누군가에게 자신이 필요하다는 사실에 책임감을 느낀다. 혜자는 외친다. "야유회 가는 노인들을 구할 사람은 우리밖에 없어요."

'노벤저스'의 작전은 성공한다. 이들은 동료 노인들을 구하고, 지하실에 감금된 이준하 팀장까지 구한 다음, 안전하게 탈출한다. 노인들은 준비한 차를 타고 바다로 향한다. 이때 창밖을 보던 노인 한 명이 난데없이 웃기 시작한다. 하-하-하. 다른 노인들도 하나둘 호탕한 웃음을 터뜨린다. 극 중 노인들의 웃음이 이렇게 길게 포착되는 장면은 전무후무하다. 화면에는 그들의 젊은 시절 사진이 병치된다. 오래간만에 타인에게 '쓸모 있는' 존재가 된 날, 노인들은 지나온 삶에서 가장 찬란했던 순간을 떠올린다.

드라마이기 때문에 다소 과장된 면이 있으나, 현실에서도 노인들의 궐기를 볼 기회는 많다. 멀리 갈 것도 없고, '태극기 집회'가 대표적인 예다. 이들은 감옥에 간 특정 대통령을 석방해야 한다고, '빨갱이'를 색출해야 한다고, 동성애를 하면 지옥에 떨어진다고 주장한다. 태극기 집회의 논지를 축소해서는 안 되겠지만, 이들의 주장은 대개 우경화되어 있고, 극단적이며, 근거가 부족하다. 젊은 사람 관점에서 '누군가의 사주를 받은 것 아닌가' 하는 의심이 들 수도 있다. '태극기 집회'의 배후를 정확히 파악할 수는 없지만, 이 점은 짚고 넘어갈 필요가 있다. 우리나라에서 태극기 집회만큼 노인을 많이 결집할 수 있는 행사가 몇 개나 될까.

몇 년 전, 광화문에 들렀다가 태극기 집회 현장을 가로질러 걸어간 적이 있다. 그때 집회 참가자들을 거의 처음으로 바로 옆에서 보았다. 뉴스 카메라가 먼발치에서 잡던 모습과 달리, 근거리에서 목격한 노인들의 낯빛은 밝았다. 그들은 서로를 부축하고, 마실 것을 나눠주고, 구호를 함께 외치며 진심으로 기뻐하고 있었다. 개인적으로 주최 측 주장에는 동의할 수 없었지만, 노인들이 이곳에서 소속감을 충전하고 있다는 사실만큼은 부정할 수가 없었다. 동시에 우리 사회가 노인의 이야기를 철저히 외면해 왔다는 사실이 뼈아프게 와닿았다.

치매, 망각이 아닌 복기

'노벤져스'가 악당을 무찌르는 시퀀스는 어딘가 엉성하다. 현실에서 일어나기 힘든 일이라는 점에서 B급 활극이 따로 없다. 그 대신 이 장면은 거의 10화에 걸쳐 무력하고 귀찮은 존재로만 묘사되던 극 중 노인들의 위상을 변화시킨다. 도벽 기질이 있는 할머니는 전기톱을 훔쳐 악당들을 공격한다. 앞이 보이지 않아 늘 부축을 받아야 하는 할아버지는 육감을 동원해 이준하 팀장이 갇힌 위치를 밝힌다. 거동이 불편한 할머니는 보행기를 밀며 적들의 통행을 방해한다. 노인들의 약점이 특·장점으로 변하는 순간이다.

〈눈이 부시게〉 전반부에서 나타나는 노인들의 행동은 젊은 사람 관점에서 이해하기 어려운 것투성이다. 다들 무언가에 집착하고 있거나, '진상'처럼 보이는 행동을 한다. 극 중에서 이준하 팀장이 '샤넬' 할머니의 보험금을 노리고 살인했다는 루머가 돌자, 혜자는 무턱대고 경찰서에 달려가 "우리 준하는 그럴 사람이 아니에요. 제가 알아요"라고 외친다. 경찰이 "저 위에서 수사하는 걸 저희가 어떻게 알아요"라고 말하지만, 혜자는 요지부동이다. 심지어 준하를 만나게 해달라고 떼쓴다. 경찰은 원칙상 안 된다며 만류한다. 혜자는 "혹시 (준하를) 못 보여줄 이유가 있어요? 혹시 때렸어요?"라고 쏘아붙인다. 이어 "죄 없는 사람 잡아다가 밤새 괴롭히고, 자기들 원하는 대답 안 나오면 때리고!"라며 분통을 터뜨린다. 경찰은 황당하다며 "요새 누가 그렇게 수사를 해요? 큰일 날 소리 하시네⋯⋯"라고 응수한다. 경찰 입장에서 혜자는 '동네 진상 할머니'다. 바빠 죽겠는데, 망상을 늘어놓으며 업무를 방해하는 불청객일 뿐이다.

이는 혜자의 근거 없는 망상이 아니다. 실제로 겪은 일이기 때문이다. 10화 "노벤져스" 시퀀스 후반부에서, 지금까지의 모든 이야기가 혜자의 치매에서 비롯된 상상임이 드러난다. 혜자는 스물다섯에 갑자기 늙어버린 게 아니라, 치매에 걸려 20대 시절 기억으로 돌아간 것이다. 혜자의 남편은 독재 정권 시기 민주화운동에 참여한 이준하 기자(남주혁 분)였는데, 불명의 이유로 정보부에 끌려가 고문을 당하고 사망한다. 혜자는 평생 남편을 그리워하며 아들을 홀로 키워낸다. 세월이 흘러 노인의 몸으로 치매 요양 병원에 오게 된 다음부터 모든 기억이 섞여버린 것이다. 혜자는 요양 병원을 홍보관으로, 요양 병원 친구들을 홍보관 친구들로 오인한다. 혜자가 동료 노인들과 힘을 합쳐 구해낸 이준하 팀장은, 실제로는 요양 병원 의사(남주혁 분)다. 혜자는 죽은 자신의 남편과 얼굴이 비슷하다는 이유로 그 의사를 '구해야 할 사람(이준하 팀장)'으로 인식한다. 혜자가 상상 속에서나마 이준하 팀장과 다른 노인들을 구한 것은, 실제로는 그렇게 하지 못한 과거의 자신에게 건네는 위로일지도 모른다.

혼히 치매를 '망각하는 질환'이라 여긴다. 치매는 '복기하는 질환'이 기도 하다. 치매를 앓는 사람들은 저마다의 삶에서 비중을 크게 차지하는 기억을 되새기는 경향이 있다. 인지 기능이 손상되면서 기억이 선택적으로 남는 것이다. 이렇게 걸러진 기억은 반복적인 언어와 행동으로 구현된다. 〈눈이 부시게〉는 요양 병원 노인들의 몸을 빌려 이 현상을 자연스럽게 그린다.

물건을 습관적으로 훔치는 할머니는 막내딸에 얽힌 기구한 사연을 갖고 산다. 할머니의 딸은 어린 시절부터 두 오빠를 대학에 보내기 위해 공장에서 일했다. 평생 고생만 하던 딸은 어린 나이에 암에 걸려 죽었다. 할머니는 때때로 막내딸의 환영과 조우한다. 그럴 때마다 할머니는 자신의 주머니에 있는 물건을 막내딸에게 내어준다. 딸에게 살아 있을 때 잘해주지 못한 기억이 한이 되어, 지금이라도 딸에 대한 부채 의식을 덜고 싶은 심리는 아닐까.

요양 병원에는 혜자의 트라우마와 직접적으로 연결된 존재가 한 명 더 있다. 휠체어에 앉아 종일 멍하니 앞만 보는 할아버지(전무송 분)다. 그는 과거에 혜자의 남편 이준하 기자를 앞장서서 고문한 정보부 경찰이다. 그는 이준하 기자를 고문할 때 빼앗은 시계를 손목에 두르고 있다. 할아버지 역시 요양 병원 의사를 보고 크게 당황한다. 이준하 기자와 의사의 생김새가 흡사하기 때문이다. 할아버지의 눈에, 요양 병원 의사는 죽은 이준하의 망령처럼 느껴질 것이다. 할아버지는 치매에 걸려 인지 기능이 손상된 다음에야 자신의 잘못과 마주한다. 모든 사건과 이미지에 대한 기억이 뒤죽박죽이지만, 과거에 자신이 한 행동만은 뚜렷하게 복기가 되는 것이다. 〈눈이 부시게〉 마지막 회에서, 할아버지는 혜자에게 시계를 건네며 통곡한다.

〈눈이 부시게〉는 알츠하이머 질환을 단순한 소재로 소비하는 작품이 아니다. 보통의 드라마에서 단지 인물의 비극을 부각하기 위해 쓰이는 치매 소재를, 극의 핵심 동인(動因)으로 설정해 재전유한 작품이다. 혜자는 치매 덕분에 과거의 기억을 복기하고, 상흔을 들여다볼 기회를 얻는다. 요양 병원 동료 노인들 역시 마찬가지다.

혜자의 한국사, 개인적이면서 정치적인

혜자가 요양 병원(홍보관)에 처음 온 시점으로 돌아가자. 어두운 지하실 입구를 발견한 혜자는 "이쪽은 얼씬도 하지 말라"라는 경고를 듣는다. 혜자가 치매 환자라는 반전이 밝혀진 이후, 공간의 정체가 드러난다. 그곳은 무시무시한 지옥이 아니라, 평범한 지하 병동이다. 특이 사항이 있다면, 남편을 고문한 전직 경찰을 그 병동에서 마주했다는 사실뿐. 여러 장면을 종합할 때, 혜자는 지하 병동에 입원한 전직 경찰을 보고, 그곳을 남편이 고문당한 지하실로 인지한 것으로 보인다.

카메라는 부감 숏으로 지하실 입구를 비추지만, 이 숏은 실제로는 존재하지 않는 공간을 가리키고 있다. 드라마에 치매 노인이 등장한 적은 많지만, 치매 노인의 인식 흐름을 카메라가 이미지화한 경우는 이례적이다.

지하실은 과거 독재 정권의 상흔을 상징한다. 더 구체적으로는 남영동 대공분실의 극적 재현이다. "한번 내려간 사람은 있어도 다시 올라온 사람은 없다"라는 동료 할아버지의 대사는, "대공분실에 한번 들어가면 몸 성히 나오기 힘들다더라"라는 1980년대 언어를 차용한 것이다. 혜자는 볼품없는 치매 환자지만, 한국사의 폐부를 목격한 증인이기도 하다.

문학작품 속에서 지하실은 비밀을 간직한 곳으로 종종 묘사된다. 지하실은 대개 인물의 일상적인 행동 범위를 벗어난 곳에 존재하는데, 인물은 우연한 계기를 통해 지하실을 발견하고 비밀을 알게 된다. 지하실 자체가 무의식이나 잠재된 기억, 트라우마에 대한 사회적 알레고리(allegory)[3]인 셈이다.

요양 병원의 풍경은 우리 사회에 빗대도 어색하지 않다. 개인의 트라우마는 해소되지 못한 상태로 '사회 밑 지하실'을 부유한다. 혜자의 남편처럼 역사의 격동기 속에서 억울한 죽음을 맞이한 사람이 한둘인가. 일본군 '위안부' 피해자, 학살 피해자, 민주화운동 유가족, 간첩으로 몰려 죽은 사람들, 이유도 모르고 끌려가 죽은 사람들……. 이들에게도 찬란한 젊음이 있었을 테고, 눈이 부시게 행복한 추억이 있었을 것이다. 혜자이자, 준하이자, 이들의 가족이었을 사람들. '적폐 청산'이 시대의 과제가 되었지만, 우리는 그들을 얼마나 기억하고 있는가.

얼마 전 화성 연쇄살인 사건의 진범이 잡혔다는 뉴스를 보았다. 진범에 관한 보도가 연신 쏟아지던 와중에 내 눈길을 끈 것은 진범 대신 용의자로 몰려 무고하게 희생당한 이들에 대한 보도였다. 경찰이 아무런 증거 없이 자백을 강요해 억지 자백을 한 이들이었다. 이들 중 일부는 극단적인 선택을 했고, 일부는 살아남았지만, 정상적인 생활을 영위

---

3   어떤 한 주제 A를 말하기 위해 다른 주제 B를 사용해 그 유사성을 적절히 암시하면서 주제를 나타내는 수사법.

하지 못하고 있는 것으로 알려졌다. 극 중 경찰의 말처럼 "요즘은 그러면 큰일 나는 세상"이 도래했을지 모르나, 국가가 개인에게 새긴 상처는 아직도 아물지 않은 채로 세상 곳곳에 산재해 있다.

미디어가 '지하실'을 비출 때

〈눈이 부시게〉는 혜자의 죽음으로 끝난다. 이 결말에 놀라움을 표하는 시청자는 많지 않다. 혜자가 스물다섯 팔팔한 아가씨가 아닌 치매 노인이라는 사실이 밝혀진 다음부터, 혜자의 죽음은 예견된 것이나 다름없다. 더 이상의 반전은 없다. 이게 자연의 섭리니까.

이 작품은 노인이라는 상태를 '죽음의 전 단계'로 보는 우리 사회의 인식을 그대로 반영한다. 극 중 친하게 지내던 할머니가 보이지 않자 그를 찾아 나서는 혜자를 보며 동료 노인들은 "눈에 안 보이면 떠난 거다"라고 담담히 충고한다. 이러한 태도는 혜자의 대사에서도 드러난다. 혜자는 상상 속의 동생이자 실제 손자인 영수(손호준 분)가 진행하는 인터넷 방송에 출연해 이렇게 외친다. "너희도 늙어. 늙으면 아무 고민도 없이 잠만 자도 돼. 그래도 아무도 뭐라고 하는 사람 없어."

극 중 혜자의 인생은 박복하게 흐른다. 남편을 일찍 떠나보내고 미용 일을 하며 절름발이인 아들을 홀로 키우는 여성. 억세고 담담한 이미지만이 '스물다섯 혜자'와 '칠십 노인 혜자' 사이의 기나긴 시간을 대체한다. 그런 혜자는 죽음을 목전에 둔 순간에서야 비로소 자신의 트라우마를 응시한다. 인생에서 가장 작고, 볼품없고, 무력한 순간에.

노인의 이미지와 지하실의 이미지는 비슷한 데가 있다. 사람들이 외면하는 이미지라는 점.

〈눈이 부시게〉는 노인 혐오 문제를 직설적으로 다루며 두 이미지를 병치한다. 혜자와 '샤넬' 할머니(정영숙 분)가 나란히 피부과에 방문한 날, 두 사람은 젊은 사람들의 이유 없는 조롱과 야유에 시달린다. 다 늙은 할머니가 무슨 바람이 불어 외모를 꾸미냐는 거다. 혜자가 치매 환자라는 사실이 밝혀졌지만, 이게 어디까지가 사실이고 어디까지가 상상인지는 중요하지 않다. 이 에피소드의 의의는 노인을 '폐기물'처럼 혐오하는 사회 분위기를 보여주는 데 있기 때문이다.

이제 과제가 남는다. 방송은 우리 사회의 밝은 면을 다루는 데도 일조해야 하지만, 아무도 쉽게 다가가려 하지 않는 '지하실'을 비추는 역할도 해야 한다. '지하실' 안에는 치매 노인과 같은 사회적 약자부터 국가 폭력에 희생당한 이들까지, 다양한 이들의 목소리가 울려 퍼지고 있을 것이다. 이미 시사 프로그램이나 다큐멘터리에서 이런 역할을 많이 수행하고 있지만, 드라마 역시 장르 특성을 살려 비슷한 궤적을 남길 수 있으리라. 코미디와 액션, 멜로를 적절히 섞어 한국사를 정면으로 관통한 〈눈이 부시게〉처럼. 〈눈이 부시게〉는 치매 노인에 대한 사회적 인식을 환기하면서도, 우리 역사의 어두운 면까지 담담히 비추었다. 가장 신뢰받기 어려운 치매 노인의 '눈'으로 말이다.

미디어는 청년을 재현할 수 있는가

MBN 〈오늘도 배우다〉와 JTBC 〈요즘애들〉

이은서

세대 통합 방법론

'뉴트로'는 새로움(new)과 복고(retro)를 합친 신조어다. 복고를 청년들만의 새로운 스타일로 즐기는 경향을 말하는데 익숙함을 넘어 긍정적 인식을 가지고 있는 이유는 무엇일까. 기성세대의 경험은 보편적으로 따라야 하는 것, 질서나 답습해야 하는 어떤 것으로 여겨져 왔다. TV 프로그램들 또한 기성세대의 향수를 자극할 만한 소재들로 방송을 기획했으며, 청년 세대에게는 간접경험으로 공통분모를 찾아왔다. 아마 〈응답하라〉 시리즈를 시작으로 복고 프로그램이 방송가에서 유행했던 것도 이를 통해 설명할 수 있을 것이다.

　　세대는 기성세대와 청년 세대로 이분법적으로 구분하는 것이 일반석이다. 비교적 기성세대는 자신의 경험과 문화를 이야기하기 쉬운 위치에 있다. 사건이나 사상이 기록되고 역사라는 이름으로 정당성을 부여받기 때문이다. 그 역사가 바람직했든 그렇지 못했든 현재 우리에게 시사하는 바가 있다고 믿도록 했다. 부모 세대의 어린 시절을 보여주며 기성세대와 청년 세대 간의 차이를 시각화했고, 억압을 경험에서 우러나온 충고로 납득시켰다. 어려운 환경을 지나온 '성숙한' 어른이 공동체의 윤리를 가르쳐 더 나은 사회로의 발전을 만들 수 있을 것이라는 믿음 때문이다. 이 현상은 '기록된 자'와 '기록하는 자'의 일치로부터 온 기울어진 운동장이 아니었는가. 청년 세대의 문화가 이해받는 시도들은 적었다. 청년 문화의 일부에 복고가 개입한 것이 자연스러운 이유는 지금껏 미디어 형식이 기성세대의 이야기만을 담아왔기 때문이 아닐까 추측해 본다.

〈오늘도 배우다〉는 빠르게 변하는 문화 흐름 속에서 기성세대가 직접 청년 문화를 배운다. 기성세대가 청년 세대를 이해하기 위해서는 청년 세대가 기성세대의 것을 이해하는 것보다 더 큰 노력이 필요하다는 것은 분명하다. 제작 발표회에서 〈오늘도 배우다〉의 기획을 맡은 김시중 CP의 제작 소감이 지금껏 미디어가 '기성세대의 목소리'에 편중되어 왔다는 방증이다. "나도 이전에는 X세대로 유행에 민감했었다. 중학생 아들과 대화를 하면서 이대로는 안 되겠다 싶었다. 요즘 애들의 문화를 배운다기보다 직접 체험해 보고자 기획했다." 대중매체 콘텐츠로 청년 문화가 무엇인지 알기 어렵다는 것은 청년 세대의 문화만을 다룬 적이 없다는 뜻인데, 여러 이해관계가 얽혀 있을 것이다. 방송 제작을 할수 있는 인력은 대학을 졸업한 30대 이상의 직장인이 대부분을 차지한다는 점이고, 이들이 청년 문화를 그대로 담아내기 어려운 것은 당연하다. 그뿐만 아니라 신세대의 문화를 미디어를 통해 규정하거나 고정된 형태로 그려내기 어렵다. 매체나 플랫폼 또한 다양할뿐더러 명명할 수 없는 유대감과 불문법이 소속되지 않은 사람에 의해 연구되는 것은 불가능에 가깝다.

소재 선정에 개입한 세대 권력

그럼에도 지금껏 세대 통합이라는 목표 의식은 방송가에서 지난한 도전을 이어왔다. 물론 형식은 과거를 이해할 수 있는 방법론으로서 세대 통합이 이야기된 것이 일반적이다. 발화 권력을 쥔 이들의 입맛에 맞는 콘텐츠로 주류를 이어왔다. 〈오늘도 배우다〉는 '세대 통합'이라는 최종적 목적을 뿌리에 둔 프로그램이지만 기성세대가 청년 세대의 문화를 체험해 보자는 현실적인 목표를 내세웠다. '요즘 애들'이 역사나 과거를 체험하는 것이 아닌 '요즘 어른'이 요즘 문화를 체험한다. 이때 출연진이 체험할 청년 문화는 제작진에 의해서 선택된다. 세대 담론은 계급으로는 설명할 수 없었던 미시적 사회 변화들을 포착할 수 있어 유용한 분류다. 청년들이 주류라고 여기며 즐기는 문화를 체험하고자 하는 비(非)청년 세대는 어떤 관점을 가져야 하는가. 자신이 속하지 않은 집단을 재현하는 것은 쉬운 일이 아니다. 〈오늘도 배우다〉 또한 이러한 재현에 있어서 결여를 가지고 있는 것도 사실이다. 현재 청년 집단에 속하지 않은 제작진과 출연진이 청년 세대를 그려내고 체험해야 한다는 것은 리얼리티의 결핍이라 볼 수 있다. 물론 방송의 소재를 조사하고 연구한 제작진의 노력을 폄하하는 것이 아니라 '진짜' 청년이 없는 청년 문화를 진정한 것으로 바라볼 수 있는가에 대한 문제다. 청년 세대가 아닌 제작진에 의해 문화가 재설명되고 시청자는 이를 수용한다. 말하는 자의 권력에 의해 문화는 선택된 것에 불과하고 시청자는 타자에 의해 선택된 청년의 것을 마주하게 된다. 선택된 소재들이 예능식 구성과 계산을 전제했을지라도 청년 문화를 표상하는 방식은 지적하기 마땅하다.

그래서일까. 청년 세대 문화 체험, 방송에서 사용된 소재들이 다소 피상적이다. 특히 1화에서 출연진들이 체험하는 요즘 문화는 '핫 플레이스'에 국한되었다. PC방, 가상현실(VR) 체험, 익선동 카페 거리, 스터디 룸, 코인 노래방에 각각 방문한 출연진들은 그 장소에 적응하지 못하는 모습을 보여준다. PC방에서 게임 캐릭터 선택부터 애먹는 배우 김용건, 익선동 카페 거리의 즐비하게 늘어선 대기 줄 앞을 우왕좌왕하는 배우 이미숙, 좁은 코인 노래방에 들어가 서툴게 리모컨을 조작하는 배우 남상미, 가상현실 카페에 방문해 게임 테마를 고르는 배우 박정수, 언어 교환 모임이 진행되는 스터디 카페에 방문한 정영주까지. 방문한 곳에서 '도대체 무엇을 하라는 것인지 모르겠다'는 표정과 제작진을 향한 원망 섞인 목소리가 웃음을 자아내기도 한다. 제작진이 제시한 요즘 문화는 출연진을 당황시켰고, TV 반대편에 서 있는 시청자들도 마찬가지였다. 방문한 곳이 어떻게 청소년 또는 청년 문화의 중심이 되어 있는지 알 길이 없다. 주 시청자가 되는 청년이 궁금한 기성세대들은 화면 하단에 표시된 설명에 의존할 뿐이다. 청년 문화로 선택된 목록을 살펴보면 JTBC 〈요즘애들〉과 비교했을 때 더욱 두드러진다. 〈요즘애들〉에서는 특정한 공간이나 형태를 찾기 위해 혈안되어 있지 않다. '역세대화' 현상을 적극적으로 따르는 모습을 담고 있다. 요즘 어른들인 안정환, 유재석, 김신영은 청년 세대 지원자의 소개 영상을 보고 직접 선정한다. 특히 유재석은 한 학생만의 '힐링'을 배운다. 그의 목표는 무엇인지 어떤 하루를 보내는지. 명상을 함께하고 길을 걸으며 대화를 나눈다. 또 김신영은 적은 돈으로 최고의 재미를 찾는다는 가성비 모임에 함께한다. 통유리로 된 노래방에서 무아지경으로 춤을 추기도 하고, 청년 세대가 자주 가는 음식점에서 이야기를 나눈다. 이처럼 문화를 형상이 있는 것으로 한정 지어 바라보지 않고 정신이나 세계관 그 자체를 인정하고 이해하려 했다. 소재 선정 과정 또한 제작진의 제시와 같은 일방적인 방법이 아니라 ― 물론 예능적 구성에 의해 내정된 선택이었다 할지라도 ― 출연진은 '진짜' 청년의 것과 마주할 수 있었다.

역세대화의 부분적 성공, 완전한 실패

프로그램의 콘셉트이던 청년 문화 체험은 출연진들의 품평회로 명명되어야 마땅하다. 이러한 접근 방향의 오류를 줄이고자 〈요즘애들〉은 파일럿 프로그램 론칭 당시 '요즘 애들'과 '요즘 어른' 패널을 각 세 명씩 섭외했다. 전자로는 모델 한현민, 래퍼 김하온, 레드벨벳 슬기였고 후자는 안정환, 유재석, 김신영이었다. 앞서 언급한 방송의 골자로 지원자 영상을 모니터링하던 이들은 지원자들의 손짓과 어휘에 집중한다. 신조어를 추론해 보기도 하고 행동을 따라 한다. 이때 이들의 일반화나 평가가 먼저 나오지 않고, 요즘 애들이 직접 나서서 손짓과 신조어를 정정해 주거나 요즘 어른들이 적극적으로 질문한다. 프로그램 초반에는 출연진들 간 격차를 줄이고 지원자에 대한 해설을 도맡았다. 그러나 정규 편성 이후로는 김하온 외에는 요즘 애들 쪽 패널로 볼 만한 인물이 없었다. 원년 멤버로 남은 김하온은 다른 출연진에게서 '젊은 피'라고 지칭될 뿐 지원자들과 요즘 어른들 간의 가교 역할을 하지 못했다. 사회적 지위나 계층적 차이로 인해 '진짜 요즘 애들'을 대표하고 공감하지 못한다는 것을 어느 순간 발견할 수 있다. 연습생으로 오랜 시간을 보냈거나 현재 연예인이라는 직업으로 청년 세대의 문화를 완전히 대변하지 못한다는 내부의 판단이 작용했을 것이라 추측한다. 결국 〈요즘애들〉은 〈오늘도 배우다〉와 마찬가지로 청년 세대를 대표하는 적합한 인물이 등장하지 않는다는 큰 문제를 가지게 된다.

청년 세대의 목소리 없이 제작진의 선택과 연출에 의해 요즘 문화를 경험한 출연진은 자기 나름대로 평가를 덧붙인다. 무통보 즉흥 여행을 떠나는 것을 알게 되자 배우 박정수는 "이건 어린 애들이나 겁 없이 떠나는 거지. 젊어서 고생은 사서도 한다는데" 하며 인상을 찌푸린다. 물론 가벼운 감상에 불과하다고 생각할 수 있겠지만 이마저도 편향적이다. 방송 프로그램 자체가 출연진과 프로그램의 연출에 의해 영향을 받는 것은 당연하다. 특히나 현재 청년 세대에 소속되지 않은 세대라면 — 486세대 내지는 X세대 — 이에 자신의 판단이 틀리지 않았다는 근거가 되고, 편견은 강화된다. 프로그램 내에 등장하는 청년 없이 청년 문화를 간접 체험한 시청자들은 출연진의 목소리에 공감하게 될 뿐이다. 청년들의 생각과 논리는 '무모한 것'으로 치부되기 십상이고, 청춘의 낭만과 아픔으로 지워질 뿐이다. 이는 방송 프로그램이 청년 세대를 향한 일반화에 빠져 세대 간극을 최소화하는 대신 기성세대 간의 연대감을 강화하고 있을 뿐이다.

출연진의 선정에 있어서도 아쉽기는 마찬가지다. 과연 다섯 명의 연령대별 출연진들이 기성세대를 효과적으로 대표할 수 있었는가. 다섯 명을 같은 집단, 같은 세대로 바라볼 수 있는가. 두 가지 의문을 남긴다. 제작진은 70대, 60대, 50대, 40대, 30대 각 한 명씩 배우를 섭외해 다양한 기성세대의 표상을 담고자 했지만 현재 이들 사이에서도 세대 차이를 발견할 수 있었다. 한 세대는 부모의 일을 자식이 계승할 수 있는 기간, 사전적으로는 30년 정도인데, 70대와 40대, 60대와 30대 간의 간극을 찾아보기는 어렵지 않다. 청년 문화는 부수적인 방송 장치로 나

않고 이때 청년 문화의 부적응이라는 공통점이 출연진 간의 세대 차이를 감춘다. 기성 질서를 유지하려는 대중매체는 여전히 청년의 것을 담아내지 않는다. 청년의 소비와 사상을 포함하는 문화는 어리숙한 것이기에 대중매체에서 전면적으로 내세우는 것을 암묵적으로 기피하고 있다. 이 경향성을 기저에 두고 제작된 청년 문화 체험 프로그램은 이들로부터 배움을 얻는다는 사실을 적극적으로 인정하지 않는다. 요약하면 아직 한국은 '역세대화'의 개념을 적극적으로 받아들이지는 않는 것처럼 보인다. 특히 이러한 경향성은 거리를 두기도 하고 난해한 표정을 짓는 장면들로 나타난다.

출연진 간의 세대 차이는 쉽게 체감하기 어려운 이유를 짚어보자면 5070이 3040에게 배우는 것에는 ― 이 단위의 역세대화에는 ― 큰 이질감을 드러내지 않는다는 것이다. 40대인 정영주는 방 탈출 게임 미션인 '망치 춤'을 보고 곧잘 따라 준다. 춤을 추는 방법을 쉽게 설명해 주는가 하면 출연진들의 사기를 북돋우기도 한다. 망치 춤에 대한 이해가 없어도, 근본적으로 방 탈출 게임의 목적을 이해하지 못하더라도 자신들의 집단에서 비교적 '젊은'이를 따르는 이중적인 모습을 보인다. 또한 방송 안무 커버 영상 미션을 받고 박정수와 남상미는 연습실에서 트와이스의 「치어 업(CHEER UP)」을 배운다. 비교적 자연스럽게 안무를 배우는 남상미의 모습과 어정쩡한 모습으로 안무를 따라 추는 박정수의 모습이 번갈아 페이드인(fade-in)된다. 기성세대 안의 세대 격차를 드러내고 있는데다가 역세대화에 대한 거부감의 정도를 비교할 수 있는 문제적인 장면이다. 자신은 디스코를 즐겨온 세대라고 말하거나 안무가 답답하고 간지럽다며 강사에게 토로한다. 그러나 남상미에게는 안무의 순서가 제대로 기억이 나지 않으니 다시 알려달라며 도움을 요청하기도 하고, 연습실에서도 의견에 동의를 구하는 모습을 찾아볼 수 있었다. 단

순히 청년 문화를 같이 배우는 출연진이라는 동질감에서 온 행동으로만
바라보기에는 무리가 있다고 생각한다. 청년 세대에는 강한 선을 그어
두고 이해할 수 없는 것들로 규정한 후 그 외의 세대 격차에는 큰 주의
를 기울이지 않는다. 곧 기성세대 간의 세대 차이는 청년 문화와의 부조
화라는 공통점과 연대감으로 극복할 수 있는 것이다.

다시, 시청자와 리얼리티로

이로써 청년 세대는 두 번 배제되었다. 프로그램 내에서도 청년의 목소
리를 반영하지 않았고 TV 밖에 있는 청년의 공감도 사지 못했다. 세대
차이를 줄이고자 했지만 오히려 세대 차이를 극명히 했다. 어떤 포맷보
다도 '리얼'을 중시하는 예능에서 웃음과 공감을 이끌지 못했다는 것은
리얼리티의 결핍임이 분명하다. 청년 문화를 이해하지 못하는 출연진
들의 격한 반응이 오락의 요소가 되었을 때 시청자도 둘로 구분되리라
생각한다. 청년 문화에 대한 일반화와 폄하에 공감하는 이는 기성세대
일 것이다. 오락의 정치성을 눈치 채고 이 소외감을 오롯이 떠안았다면
청년 세대일 것이다.

　　루이 알튀세르(Louis Althusser)에 따르면 타인을 통해 호명될 때 비
로소 자신을 인식한다고 본다. 객체에서 완벽한 주체가 된다는 것이 아
니다. 철저히 객체였던 이가 호명을 통해 새로운 이데올로기를 부여받
은 것일 뿐인데 부여받은 정의나 설명이 주체라는 착각을 불러일으킨
다. 우리가 만난 세대 통합 예능은 모두 이런 형식이었다. 기성세대의
시각에서 이해할 수 없었던 ― 기성세대가 체험해 볼 만하다고 느낀 ―
청년들의 문화 일부를 선택적으로 살펴보았을 뿐이다. 선택되지 않았

거나 충분히 설명되지 못한 것은 문화의 영역에서도 외면받은 셈이다. 미디어는 기성세대를 통해 청년 문화를 만들어왔다. 또한 세대 격차는 기성세대와 청년 세대를 얼마나 구체적으로 정의해야 하는가에 대한 고민이 우선되어서는 안 된다. 기성 질서의 일방적 개입이 아닌 두 세대의 동시적인 대화가 가능해야 한다. 세대라는 소속감은 내부의 공감을 살지 몰라도 외부와의 강한 충돌을 피해가기는 어렵기 때문이다. 기성세대에 의해 호명된 청년 문화는 청년 시청자로부터 외면받기 마련인 반면에 실제 기성세대에게는 공감을 사고 소속감을 강화하는 수단이 될 것이다. 따라서 시청자는 어떤 세대에 소속되어 있는가에 따라 프로그램을 이해하는 방식이 다르고, 다시 세대 간극은 발생한다. 덧붙여 세대 담론은 언제나 규명된 바 없기에 기성 질서에 의해 호명되기 나름이다. 386세대, 학생운동 세대, 88만원 세대, X세대, 3포 세대, N세대 등. 타자화된 집단적 특성으로 구분'된' 세대가 아니라 주체적인 본인의 경험으로 문화를 짚어보기를 바란다. 청년 세대에 소속된 이들이 모여 자신의 경험을 일반화하고 전형적인 것으로 설명할 때, 청년 문화를 현실과 가까운 것으로 담아냈다고 볼 수 있을 것이다. 지금껏 미디어에서 진짜 청년은 없었다. 기성세대가 없는 청년 문화 프로그램은 존재할 수 없었던 셈이다.

전지적 참견이 빚어낸 불협화음

MBC 〈전지적 참견시점〉이 내포한 불평등

원보영

관찰 예능이라는 장르 속 매니저라는 변주

연예인 본인이나 배우자, 부모, 자녀, 반려견까지도 방송 출연자가 되는 '관찰 예능'의 홍수 속에서 MBC 예능 프로그램 〈전지적 참견시점〉(이하 〈전참시〉)이 등장했다. 연예인의 가족들보다도 연예인을 더 잘 아는 사람인 매니저의 제보를 통해 연예인의 일상을 살펴보는 콘셉트의 방송이다. 〈전참시〉 제작 발표회 때만 해도 이제는 '장르'로서 자리 잡았을 정도로 여러 프로그램에서 반복된 방송 포맷인 '관찰 예능'을 그저 '복사-붙여넣기'한 것이 아니냐는 비판이 있었다. 시청자들에게 너무도 익숙한 나머지 식상하고 금방 질리는 방송이 될 것이라는 지적이었다. 게다가 한참 흥행 가도를 달리고 있던 같은 방송사 프로그램 〈나 혼자 산다〉와 비교하며 〈전참시〉의 차별성에 의문을 제기하는 사람들도 많았다. 그러나 일반인 시청자들이 궁금해하는 직업인 매니저를 전면에 내세운 신선함 덕에 〈전참시〉는 토요일 예능 프로그램 1위를 달성했다. 〈전참시〉는 방송이 시작된 해인 2018년에 MBC 방송연예대상 여러 부문에서 수상하는 기염을 토했다. 방송 2~3일 후에도 출연 게스트나 촬영 장소, 음식 등이 포털 사이트의 실시간 인기 검색어 상위권에 떠 있을 정도로 현재 최고의 인기를 누리고 있다. 장르의 지루한 복제로 끝날 수도 있었던 시도가 매니저라는 색다른 변주 덕분에 시청자들에게 제대로 통한 것이다. 그렇지만 이러한 변주가 듣기에 마냥 좋은 것만은 아니다. 우리는 변주가 어떤 방식으로 이뤄졌는지도 생각해야 한다. 시청률과 방송 수익처럼 숫자로 환원되는 성공만을 좇을 게 아니라는 말이다. 방송의 사회적 영향력을 고려하면서, 매니저라는 직업이 〈전참시〉를 통해 미디어에 재현되는 방식을 비판적으로 분석해야 한다.

〈전참시〉는 여러 연예인 패널들이 스튜디오에 모여 매니저와 연예인의 일상이 담긴 영상을 함께 시청하고, 그 일상에 관해 '참견'하는 방식으로 진행된다. 영상의 내용은 출연자에 따라 다양하지만, 매니저가 연예인의 스케줄에 동행하며 업무를 보는 것이 그 골자다. 그리고 여기에 출연하는 매니저는 대부분 스케줄 현장에서 직접 일하는 '로드(road) 매니저'다. 매니저라는 직군은 업무 특성을 기준으로 세분화된다. 연예인의 법무와 세무를 담당하는 '행정 매니저', 소속 기획사의 실장 직책으로서 연예인의 섭외, 계약, 홍보를 맡는 '치프(chief) 매니저', 연예인의 활동 전략을 수립하고 재정을 관리하는 총책임자인 '제작 매니저' 등으로 나뉜다. 그런데 〈전참시〉를 통해서 화면에 비치는 매니저는 항상 차량 뒷좌석에 연예인을 태우고 운전을 하며 현장에서 연예인의 끼니와 용모를 챙기는 '로드 매니저'다. 매니저라는 직업을 일상에서 접하기 힘든 일반인 시청자는 〈전참시〉를 보고 '로드 매니저'를 매니저라는 직업의 전부로 일반화할 수밖에 없다. 〈전참시〉가 매니저에 대한 시청자들의 직업관에 모종의 권력을 행사하는 것이다. 하지만 〈전참시〉가 매니저를 미디어에 노출시키며 휘두르는 '은근한 권력'은 과연 이것뿐일까?

전지적 참견이 이뤄지는 컨트롤 타워

〈전참시〉는 프로그램 제목에서부터 벌써 그 권력적 함의가 드러난다. 전지적 참견을 하는 사람, 즉 이미 모든 것을 알고 있다는 듯 여기저기 간여하는 '권력의 주체'는 누구일까? 〈전참시〉 포스터에는 연예인 출연자들이 동그랗게 모여서 아래를 내려다보는 듯한 구도가 나타난다. 마치 이들이 원을 그리며 서 있을 때 누군가가 카메라를 위로 향하게 든 채 원 중심에 드러눕고, 그를 내려다보는 이들을 찍은 것처럼 보인다. 그래서 포스터를 마주하면 대인국 사람들에 둘러싸여 감시당하는 소인국 사람이 된 것만 같다. 포스터를 보는 순간 자신도 모르게 연예인들을 우러러보는 것이다. 이러한 구도는 스튜디오 촬영장의 좌석 배치에도 표현되어 있다. CCTV 모니터를 연상케 하는 모니터 다발이 원형으로 놓이고, 연예인 출연자들은 모니터 앞에 빙 둘러앉는다. 이들은 모니터에 나오는 영상을 시청하며 "○○ 씨 참 잘한다", "저건 이렇게 했어야지"라고 매니저의 행동을 평가한다. 이들은 흡사 모든 상황을 감시하듯 살펴보며 지시하고 명령을 내리는 컨트롤 타워에 앉아 있는 듯하다. 〈전참시〉 매니저는 포스터에서 그리고 컨트롤 타워에서 연예인들이 내려다보는 작은 존재이며, 감시의 대상이고 평가의 객체다.

　〈전참시〉는 무대 밑에서 일하는 매니저라는 사람을 무대 위로 끌어올린 프로그램이지만, '참견'의 주체는 철저하게 연예인이다. 그래서 메인 스튜디오에는 연예인들만이 앉아 있고 매니저들은 변두리에 따로 마련된 자리에서 방청객처럼 녹화 현장을 관망하기만 한다. 카메라는 매니저의 리액션을 촬영하나, 제작진은 매니저에게 마이크를 채워주지도 않는다. 매니저는 아무 말 없이 그저 연예인들의 말을 듣기만 하는 수동적이고 부수적이며 부차적인 존재라는 인식이 깔려 있는 것이다. 매니저들이 본인의 생각과 감정을 표할 때가 아예 없는 것은 아니다. 제작진은 매니저를 인터뷰해 그들의 속사정을 들춰낸다. 그러나 매니저는 언제나 'ㅇㅇㅇ(연예인 이름) 매니저'라고 쓰인 상의를 입고 인터뷰에 임한다. 매니저의 진솔한 이야기를 듣고자 담당 연예인 없이 진행하는 인터뷰에서도 매니저는 연예인의 컨트롤 타워에서 벗어날 수 없다. 누군가의 매니저라고 새겨진 상의를 입는 순간, 매니저 자기 자신의 정체성은 가려진다. 본인 스스로가 자신의 정체성을 온전히 지닌 자주적인 존재가 아닌, 연예인에 예속된 존재라는 상징을 입는 것이다.

웃으며 넘길 만큼 가볍지만은 않은 노동의 현장

〈전참시〉라는 예능을 단순히 예능으로 받아들이기에는 불편한 것들이 너무 많다. 〈전참시〉의 기획 의도는 매니저의 시각에서 연예인의 일상을 가감 없이 보여주는 것이다. 연예인의 일상이라며 보여주는 영상에는 매니저가 꼭 등장한다. 이를 보는 시청자들은 매니저가 스케줄 현장이든 일상이든 언제 어디서나 연예인을 '보필'하는 것이 당연하다고 자연스레 받아들이게 된다. 하지만 엄밀히 따지면 연예인의 일상은 매니저에게 있어 노동의 현장이다. 촬영 스케줄 중간중간에 휴식 시간, 식사 시간, 이동 시간이 생기면 연예인은 정말로 휴식을 취하고 식사를 하며 차를 타고 이동한다. 반면 매니저는 연예인이 편히 쉴 수 있게 쿠션을 챙기고 밥을 사서 배달해 주며 차를 운전한다. 이 둘이 언제나 함께한다고 해서 그 관계가 항상 같이 쉬고 같이 먹고 같이 일하는 대칭적·수평적인 관계인 것은 아니다. 매니저가 연예인에게 일방적으로 편의를 제공하는 수직적인 관계다. 연예인과 매니저는 같은 기획사의 같은 고용 노동자인데, 둘 사이에 계급이 발생하고 절대복종 관계가 형성되며 이는 〈전참시〉를 통해 지속적으로 미디어에 노출된다.

〈전참시〉의 한 연예인 출연자는 매니저가 운전하는 차를 타고 전국의 휴게소에 들러 그 휴게소만의 특색 있는 음식을 즐기는 일상을 소개했다. 이렇게 등장한 휴게소 음식점들은 '고속도로 휴게소 맛집'이라고 불리며 시청자들 사이에서 큰 인기를 끌었다. 그렇지만 이러한 인기는 어딘가 모르게 씁쓸하다. 휴게소에 도착하면 연예인이 차량에 가만히 앉아서 주문한 레시피대로 음식을 준비해 배달하는 매니저의 사정을 시청자들은 고단하고 안쓰러운 상황으로 받아들이지 않는다. 방송이 끝나면 그들의 기억 속에는 입에 침이 고이게 하는 음식들만이 남을 뿐이다. 정작 쉬어야 할 사람은 휴게소에서 쉬지도 못하고 심부름을 하고 있는데도 말이다. 이 연예인은 〈전참시〉 방송에서 26년간 자신의 매니저가 30번 넘게 바뀌었다며 웃으면서 이야기했다. 그의 매니저는 그가 먹을 핫도그에 소스를 잘못 뿌려서, 커피 쿠폰 도장을 제대로 못 챙겨서, 그가 먹으라는 방식대로 음식을 먹지 않아서 눈치를 보고 스스로 혼날 준비를 했다. 어떻게 보면 일종의 갑질이 행해지고 있는 노동의 현장인데, 〈전참시〉에 출연하는 연예인들은 스튜디오에 편히 앉아서 이를 지켜보며 웃는다. 이 웃음이 매니저의 노동을 가볍고 웃어넘길 수 있는 일로 만들며, 또 그렇게 되도록 강요한다. 덩달아 시청자들 역시 매니저의 '짠한 상황'을 아무렇지도 않게 받아들이게 된다.

전지적 꼰대 시점

"꼰대가 꼰대인 줄 알면 꼰대겠느냐"라는 말이 있다. 말을 곱게 해도 욕은 욕인 것처럼, 어떻게 해도 꼰대는 꼰대다. 최근 우리 사회에는 갑질과 꼰대 문화를 근절하자는 목소리가 더욱 커지고 있다. 그렇지만 〈전참시〉는 갑질과 꼰대질에 순순히 복종하는 태도를 보이는 매니저를 '사회생활을 잘하는 것'으로 포장한다. 연예인에게 '알아서 설설 기는' 매니저에게는 '센스쟁이'라는 수식어를 붙인다. 〈전참시〉 출연 매니저 중 한명은 담당 연예인에게 물 한잔 얻어 마시는 것도 민폐라며 꼭 본인 집에서 물을 싸 와서 마셨다. 연예인 출연자들은 이 매니저를 향해 '속이 깊다'는 칭찬을 해댔다. 또 다른 매니저는 퇴근도 하지 않고 담당 연예인과 그 동료들의 간식을 챙기고 그들의 회의를 끝까지 기다렸다. 담당 연예인이 회의가 시작되기 전에 퇴근해도 괜찮다고 했음에도 불구하고 말이다. 연예인 출연자들은 이 매니저의 행동을 보고 '저게 미덕이지'라는 반응을 보였다. 어떤 음식을 어떻게 먹을지 정해놓고 이를 매니저에게 강요하며, 옷을 사주면서 코디까지 참견하는 연예인은 '정이 참 많은 사람'으로 표현되었다. '정(情)'을 내세우면서 강요와 간섭을 정당화하는 것이다.

이는 모두 매니저가 연예인보다 아랫사람이라는 전제하에서 이뤄지는 시대적 역행이다. 이러한 〈전참시〉를 통해서 갑질 문화와 꼰대 문화가 마구마구 재생산된다. 그런데 왜 〈전참시〉에 대한 갑질 논란이 불거지지는 않는 걸까? 연예인과 매니저의 관계는 일반적인 직장 상사-부하 직원의 관계와는 다른 매우 특수한 경우다. 이 때문에 시청자들이 매니저의 상황에 크게 몰입하지 못한 나머지, 그 문제를 인식하지 못하고 그냥 넘어가는 것이다. 상황을 바꿔서 생각해 보자. 회사에서 컴퓨터를 사용하면서 전력을 소비하거나, 결재 서류를 출력하면서 종이를 사용하는 등 회사의 물자를 쓰는 게 민폐라고 생각하는 것. 그리고 야근하는 동료 혹은 상사에게 간식을 사다 주고 야근이 끝날 때까지 기다리는 것. 전부 괴상하다 싶을 정도로 과한 배려이자 지나친 희생이다. 〈전참시〉는 매니저에게 이런 배려와 희생을 기대하며, 이를 '갸륵한 덕행'으로 받아들일 것을 강요한다. 지켜보는 시청자들마저도 은연중에 속을 정도로 말이다. 〈전참시〉를 보면서 '매니저는 저렇게 고생하는데 과연 그만큼 월급을 받기는 할까? 도대체 하루에 몇 시간을 일하는 거지? 쉬는 시간은 언제인 거야?'라며 걱정하고 불편해하는 것은 단지 쓸데없는 오지랖이자 '프로 불편러'의 시각일 뿐인 걸까?

불협화음 가득한 변주가 될 것인가

방송을 시작한 지 1년도 채 되지 않아 〈전참시〉 연예인 출연자가 2018 MBC 방송연예대상에서 '대상'을 수상했다. 2019년 5월 1일에 있었던 2019 백상예술대상에서는 〈전참시〉가 'TV 부문 예능 작품상'을 수상했다. 이렇듯 〈전참시〉는 사회적 파급력이 큰 예능 프로그램임을 입증받았으며, 이는 곧 그 파급력에 관한 책임 역시 막중하다는 것을 의미한다. 이미 앞서 이야기했듯이 〈전참시〉에 출연하는 연예인들은 컨트롤 타워로서 매니저를 관찰한다. 거기에다가 〈전참시〉는 매니저의 노동을 웃음거리로 표현하며 갑질 문화와 꼰대 문화를 재생산하고 또 이것이 당연한 것처럼 만든다. 매니저들을 등장시키면서 호기롭게 선보인 새로운 변주에 불협화음이 발생하고 있는 것이다.

　"일상적인 것이 가장 정치적인 것이다"라는 말이 있다. 당연함을 의심하고 그 이면에 숨어 있는 가장 정치적인 것을 찾아내야 한다는 것이다. 〈전참시〉는 연예인과 매니저의 일상을 담고 있으며, 그 일상을 다루는 방식에 숨겨진 함의가 상당히 정치적이고 권력적이라는 것을 시청자가 꼭 알아야 한다. 아무리 방송 콘셉트가 '전지적 참견'이라고 해도, 이것이 이 시대의 난치병 중의 난치병인 갑질과 꼰대질을 재미로 승화시키는 데 면죄부가 될 수는 없다. 예능은 예능일 뿐, 지킬 것은 지켜야 한다. 매니저라는 직업이 〈전참시〉를 통해 미디어에 어떻게 재현되는지를 고민하고 염두에 두는 것이 필요하다. 컨트롤 타워가 생각나지 않을 만큼 매니저 그대로의 주체성을 강조하고 존중해야 하며, 그들의 숭고한 노동이 웃음의 소재로 가볍게 소비되지 않도록 프로그램이 구성되어야 한다. 또한 연예인 출연자들은 칭찬이 폭력과 억압의 도구가 되지 않도록 언행에 각별히 신경을 써야 할 것이다. 마치 기타 줄을 하나하나 조이고 풀어 음을 맞추는 것처럼, 이러한 문제 요소들을 세심하게 조율해 불협화음을 줄이다 보면 시청자들은 듣기 좋은 변주를 즐길 수 있을 것이다. 〈전지적 참견시점〉이 누구나 마음 편히 보면서 웃고 감동할 수 있는 예능이 되기를 기대한다.

여자들만의 힐링 캠프는 실현될까?

정남

1998년은 경기 활황의 거품에 가려졌던 우리나라의 경제가 민낯을 보이던 시기였다. 대부분의 국민이 뼈를 깎는 고통을 감수해야 했지만 삶은 더 팍팍해졌다. 빈부 차는 더 커졌고 이제 더 이상 개천에서 용 나는 일은 없을 거라는 자포자기식의 농담이 사회 저변에 깔렸다. 아무리 열심히 일해도 넘지 못할 벽에 부딪혀 숨 막히고 피로해질 때쯤 사람들은 산소호흡기 찾듯 자연을 찾기 시작했다. 그리고 피로 사회를 견디기 위한 그 나름의 대안으로 등장한 것이 캠핑이었다. 캠핑이 고가의 장비에도 불구하고 폭발적인 인기를 누릴 수 있었던 이유는 각자의 방문을 열고 자연으로 나오면서 가족 간의 유대가 쌓이기 시작했기 때문이다.

그런데 유감스럽게도 그 많은 웰빙, 힐링에 관한 텔레비전 프로그램에 등장한 것은 남성적 코드였다. 존 피스크는 그의 책『텔레비전 문화』에서 TV 프로그램에 이데올로기적 코드가 작용한다고 했는데, 대부

분의 힐링 프로그램이 남성 위주로 이뤄지는 것 역시 같은 맥락이라고
볼 수 있다.

　그렇다면 여성을 위한 웰메이드 힐링 프로그램은 정말 어려운 것
일까? 여자들만의 캠핑은 어떨까? JTBC에서 11주간 방영되었던 〈캠핑
클럽〉을 통해 그 가능성을 찾아보았다.

캠핑이라는 가볍고도 무거운 주제

10여 년 전부터 대한민국을 휩쓸고 있는 캠핑 문화는 전국 캠핑장의 활
성화와 정착에 기여해 왔다. 캠핑 수요자의 요구에 따라 종류도 다양해
져 글램핑(glamping), 비바크(Biwak), 캠핑카 등 다양한 형식을 선보이
기도 했다. 물론 이런 붐이 수용자의 구매욕을 부추긴 것도 사실이었다.

　온 국민의 캠핑 로망을 자극하며 〈캠핑클럽〉이 등장한 것은 지난
여름이었다. 그런데 대상은 가족이 아니라 여성이었다. 여자들만의 감
성 캠프는 시청자에게 어떤 영향을 주었을까? 사실 우리는 남녀를 불문
하고 '여자들끼리의 캠핑은 위험하다'라는 선입견을 가지고 있다. 그러
나 이 프로그램은 '여성의 안전'이라는 무거운 주제가 아니라 '캠핑은 즐
거운 것, 쉬는 것'이라는 가벼운 주제로 접근했다. 미디어는 어떻게 관
점을 해석하느냐로 보이지 않는 권력을 행사한다. 어빙 고프먼(Erving
Goffman)의 '틀짓기 이론'이 단지 뉴스에만 적용되는 것은 아니다. 만약
여성에게 캠핑은 위험한 것이라는 언급이 비슷한 시기에 다른 미디어에
서라도 나왔더라면 여성 시청자들은 두려움에 움츠러들고 〈캠핑클럽〉
은 더 흥미 위주로 제작되었거나 낮은 시청률을 감수해야 했을 것이다.
그러나 이 프로그램이 한국의 아름다움과 고즈넉함을 강조하며 힐링을

이야기한 것은 시청자들이 안전을 함께 느끼도록 유도한 좋은 방법이었다. 이것은 오히려 안전한 사회라는 프레임을 강조하는 효과를 거두었다.

여자들만의 힐링 여행

그동안 〈1박 2일〉, 〈삼시세끼〉 등의 힐링 프로그램들이 오랜 인기를 끌었다. 그러나 남성 출연자 위주의 프로그램이 대부분이었고 시청자들은 이를 당연하게 받아들였다. 그나마 최근 〈삼시세끼〉 "산촌 편"이 염정아를 비롯해 여성 출연자를 내세운 것은 고무적인 일이었다.

　1998년에 등장해 6년간 대한민국을 뜨겁게 달구었던 왕년의 아이돌 스타 핑클이 데뷔 20년 만에 완전체로 다시 등장했다. 캠핑 경험이 거의 없는 핑클 멤버들은 캠핑카를 이용해 보지 않은 대부분의 시청자들 모습이기도 했다. 좌충우돌하는 재미와 의외의 작은 행운들, 갑자기 만난 비 등이 즐겁기만 한 것은 그들이 지금 자신만의 여행을 하고 있기 때문이다. 게다가 옥주현을 제외한 세 명의 멤버들은 모두 남편을 잠시 떠나왔다. 지금은 각자의 자리에서 모두 다른 삶을 꾸리고 있는 이들은 시청자들의 눈에 거부감이 없다. 오히려 프로그램 시청을 통해 그들의 추억과 함께 시청자 자신의 20년도 함께 반추해 보고 싶어진다. 나이 마흔의 캠핑이라니, 이런 모습은 기혼자들 대부분의 로망이기도 하다. 게다가 출연자들 대부분의 어리숙한 요리 솜씨는 직장 생활로 바쁜 요즘 여자들을 대변하기도 한다. 그럼에도 불구하고 여행은 힐링이라고 독려한다.

여성의 시선으로 보는 힐링, 수다

도시를 벗어나 다른 지형의 자연을 바라보는 것만으로도 힐링은 찾아온
다. 넓은 하늘과 나지막한 산과 물은 한국의 아름다운 자연을 잘 표현해
주었다. 정작 여행을 떠나보면 우리나라의 지형지물에 대한 경외심이
생기는데 이런 부분이 잘 소개되었다. 외국의 아름다운 마을이 소개되
는 프로그램도 많지만 한국의 자연을 제대로 느껴본 사람이라면 외국이
부럽지 않다는 것을 알게 된다. 이는 미처 떠나지 못한 시청자들에게 힐
링은 멀리 있는 것이 아니라고 말하는 것 같다.

특별한 미션도 없이 그저 떠나고 먹고 자는 그들의 모습을 보는 것
이 콘셉트다. 누구에게 잘 보일 것도 없이 화장기 없는 그녀들의 모습은
방송의 인위성을 조금 누그러뜨렸다. 시청자들은 안전 때문에, 결혼 때
문에 미루고 포기할 수밖에 없었던 여자들의 로망을 다시 되찾고 싶어
진다. 학교를 졸업하는 순간부터 절친(절친한 친구)끼리의 여행을 꿈꾸
지만 노쇠해질 때까지 추억만을 붙들고 사는 대부분의 주부들은 이런
콘셉트에 잘 녹아든다. 그들이 나누는 수다도 마찬가지다. 핑클이 20년
전 일을 향수하며 가끔 눈물 바람을 하는 것은 대부분의 여성 시청자들
이 공감하는 시청 포인트다. 무릎 나온 체육복 차림이어도 공통의 추억
을 공유하는 유대는 돈으로 살 수 없는 진정한 힐링이다.

거창하지 않아도 된다는 위로

5박 6일간의 캠핑은 11부작으로 제작되어 최고 시청률을 4.7퍼센트까
지 끌어올렸다. 왕년의 아이돌 스타라는 장점이 물론 작용했지만, 종편

으로서는 꽤 높은 시청률이다. 내용이랄 것은 별로 없다. 캠핑카를 타기 전부터 "캠핑은 기다림의 여유를 갖는 것"이라는 메시지를 던져놓는다. 이 여행의 목적은 '여유 찾기'다. 아직도 앳되어 보이는 성유리도 "나이 드니까 자연이 좋아지네"라는 말로 시청자를 끌어들인다.

보통의 미디어 문화는 남자들의 시선으로 만들어지고 시청자들도 같은 시선으로 바라보게 된다. 여타 힐링 콘셉트라 불리는 프로그램들은 미션과 내기가 난무한다. 경쟁을 부추기고 게임에서 진 팀을 야유하는 등 지극히 남성적인 구도를 갖는다. 그러나 이미 남성적인 프레임에 갇힌 시청자들은 자신의 시각을 그것과 동일시한 지 오래다. 하지만 폭력적인 오락이 쉼이 되지는 않는다. 〈캠핑클럽〉은 좀 심심하다. 심심함이 쉼이 됨을 깨닫게 되기 전까지는…….

〈캠핑클럽〉에선 여성의 시선이 느껴진다. 이 말은 여성만이 향유할 수 있다는 말이 아니다. 대중의 여성성을 의미하는 것이다. 멤버들은 홀로 남겨진 남편을 걱정하고 자주 통화도 한다. 그러나 쉽게 주어지지 않을 자신들만의 여행을 양보할 생각은 없어 보인다. 이들은 또 캠핑을 시작하며 콘서트를 할 것인지에 대한 고민을 한다. 자신 있어 보이는 것은 현재 활동 중인 옥주현뿐이지만 다들 마음은 굴뚝같다. 이것 나름대로 미션이라면 미션이겠지만 그것은 꼭 성취해야 하는 과제가 아니다. 이 또한 이들 스스로 결정할 권리로 주어진다. 그리고 그들은 캠핑의 마무리를 팬들을 위한 작은 콘서트로 결정한다. 이것은 지난 20년을 돌아보는 추억 되찾기이며 스스로에게 주는 위로가 된다.

여행은 관계를 회복하는 것

데니스 맥퀘일(Denis McQuail)은 미디어와 콘텐츠의 구성 요소 가운데 미디어 스타나 명사들 또는 특정한 종류의 미디어 콘텐츠에 특별한 애착을 경험하는 것을 '팬덤(fandom)'이라고 했다. 심리학자 나은영은 그의 책 『미디어 심리학』에서 "팬덤은 고도의 감정적 투자와 활동이 개입되는 애착 상태"라고 했다. 또 "이들은 감정적 투자와 동일시가 강하고, 부수적 활동에 깊이 관여하며, 팬 공동체와 같은 공유된 관심 의식을 지니고 있어서, 열렬한 애호가가 되어 때로는 비합리적인 모습을 보이기도 한다"라고 기술했다. 힘이 되기도 하고 부담이 되기도 하는 팬덤의 양면성을 드러내는 말이다. 원조 아이돌이라 해도 무방한 핑클도 엄청난 팬덤의 소유자였다. 이번 캠핑에는 그들과의 만남도 이뤄졌다. 중요한 것은 그들과의 나쁜 카르마도 해소하는 기회를 가졌다는 것이다. 팬들과의 만남 구성이 길어졌다면 이 프로그램은 팬덤을 의식한 개인적인 취향으로 변질될 수도 있었다. 그러나 팬들과의 구성은 단 2회에 그쳤다. 그들과도 엉킨 실타래를 풀듯 미안함과 고마움을 표현하고, 서로의 상처를 보듬었다. 시청자들도 카타르시스를 느끼며 자신의 카르마를 돌아보게 했다.

여성의 자율성과 자아 성취감은 인정받는가?

핑클은 거의가 40대에 접어든 나이지만 누구도 아이가 없다. 게다가 남편이 있는데 집을 일주일이나 비워두고 여행을 왔다. 어떤 이는 이것은 바람직하지도 현실적이지도 않다고 비판할지 모르겠다. 그렇다면 다른 프로그램을 볼까? 〈윤식당〉이나 〈비긴어게인〉, 〈이타카로 가는길〉 등은 해외 로케이션인지라 일주일에서 20일 정도의 기간 동안 집을 떠나 있었다. 출연자 중에는 미혼도 있었지만 기혼자도 비슷한 비율로 있었다. 그러나 대중은 그런 이의를 제기하지 않는다. 이런 시각은 미디어를 보는 대중의 시각이 얼마나 가부장적인지 알 수 있다. 스튜어트 홀(Stuart Hall)은 불변적이고 불가피하며 마치 자연적인 것처럼 재현되는 미디어의 지배 이데올로기를 비판했다. 미디어가 기존 질서를 대변하며 대중이 이를 무비판적으로 받아들이게 하기 때문이다. 사회가 변했음에도 남성 위주의 지배 이데올로기는 변하지 않았다. 1960년대 후반에 남성의 절반밖에 되지 않았던 여성 대졸자의 비율은 1990년대 이후 이미 동등한 수준이다. 여성들도 생계에 대한 부담을 느끼고 가정경제에 이미 기여하고 있다. 또한 자기 성취에 대한 고민도 다르지 않다. 〈캠핑클럽〉 속에서도 핑클 4인방이 결혼 유무에 상관없이 자아 성취에 대한 고민이 있음을 알 수 있었다. 그런 면에서 〈캠핑클럽〉은 대중의 의식을 재정립하는 데 일정 부분 기여했다고 볼 수 있다.

여성은 보호받아야 할 존재인가?

여행을 해본 사람이라면 여행의 묘미는 떠날 준비를 하면서부터 시작된다는 것을 알고 있다. 장소를 물색하고 캠핑카를 고르고 준비물을 챙기고 경비를 계산하는 과정이 모두 여행의 한 부분이다. 그런데 〈캠핑클럽〉은 마치 캠핑카 홍보라도 하듯 미리 정해진 캠핑카의 사용법을 듣는 것부터 시작한다. 그런 모습은 이들이 위의 준비를 하기엔 역부족인 것처럼 나약하게 비쳤다. 보지 않은 것은 기존 프레임대로 믿게 된다. 아쉽게도 이것 역시 가부장적인 시각에서 자유롭지 않았다는 결론을 내리게 된다. 리스벳 판주넨(Liesbet Van Zoonen)은 "젠더란, 주어진 것이 아니라 특정한 문화와 역사적 환경에 따라 변화하는 것이며 지속적인 논증적 투쟁과 협상을 통해 형성되는 것"이라고 했다. 사회적 역할에는 많은 변화가 생겼으나 미디어에 비친 여성의 역할은 아직 나약하기만 하다.

지금 '여행'을 논하는 것은 시의적절한가?

1998년 핑클의 데뷔는 화려했지만 사회적 대중의 자존감은 바닥이었다. IMF 구제금융 사태로 인해 젊은 세대는 취업과 실업이라는 블랙홀에 빠져 허우적거렸다. 그러나 아이러니하게도 아이돌계는 그때 태동했다고 해도 과언이 아니다. 핑클의 폭발적 인기는 사회의 우울을 외면하려는 미디어의 정치적 행보이기도 했다. 그리고 2019년, 20년이 지난 지금, IMF 사태와 고속 경제성장은 사회적 골다공증을 유발하며 빈부차로 나타났다. 그리고 청년 실업 7퍼센트라는 거대한 과제가 우리 앞에 떨어졌다. 이 시점에 '여행'이라는 명제가 적절한 것일까, 하는 질문을 해보게 된다.

경제는 점점 어려워진다지만 해마다 해외여행자 수는 늘고 있다. 과거에는 소수에 그쳤던 여행자들이 이제는 보편화되었다. 문화를 향유할 수 있는 자는 계급에 있지 않고 자율성에 있다는 것을 대중이 알아가고 있기 때문이다. 대한민국이 웰빙의 의미를 알아가기 시작했고, 내가 행복해야 사회가 행복하다는 것을 깨닫기 시작했다. 결론만 말하자면, 매우 시의적절하다는 것이다. 그것이 사회적 골다공증을 치유하는 길이며, 아직 인생의 캠핑을 경험해 보지 못한 이들에게도 정당성을 줄 수 있는 사회적 합의를 주는 일이다. 그런 면에서 〈캠핑클럽〉은 어느 정도 선한 영향력을 주었다고 볼 수 있을 것이다.

소박할 때 드러나는 삶의 미학

요즘 다양한 채널의 TV 프로그램들은 경외심을 부를 정도로 새롭고 실험적이다. 더불어 콘셉트가 비슷한 프로그램들의 등장과 넘쳐나는 먹방, 출연자의 겹치기 출연 등으로 텔레비전 시청은 오히려 피로감을 더 키우기도 한다. 비슷한 힐링 프로그램인 버스킹(busking) 프로그램이 외국이라는 한계로 인해 접근성을 떨어뜨리는 반면 〈캠핑클럽〉은 대한민국의 자연을 누비며 힐링을 찾는다. 나은영은 『미디어 심리학』에서 인간은 최대한 긍정적이면서 평화로운 정서를 얻는 방향으로 미디어 이용을 추구한다고 했다.

네 명의 출연자에게는 자신에게 맞는 색깔이 입혀졌다. 요리와 엽렵함의 여신 옥주현, 아침형 뉴요커 이진, 털털한 막내 성유리, 아침형 자연주의자 이효리. 특히 이들의 강점은 원조 아이돌이었음에도 모두 소탈한 성격의 소유자들이라는 것이다. 〈캠핑클럽〉은 이들을 통해 나이 듦의 미학을 말했다. 이들이 누린 20대와 30대처럼 40대도 멋진 일이 펼쳐지리라는 것을 그리고 또 20년 후인 60대에도 여전히 삶은 계속되리라는 것을 예고하고 있다.

After Moon and Before Sunrise

JTBC 〈슈퍼밴드〉의 화려한 폐막, 성장하는 내일을 기대하며

김승훈

S. 한 편씩 돌아봐도 다시 처음처럼

오래간만에 집에 간 날이었다. 안방에서 잠깐 TV를 보는데, 문득 장렬하면서도 아름다운 선율의 피아노와 기타, 드럼의 하모니가 들렸다. '이게 뭐지?' 하고 보는데 와⋯⋯. 아직까지 바꾸지 못하고 놔둔 낡고 오래된 브라운관 TV임에도 불구하고, 브라운관 깊이 뚫고 나오는 밴드 공연의 웅장함에 온몸에 소름이 돋았다. 심지어 다음 팀은 첼로 하나를 두고 네 명이 모여 줄을 퉁기고, 몸체를 두드리며 리듬을 맞추었다. '어떻게 저런 발상을 하지?' 하면서 넋 놓고 보았던 것 같다. 어머니의 드라마 열정으로 인해 더 이상의 연주는 보지 못하고 채널을 바꿔야 했지만, 잠깐 동안의 연주가 계속 맴돌았다. 그래서 한동안은 계속해서 유튜브를 찾아보았고, OTT[1] 목록에 〈슈퍼밴드〉가 올라와 있는 것을 보고 나서는,

232

각 편마다 1시간 40분 이상으로 적지 않은 분량임에도 매일매일 몰아 보았던 것 같다. 나는 이런 발상의 전율을 주는 음악 프로그램을 좋아하고, 처음에 워낙 황홀한 연주로 접했기 때문에 기대 또한 컸다. 매해 좋은 음악을 들려주었으면, 그래서 사회에 문화적으로 선한 영향을 끼쳐주었으면 좋겠다는 바람을 안고 본 글을 시작해 보고자 한다.

Ⅱ. 생산자와 수용자, 음악을 고민하다

미디어의 역할은 무엇인가. 나는 기본적으로 '전달자'의 역할이라 생각한다. 시공간적으로 구분되어 있는 사람들에게, 이쪽에서 저쪽으로 정보를 전달하는 것. 하지만 정보 전달의 과정에서 뉴스와 같이 사건·사고만 알려주지는 않는다. 시사 프로그램이나 다큐멘터리 등을 통해 보다 심층적이고 파급력 있는 내용을 전하기도 하고, 드라마나 애니메이션을 통해 어머니들이 하루의 피곤을 덜고, 아이들이 잠시나마 조용하게 있어줄 분위기를 조성해 주기도 한다. 또한 다양한 오락 프로그램, 예능을 통해 보는 사람으로 하여금 웃음과 재미를 안겨주기도 한다. 이러한 과정에서 미디어는 전달자의 역할을 수행하는 동시에 사람들의 이목을 끌고, 마음을 움직이고, 가령 문자를 보내거나 '1588 전화번호'를 누르게끔 유도하는 기능을 가지게 된다. 마침내 미디어는 기존의 사회적 질서나 사고방식을 유지하게끔 하는 동시에, 새로운 문화를 발굴하고 만들어서 전파하는 역할적인 기능을 수행하게 된다.

---

1   오버 더 톱(Over The Top) 서비스의 머리글자. 인터넷을 통해 방송 프로그램, 영화 등 미디어 콘텐츠를 제공하는 서비스.

JTBC 〈슈퍼밴드〉의 기획 의도는 명확하다. 노래에 국한하지 않고 다양한 악기와 작사·작곡, 프로듀싱 능력과 열정이 가진 가능성을 발굴한다. 방구석에 머물러 있거나 팀 속에 가려져 있고, 아직 세상의 스포트라이트를 받지 못한 아티스트들을 찾아내, 최고의 조합과 음악을 만들어낸다. 아티스트 '발굴'과 '동반자' 조우 그리고 음악적 '조합'이라는 키워드를 가지고 새로운 문화적 활력을 만들어내는 것이 〈슈퍼밴드〉라고 한다면, 내가 쓰는 비평의 목적은 분명하다. 새로운 문화를 발굴하고 전파하는 미디어의 기능적 측면에서 이 프로그램을 마주할 것이다. 음악을 사랑하는 시청자로서, 나는 더 멋지고 다양한 음악적 꿈을 듣고 싶기 때문이다.

P. 음악의 본질을 고민하다, 다양성과 지평의 확장

#동굴. 나의 세계, 투영된 그림자

프로그램에 지원해 예선을 통과한 〈슈퍼밴드〉 참가자들은 53명이다. 이들은 모두 다르다. 보컬, 베이스, 기타, 드럼, 전자 패드, 피아노, 첼로, 타악기 등등 다루는 영역만 해도 다양하고, 무엇보다 이력이 달랐다. 누구는 이미 밴드로 성공해서 세계로 진출했거나 유수의 대회에서 수상하기도 했고, 누구는 거리의 음악가가 되어 버스킹(busking)[2]을 하거나 이른바 '방구석 아티스트'로서 자신의 모습을 좀체 드러내지 않는 사람들도 있었다. 성공의 기준은 다를지라도, 참가자 중에는 이미 뛰어난 능력으로 성공한 아티스트들이 있었고, 그중에는 비록 능력은 조금

---

2   사람들이 많이 다니는 길거리에서 여는 공연.

아쉬워도 열정만큼은 뒤지지 않는 사람들도 있었다. 이들은 각자의 분야와 영역에서 혹은 공간에서 뛰어난 아티스트들이었고, 자신만의 깊은 우물을 파내고 있었다. 하지만 우물 안의 개구리는 보았을 것이다, "저 높은 우물 너머 하늘에도 무엇인가 있지 않을까?"

#빛. 밖으로 그리고 바라보다

〈팬텀싱어〉라는 프로그램을 통해 성악, 뮤지컬, K-POP, 국악 등 각 분야를 크로스오버한 경험을 가진 제작진들은 고민했을 것이다. 과연 노래에서뿐만 아니라 좀 더 다양한 크로스오버를 시도해 볼 수는 없을까? 따라서 이 프로그램이 여타 음악 오디션 프로그램과 다른 것은, 참가자 간 우열을 가리지 않는다는 점이었다. 이미 각 분야에서 최고인 사람들이기 때문에, 최고의 플레이어를 선발하는 데 목적을 두지 않는다. 그 대신 음악적 조합과 융합을 통해 팀을 구성하고 보다 다양하고 참신한 음악을 만드는 데 관심을 둔다. 가령 참가자 홍이삭 씨가 '홍'이삭에서 '흑'이삭으로 그리고 '홍'이삭으로 변화해 가는 것에 초점을 맞추고, 참가자 이나우 씨가 백색의 깃털을 달고 클래식을 하는지 아니면 흑색의 깃털을 달고 록을 하는지에 초점을 맞춘다. 개개인의 역량을 얼마나 발휘해서 다양한 음악적 시도를 할 수 있고, 스펙트럼을 창출해 내는지가 중요하기 때문이다.

#다시 동굴. After Moon and Before Sunrise

비록 〈슈퍼밴드〉 13화 결선 2라운드에서 애프터문 팀은, 자작곡 「비포 선라이즈(Before Sunrise)」를 부른 후에 최종 라운드에 진출하지 못하고 탈락의 고배를 마시게 되었다. 하지만 우물 밖의 세상을 경험한 개구리들이 달빛이 지고 여명이 동트기 전 어둠을 틈타 우물로 돌아오더라도,

개구리가 아는 세상은 이전과 다를 것이다. 다시 낮이 찾아와 우물 위를 떠다니는 구름을 보더라도, 개구리가 생각하는 세상의 모습과 앞으로의 삶의 모습은 지난 낮과는 같지 않을 것이기 때문이다. 그런 측면에서 나는 참가자들을 자신만의 영역에서 끄집어내 다양한 사람들과 교류할 수 있는 장을 마련해 준 제작진의 역할을 높이 평가한다. 음악의 본질은 무엇인지, 자신이 추구하는 음악의 방향성은 무엇인지 고민하고 성찰하는 기회를 통해, 음악적 다양성과 지평을 넓혀주었기 때문이다.

E. 음악 천재 성장기, 의도와 방식에 대하여

나는 제작진이 꿈꾼 음악적 이상과 개구리들의 여정에 대해 훌륭하게 생각한다. 〈슈퍼밴드〉라는 프로그램을 재미있게 보았고, 이러한 시도들이 계속해서 이어졌으면 좋겠다. 하지만 성공적이었나? 제작진의 이상과 개구리들의 가능성을 보고 음악을 즐겼던 나로서는, 14화에 이르는 프로그램 전개를 보면서 아쉬움을 느꼈다. 〈슈퍼밴드〉는 스스로를 "최소한의 제한만이 존재하는 오디션 형태의 '음악천재 성장기'"라고 소개하고 있지만, 과연 제작진의 기획 의도와 프로그램 전개 방식이 매치했는지 본다면, 오히려 전개 측면에서 이 프로그램은 본래 목적에 부합하지 못한 측면들이 있었다.

첫 번째로 〈슈퍼밴드〉가 차용한 '서바이벌 오디션' 포맷이다.

나는 타 음악 오디션 프로그램과의 차이에 대해, 최고의 플레이어를 뽑는 것이 아니라 팀을 구성해서 장르 간 조합을 통해 참신하고 다양한 음악적 지평을 넓히는 것이라고 전술한 바 있다. 그런데 문제는 〈슈퍼밴드〉가 스스로를 소개하는 '성장', '조합', '시너지'와 같은 단어들은 수평적인 관계에서 발생하는 것이지, 서바이벌 오디션과 같은 수직적 관계와 부합하지 않는다는 것이다.

내가 군대에서 복무하고 있을 당시, 후임들과 함께 M사에서 방영한 한일 합작 오디션 프로그램을 보면서 항상 하던 얘기가 있다. "얘네는 우는 게 절반이야" 분명 나는 참가자들이 음악적 재능과 역량을 가지고 걸 그룹을 결성하는 과정을 보고 싶었던 것인데, 계속해서 보이는 것은 억울하고 슬프고 서러워서 우는 모습들이었기 때문이다. 일부러 논란을 유발하고 이목을 끌어서 더 많은 시청자를 모니터 앞으로 데려와 집중시키기 위한 전략이었을까. 하지만 악의적인 편집으로 험악한 분위기를 조성하고, 인위적인 긴장을 유발함으로써 피해를 입는 것은, 방송에 출연한 참가자들과 심사 위원이었고, 그것을 지켜보는 시청자들이었다. 지나친 경쟁과 긴장의 연속에서 음악적 역량이 자라날 자리는 감정적 소비로 대체되고 낭비되었던 것이다. 그런 면에서 〈슈퍼밴드〉는 인위적인 긴장과 논란을 야기해서 시청률을 높이려고 하지 않은 점은 긍정적이지만, 그럼에도 '서바이벌'이라는 방식을 차용함으로써, 음악적 융합과 시너지가 일어날 공간을 축소한 것은 비판할 점이다. 이러한 방식은 '다양성'이라는 목적과 충돌하기 때문이다. 세 차례의 본선을 거치는 동안 팀이 패배하고, 그로 인해 팀원이 탈락하는 것을 본 '프런트맨'들에게 공통적으로 나타나는 반응이 있었다. "절대 지지 않는 팀을 만들겠어!" 프런트맨 자신이 선발해서 구성한 팀이 패배했을 때, 그로 인해 팀원이 탈락하는 죄책감에 대한 트라우마 때문이다.

서바이벌은 여러모로 장점이 있다. 긴장과 흥미를 유발하고, 매 순간 탈락에 대한 생존의 몸부림으로 필승의 전략과 필승의 역량을 발휘해 필승의 음악을 만드는 동력이 되기 때문이다. 하지만 이기는 음악이 좋은 음악인가? 이기기 위해 참가자 본인이 하고 싶은 음악을 하지 못하는 제약이 생기고, 심사 위원 혹은 시청자의 니즈(needs)에 맞는 보다 화려하고 자극적인 음악을 좇게 된다. 매 화 거듭하며 참가자들이 만들어낸 음악적 결과물 자체는 매우 만족하지만, 결선에 가까워질수록 '홍'이삭 → '흑'이삭 → '홍'이삭으로 변화하는 과정에서, 팀들이 보여준 밴드 음악은 '록 장르'에 기반한 다양성이지, 밴드 음악 자체의 다양성은 아니었다. 오히려 초기에 보여주었던 다양한 밴드적 정의, 이른바 '자연주의' 음악, '클래식' 음악, '재즈 음악'은 거듭되는 탈락 속에 자취를 감추었다. 최고의 플레이어를 '선발'하는 것과, 다양한 음악 장르를 '창출'하고 '육성'하는 것은 다르게 접근해야 하는데, 맞지 않는 옷을 가져온 것이라고 생각한다.

두 번째로 '왜 이 사람인가'에 대한 설명이 부족했다는 것이다.

슈퍼밴드를 선발하는 데는 심사 위원의 권한과 시청자의 권한이 작용한다. 본선 4라운드까지는 참가자에 대한 심사 권한이 전적으로 심사 위원 5인에게 있었다면, 결선 1, 2라운드에서는 300명의 방청객이 총 8000점 중 3000점만큼의 권한을 행사하고, 최종 라운드에서는 대국민 문자 투표를 통해 시청자가 60퍼센트의 권한을 행사한다. 그렇다면 적어도 시청자에게 '왜 이 사람인가?'에 대해 알려주고, 같이 검증하고 공감하며 평가하고 선택할 기회를 주어야 마땅할 것이다.

그런데 초기에 보면, 몇몇 참가자의 경우 아예 방송에서 드러나지 않는다. 그리고 심사 과정 또한 생략되는 경우들이 있다. 사람은 많은데 비해 방송 시간과 분량은 한정적이니 편집될 수밖에 없다고 치자. 그렇다면 편집된 사람이 가진 음악적 역량은 시청자는 알지 못하고 심사 위원만이 알 수 있다. 유튜브를 통해 보여지는 잘 만들어진 결과물이 목적이라면, 아니 심사 위원의 안목을 믿고 음악적으로 뛰어난 아티스트를 선발하는 것이 목적이라면 용인할 수 있을지 모른다. 하지만 프로그램 스스로 '과정'을 중시한다고 소개했듯이, 〈슈퍼밴드〉는 잘된 결과만을 보는 것이 아니라 개개인의 발전 과정이 중요한 요소로 작동해, 시청자와의 합을 맞춘다. 그러나 통편집을 통해 시청자에게 드러나지 않은 참가자가 존재한다는 것 그리고 이로 인해 왜 탈락했는지 혹은 합격했는지에 대해 공감하지 못한다는 사실은 너무나도 큰 문제라고 생각한다. 이것은 프로그램 소개와 그 취지하고 부합하지 않는 것이기 때문이다. 여전히 〈슈퍼밴드〉는 조합과 다양성에 목적을 두고 있기에, 구성원을 보이는 것 그리고 설명에 대한 정보의 격차를 줄여 시청자와 함께 호흡할 수 있는 것이 중요하다.

R. 축제는 끝이 나고, 2막 1장 숨 고르기

나는 〈슈퍼밴드〉라는 프로그램을 보면서 너무 좋았다. 재미있었고, 신선한 충격도 많이 받았고, 앞으로도 이러한 시도가 계속 이어졌으면 좋겠고, 이를 통해 참가자들도 잘되었으면 좋겠다. 하지만 같이 고생하고 노력한 동료의 탈락에 눈물 흘리고 죄책감을 가지는 프런트맨, "절대 지지 않는 팀을 만들겠어!"라는 다짐을 여럿 보았고, 또 한편으로는 분명 1라운드에서는 보지 못했던 사람이었던 것 같은데 음악을 하고 있고, 한편으로 탈락해 있고, 내가 보지 못했던 무대로 인해 다른 무대가 펼쳐지는 것을 보면서 생각하게 되었다. '과연 이래야만 했나.'

그래서 나는 방송 분량에 적정하고 시청자가 지루해하지 않을 수준으로 본선 참가자 수를 조정할 필요가 있다고 생각한다. 예를 들어 100명이 참가해서 90명만을 보여줄 수 있다면, 애초에 90명을 본선에 참가시키는 것이다. 그렇다면 굳이 통편집을 해서 참가자 본인에게는 속상함을, 시청자에게는 당혹감을 주지 않을 수 있을 것이다. 그런데 참가자 수를 줄이는 또 다른 이유가 있다. 바로 서바이벌 비중을 줄이고 가능성에 투자하기 위함이다. 서바이벌 방식은 분명 방송을 보는 흥행 요소를 가지고 있다. 하지만 심사 위원이 초반에 부진한 모습을 보인 참가자인 하현상 씨나 지상 씨를 계속 남겨둔 이유는 무엇인가. 당시의 실력보다는 성장의 가능성을 보았기 때문일 것이다. 생존 경쟁은 실망하지 않을 결과물을 낼 수 있다. 하지만 음악적 조합과 다양성은, 조금 뒤처지더라도 앞으로 나아갈 수 있는 가능성을 보고, 그것을 용인하고 품어줄 때 찾을 수 있다. 참가자 수를 조금 줄이더라도, 조금 더 많은 라운드에 도전할 수 있는 기회를 주었으면 좋겠다.

"대체 이런 사람들이 지금까지 어디에 숨어 있었나", 한 참가자의 말이다. 서로 다른 영역에 있는 사람들을 모으고, 새로운 조합의 새로운 문화를 만들어 확장하는 것은 미디어이기에 할 수 있는 중요한 기능이라고 생각한다. 타 오디션 프로그램에 비해 〈슈퍼밴드〉가 '조합'이라는 차별성을 가진다면, 이는 '화합'이라는 가치로 이어진다. 이 프로그램을 보면서 사람들이 감동을 느낄 수 있었던 것은, 단지 한 사람 한 사람의 연주가 뛰어나거나 매력을 가지기 때문이 아니다. 각기 다른 요소들이 모였음에도 생각지 못한 하나의 유기적 연결체로서 가능성을 보여주고, 각각의 조화가 마치 하나였던 것처럼 생동감 있는 박자를 선사해 주었기 때문이다.

그런 점에서 밴드의 본질을 생각해 본다. 여러 악기와 목소리가 어우러져 관객과 함께 어울리는 것이 밴드라면, 1위 팀을 선발해 상품을 주기 위한 순위 매기기는 의미가 없다. 음악적 동료를 찾기 위해, 다양한 음악을 하기 위해, 본인의 장점을 찾기 위해 나온 사람들에게도, 그런 그들이 들려주는 음악을 보러 온 관객들에게도 중요한 것은 1등을 하는 것이 아니라, 그렇게 만나는 무대 자체이기 때문이다. 그래서 나는 순위를 매기지 않았으면 좋겠다. 생방송에 오를 최소한의 경쟁만을 통해, 모든 참가자가 생방송 무대 위로 올라왔으면 좋겠다. 객석 또한 계단식으로 의자가 놓여 있는 구조가 아니라 단지 무대 앞으로 넓은 플랫만이 있어, 콘서트처럼 다 같이 춤을 추고 떼창[3]을 부를 수 있는 구조여야 한다. 어떻게 시작할 것인지를 고민하듯이, 어떻게 마칠 건지도 고민한다면, 나는 카메라 감독마저 같이 흥에 겨워 흔들리는 화합의 장이 되어야 한다고 생각한다.

축제는 끝이 나고 막은 내렸다. 관객들은 환호하고, 출연진 각자도 더 큰 용기와 기회를 얻었을지 모른다. 하지만 내일을 기다리는 이들에게 축제는 슬프지 않았으면 좋겠다. 보리 싹을 걸러내지 않고 길러내듯, 나를 보여줄 수 있는 음악적 감수성을 십분 활용해서 더 큰 시너지를 만들어내는 바람을 마음껏 펼칠 수 있었으면 좋겠다. 2020년 봄에 다시 새로운 인원들과 새로운 음악을 시작한다면, 이번 겨울은 새 아침을 고민하기 위한 숨 고르기가 되었으면 한다.

3　떼를 지어 노래를 부름. 또는 그런 노래.

가족공동체와 개인의 삶,
따뜻함 이면의 그림자 속으로

박진하

우리에게 가족이 가지는 의미는 특별하다. 혈연의 끈끈함과 가족 간의 따뜻한 정은 사회의 중요한 가치로 자리매김하고 있다. 반면에 가족공동체라는 견고한 틀 속에 구성원 개인이 가진 가치와 개성 그리고 권리가 빼앗기는 것을 경계하는 목소리 또한 존재한다. 2019년 3월 종영한 KBS2 드라마 〈왜그래 풍상씨〉는 전통적 공동체주의를 기반으로 한 극단적인 가족주의 속에서 살아가는 인물 이풍상(유준상 분)을 극의 중심에 놓는다. 이풍상 가족의 뜨거운 유대와 그 이면의 상처, 갈등과 화해의 과정은 우리가 현실에서 가족을 대하는 방식을 이해하고 해석하는 단서를 제공한다.

희생, 공동체의 덕목과 개인의 삶 사이를 가로지르는 인물과 주제

극의 초반부에서 중반부까지는 동생 이진상(오지호 분), 이정상(전혜빈 분), 이화상(이시영 분), 이외상(이창엽 분)을 향한 이풍상의 뼈아픈 희생에 초점이 맞춰져 있다. 이풍상은 오 남매의 맏이로 어머니와 아버지의 보살핌을 받지 못한 채 청소년기부터 어린 동생들의 부모 역할을 하며 자라왔다. 경제적인 어려움 속에 본인의 꿈과 인생을 송두리째 바쳐가며 힘들게 뒷바라지해 온 동생들이기에 동생들과의 관계에 집착에 가까운 애정을 가진다. 이풍상의 네 동생들은 그의 희생의 대가로 성장해 온 존재로 30, 40대의 나이에도 정신적·물질적으로 독립하지 못한 채 종속되는 모습을 보인다. 특히 이풍상의 암 진단이라는 새로운 사건이 발생하기 전까지 극의 진행은 동생들이 사고를 치면 이풍상이 얼마 없는 돈과 자존심을 '탈탈 털어가며' 그 사고를 수습하는 에피소드들의 반복으로 이뤄진다.

이풍상은 "우리 가족끼리 둘러앉아 밥 먹을 때가 가장 행복하다"라고 말하며 사람 좋은 웃음을 짓지만 시청자들은 그 모습에서 가족이라는 '전체' 속에 점점 작아지고 소외되는 이풍상 '개인'을 들여다볼 수 있다. 이풍상은 가족의 공동체성을 누구보다 강조하는 인물이지만 본인이 얽어낸 공동체의 끈으로 스스로를 옭아매는 존재이기도 하다. 극단적인 가족주의의 수호자이자 그로 인한 피해자로 표현되는 이풍상이라는 캐릭터는 어떤 이에게는 공감을, 어떤 이에게는 자신의 삶을 돌아볼 기회를 선사한다.

한편 〈왜그래 풍상씨〉가 다루는 주제에 '집단은 진정으로 개인을 착취하는 존재일 뿐인가?', '개인은 집단을 유지하기 위한 도구이며 당연히 희생하는 존재인가?', '자기 자신의 삶을 살아가는 주체적인 개인과 집단의 공동체성 사이에서 균형점을 찾을 수 없을까?'에 대한 문제의식이 스며 있다는 점을 주목할 수 있다. 극의 진행 내내 이풍상을 자유롭지 못하게 속박하는 존재는 그가 속한 '가족'이라는 공동체였다. 〈왜그래 풍상씨〉는 개인과 집단 간의 갈등적 관계의 불편함을 가족이라는 가장 편안하고 자연스럽게 느껴지는 집단을 통해 그려내고 있다. 바로 이 점이 〈왜그래 풍상씨〉의 서사를 특히 매력적으로 만드는 핵심 요소일 것이다.

선악의 대립 구도를 뒤집다

두 번째로 눈에 띄는 것은 극의 진행에 따라 입체적으로 설정되는 피해자와 가해자의 구도다. 앞서 언급한 바와 같이 극의 중반부까지는 힘들게 동생들을 먹여 살리는 '피해자' 이풍상과 그에게 빌붙어 매일을 살아가는 '가해자'로서의 동생들의 위치가 강조되고 있다. 그러나 극이 전개될수록 동생들의 철없어 보이는 모습 이면에 감춰진 상처와 그들을 엇나간 행동으로 이끈 계기들을 묘사하기 시작한다. 둘째 이진상은 훈육의 이름으로 행해지는 이풍상의 폭력에 희생되어 자기혐오와 자포자기에 빠졌다. 넷째 이화상은 돈을 버는 이풍상을 대신해 초등학생인 어린 나이에 가사와 육아라는 임무를 떠안고 쌍둥이 언니 이정상과 비교되며 열등감 속에서 살아왔다. 이처럼 동생들의 방황에는 불우한 환경과 더불어 가장으로 여겨졌던 큰오빠로부터 정서적 지지를 받지 못했던 배경이 존재하고 있으며, 이들의 과거 회상 장면을 통해 그들 역시 피해자임을 암시하고 있다.

전근대적 폭력성은 이풍상이라는 인물이 가진 한계다. 이풍상이 자라온 가족의 배경에는 아버지-장남-동생들의 봉건적인 상하 관계가 존재했으며 그런 우열에 따라 훈육을 명목으로 하는 폭언과 폭행이 용인되었다. 그 시초에는 가족을 버린 어머니와 방관하는 아버지가 있는데, 이풍상은 본인도 성숙하지 않았을 나이에 어린 동생들의 부모 역할을 하는 것이 힘에 부쳤고 동생들을 미숙한 태도로 통제할 수밖에 없었다. 가족의 유지를 위해 희생하는 고된 삶을 살면서도 동생들에게 가해자가 되어버린 이풍상의 처지는 이풍상 가족이 겪는 비극을 생생히 보여준다.

인물들이 가진 피해자성과 가해자성을 뒤집고 모두를 희생자로 그렸을 때 〈왜그래 풍상씨〉가 다루는 문제의식은 더 뚜렷해진다. 이풍상은 '화목한 가정의 유지'에 집착하지만 그 집단을 이루는 구성원들의 주체성, 행복 등 개인적인 가치는 인정받지 못했다. 이것이 진정으로 이풍상이 바라던 가족의 모습이었을까? 〈왜그래 풍상씨〉는 이런 모순을 통해 극단적인 가족공동체주의의 폐해를 훌륭하게 드러내 보이고 있다.

공감하게 하는 힘, 드라마를 통해 현실을 바라보다

이 한없이 비참하고 처절해 보이는 이야기가 그토록 많은 사람들의 흥미와 관심의 대상이 될 수 있었던 이유는 무엇일까? 〈왜그래 풍상씨〉의 흥행 요소는 '우리 사회의 색깔을 생생하게 반영하며 그 현실을 고발하고 있다'는 것이다. 대한민국 사회는 공동체의 가치가 강조되는 유교적 전통을 바탕으로 하고 있으며, 유교적 가족관에는 가족의 공동체성을 중시하며 그 집단성을 지키고자 하는 성격이 강하다. 가족이라는 '전체'

를 위해 스스로를 희생하고 경우에 따라 동생들까지 희생시키는 이풍상이라는 인물이 우리의 현실과 아주 동떨어진 캐릭터가 아니라는 것이다. 사회에 알게 모르게 뿌리 내리고 있는 정서를 섬세하게 건드리는 〈왜그래 풍상씨〉의 호소력이 시청자들을 공감하게 하는 힘으로 작용한다. 또 그것을 확대하고 재생산하는 것이 아니라 고발하는 역할을 해 시청자들로 하여금 가족과 공동체주의에 대해 고찰할 기회를 부여한다.

그뿐만이 아니다. 〈왜그래 풍상씨〉가 다루는 사회 현실은 앞서 말한 전통적·유교적 정서에만 고정되어 있지 않다. 전통적 가치관과 대립하는 현대의 자본주의와 개인주의, 그것에서부터 출발한 이기주의에까지 눈을 돌린다. '자본의 문제'는 극을 이루는 거의 모든 갈등에 빠지지 않고 등장한다. '가진 것 없어도 우리 식구들끼리 행복하면 된다'는 식의 이풍상의 태도와 엇갈리는 부분이다. 더욱 자세히 들여다보면, 그 갈등의 이면에는 가족주의의 형태로 발현되는 전통적 입장을 대표하는 이풍상과 자본과 개인의 이익을 좇는 다른 인물들과의 대립이 있다. 여기서 이풍상과 대립하는 인물은 때에 따라서 동생들이 되기도 하고 자식을 이용해 돈을 뜯으려는 어머니 노양심(이보희 분)이 되기도 한다. 이는 전통적 공동체주의를 기저에 두고 있으면서 자본과 개인이 공동체보다 중시되는 새로운 물결에 직면하고 있는 우리 사회의 일면을 반영하고 있는 것이다.

상처를 지우는 소통, 진정한 가족의 회복

가족주의의 폐해를 드러내는 동시에 그에 대해 〈왜그래 풍상씨〉가 제시하는 처방은 가족의 해체가 아닌 진정한 가족의 회복이다. 진정한 의

미의 가족이란 개인을 속박하는 틀로서 정과 혈연을 변명거리로 삼아 자신을 유지하는 것이 아닌 구성원들이 안식을 찾고 각자의 권리와 개성이 보호되며 개인의 지위가 회복되는 공간이다. 〈왜그래 풍상씨〉는 진정한 가족을 되찾는 여정으로 이풍상과 남매들이 그동안의 벽을 허물고 서로에게 받았던 상처를 털어놓는 모습을 그린다. 간암에 걸린 이풍상에게 간을 이식해 줄 사람을 찾는 과정에서 형제들은 갈등을 겪었다. 하지만 그 갈등을 통해 말 안 하고 덮어두었던 오해들을 풀어내는 '불통'에서 '소통'으로의 변화를 얻을 수 있었다. 진정한 의미의 가족을 되찾기 위해서는 구성원 개인이 가족의 짐을 떠안고 입을 꾹 닫는 것이 아닌 가족을 위해 스스로가 진 무게와 어려움을 공유하고 대화하는 일이 필수적임을 보여준다.

가족이기 때문에 희생은 당연하다는 시각으로 가족을 바라본다면 개인은 더욱 소리 없이, 더욱 혹독하게 자신을 내려놓을수록 거룩하게 여겨진다. 이풍상 가족이 그랬다. 이풍상의 희생으로 뭉친 그들에게는 '한번 가족은 영원한 가족'이라는 뜨거운 가족애가 있었다. 그러나 저마다의 가슴 속에는 쓰디쓴 상처 또한 도사리고 있었다. 그 상처들은 자신과 타인의 희생을 당연시하고 대화의 통로를 닫아버린 소통의 단절로부터 피어났으리라. 〈왜그래 풍상씨〉가 보여준 가족 문제에 대한 고발과 처방은 쓰라리게 느껴지지만 동시에 현실적이다. 이는 시청자들에게 감동을 선사하고 오늘날 가족 문제에 대한 새로운 이해의 기틀을 마련해 준다.

TV, (가짜)뉴스를 말하다

MBC 〈당신이 믿었던 페이크〉, KBS 〈저널리즘 토크쇼 J〉

권택경

가짜 뉴스의 시대, 새로운 미디어 비평의 등장

최근 몇 년 사이 정치권에서 가장 뜨거운 주제가 된 단어가 있다. 가짜 뉴스다. 국회의원들도 가짜 뉴스 문제를 말하고, 청와대 대변인도 가짜 뉴스 문제를 말한다. 이낙연 국무총리는 2018년 10월 국무회의에서 가짜 뉴스에 대해 엄중한 처벌이 필요하다고 역설했다.

가짜 뉴스는 비단 한국만의 문제는 아니다. 도널드 트럼프(Donald Trump) 미국 대통령은 가짜 뉴스란 말을 유행시킨 인물로 꼽힐 정도로 자주 입에 올리는 것으로 유명하다. 해외에서도 가짜 뉴스는 이미 큰 사회문제로 대두되었다. 독일에서는 가짜 뉴스를 방치하는 SNS 사업자에게 거액의 벌금을 물리는 법을 만들기도 했다.

먼저 한 가지 짚고 넘어가야 할 점이 있다. '가짜 뉴스'라는 용어의 모호성이다. 황용석 건국대학교 언론홍보대학원 교수는 '실제 뉴스 형식을 갖춘, 정교하게 공표된 일종의 사기물 또는 선전물, 허위 정보'를 가짜 뉴스로 엄격하게 정의한다.[1] 그러나 실상은 단순 언론 오보부터 메신저를 통해 전파되는 소위 '지라시'까지 흔히 가짜 뉴스로 지칭된다. 때로는 사실 여부를 떠나 자신의 마음에 안 드는 보도를 쏟아내는 언론 매체를 공격하기 위해 가짜 뉴스라는 말을 사용하기도 한다.

형식적인 차이를 제외하고 보면 가짜 뉴스의 본질은 결국 '허위 조작 정보'다. 허위 조작 정보는 어느 때나 있었겠지만 인터넷과 SNS가 발달하고, 1인 미디어가 부상한 지금이 그 어느 때보다 빠르게 퍼지며 파급력도 크다. 모두가 가짜 뉴스라는 말에서 떠올리는 형태는 달라도, 그 폐해가 임계점에 도달하고 있음에는 공감하는 분위기다.

이런 가운데, 뉴스 파수꾼을 자처하고 나서는 방송들이 있다. KBS 〈저널리즘 토크쇼 J〉와 MBC 〈당신이 믿었던 페이크〉다. 〈저널리즘 토크쇼 J〉는 시사 토크쇼 형식을 빌려 방송과 지면으로 실리는 언론 보도들을 되짚는다. 제도권 언론을 대상으로 이뤄지는 일종의 언론 비평 방송인 셈이다. 정준희 중앙대학교 신문방송대학원 겸임교수, 팟캐스트 진행자 최욱, 강유정 강남대학교 한영문화콘텐츠학과 교수 등 패널이 등장해 다양한 견해와 눈높이에서 언론을 논한다. 가짜 뉴스를 직접 겨냥하지는 않지만, 가짜 뉴스에 준하는 기성 언론들의 잘못된 보도 행태를 날카롭게 지적한다. 언론인 지망생들 사이에선 거의 필수 시청 방송으로 자리 잡은 분위기다.

〈당신이 믿었던 페이크〉는 제목에서도 드러나듯 가짜 뉴스를 직접

---

1   황용석·권오성, 「가짜뉴스의 개념화와 규제수단에 관한 연구: 인터넷서비스사업자의 자율규제를 중심으로」, ≪언론과법≫, 제16권 1호(2017년 4월), 53~101쪽.

거냥한 방송이다. 사람들의 입에 흔히 오르내렸던 대표적인 가짜 뉴스들을 선정해 실체를 파헤친다. 대상은 주로 제도권 언론이지만 그 뿌리를 파고들다 보면 '지라시'나 인터넷 게시 글에 도달하기도 한다. 방송의 파급력도 상당하다. 국내 언론들이 일본어판 기사에 자극적인 제목을 달아 일본 내 혐한 여론을 부추기고 있다고 폭로한 2019년 7월 15일 방송은 청와대의 반응을 끌어내기도 했다.

'서치'는 결코 간단하지 않다

〈당신이 믿었던 페이크〉는 시사 토크쇼 형식을 빌린 〈저널리즘 토크쇼 J〉와 전혀 다른 형식을 택했다. 배우 김지훈이 진행자에 해당하는 '서처 K' 역할을 맡아 직접 데스크톱 PC로 인터넷을 검색하며 가짜 뉴스에 대한 팩트 체크를 시도하는 듯한 모습을 보여준다.

제작진은 이러한 형식을 영화 〈서치〉에서 빌렸다고 밝혔다. 〈서치〉는 아버지가 실종된 딸을 찾기 위해 인터넷과 SNS를 뒤지면서 사건의 진상에 다가가는 내용을 다루고 있다. 컴퓨터 화면, 영상 통화 화면, CCTV 정도로만 형식을 한정시키고 극을 끌어가는 대담한 시도로 호평받았다.

〈당신이 믿었던 페이크〉 제작진은 영화 〈서치〉에서 형식을 차용한 이유에 대해 "시청자들이 능동적으로 참여하는 느낌을 주고 싶었다"라고 설명한다. 뉴스 소비자로서의 시청자들의 주체성을 강조함으로써, 누구나 간단한 '서치'만으로 뉴스를 검증할 수 있다는 메시지를 주려는 의도였다는 것이다.

이러한 형식은 〈당신이 믿었던 페이크〉의 가장 큰 특징이자 강점이기도 하다. 평소 시사·교양 방송을 잘 보지 않는 사람들이라도 한 번쯤 눈길을 보낼 만하다. 두 차례 파일럿 방송이 좋은 반응을 얻고 정규 편성으로 이어질 수 있었던 데는 이러한 형식이 주는 매력이 크게 작용했을 것이다.

그러나 이러한 형식이 〈당신이 믿었던 페이크〉에는 다소 '맞지 않는 옷'처럼 느껴지기도 한다. 먼저 픽션과 팩트의 경계를 모호하게 만든다는 인상을 준다. 방송은 김지훈이 직접 진실을 찾는 듯한 모습을 보여주지만 실제로는 제작진이 취재한 결과물을 바탕으로 이뤄지는 일종의 연기다. 보는 재미는 있지만 때로는 취재 결과를 날것 그대로 보여줄 때보다 덜 효과적이다. 제작진이 따낸 전화 녹취에 맞춰 김지훈이 실시간으로 전화 인터뷰를 진행하는 것처럼 보여주는 장면은 우스꽝스럽게 느껴지기도 한다.

또 다른 문제는 형식이 제한적이라는 점이다. 영화 〈서치〉는 스스로 형식을 제한함으로써 흔할 수 있는 이야기에 새로움을 불어넣은 경우다. 그러나 〈당신이 믿었던 페이크〉는 경우가 다르다. 가짜 뉴스 뒤에 숨은 팩트를 명확히 전하는 게 더 중요하다. 형식적 제한이 그저 제한으로만 작용할 수 있다는 말이다. 이 때문에 제작진은 이러한 형식적 제한을 어느 정도 무시하는 방법을 택한다. 인터넷 검색 화면, SNS, 영상 통화 화면, CCTV 화면 정도로만 형식을 제한한 〈서치〉와 달리 〈당신이 믿었던 페이크〉는 가능한 모든 방송 형식을 거리낌 없이 끌어온다.

스스로 형식을 파괴한다는 점에서 〈당신이 믿었던 페이크〉는 자기 모순적이다. 제작진은 뉴스 소비자의 주체성을 강조하고 싶다고 했지만, 〈당신이 믿었던 페이크〉에서 보다 두드러지는 것은 오히려 제대로 된 저널리즘의 필요성이다. 김지훈과 시청자들이 가짜 뉴스의 실체에 도달할 수 있게 만드는 것은 결국 〈당신이 믿었던 페이크〉 제작진의 빛

나는 취재물이다. 배우 조덕제의 촬영 중 성추행 사건을 다룬 편에서는 피해자의 인터뷰와 사건 당시 장면을 단독으로 공개했다. 손석희 JTBC 대표이사 폭행 사건을 다룬 편에서는 사건의 계기가 된 접촉 사고에서 동승자 논란의 주요 증인으로 떠오른 견인차 기사의 말을 검증하기 위해 사고 현장 주변을 수소문한다. 때로는 가짜 뉴스를 쓴 기자에게 직접 연락해 자초지종을 따져 묻기도 한다. 제작진이 방송을 위해 발로 뛰고, 따져 물어 확인한 정보들은 일반적인 뉴스 소비자들이 단순히 검색만으로는 결코 얻을 수 없는 정보다.

"언론의 관행은 여러분이 바꿀 수 있습니다"

물론 뉴스 소비자의 역할이 중요하지 않은 것은 아니다. 〈저널리즘 토크쇼 J〉는 항상 정세진 아나운서의 "언론의 관행은 여러분이 바꿀 수 있습니다"라는 말로 끝난다. 김언경 민주언론시민연합 사무처장은 방송에서 이 마무리 멘트에 관한 일화를 털어놓은 적 있다. 자신의 딸이 이 멘트를 듣고 "왜 나 보고 바꾸래? 자기들이 바꾸지?"라고 했다는 것이다. 언론이 스스로 바뀌면 좋겠지만, 현실은 그러지 않다는 게 문제다.

　　〈저널리즘 토크쇼 J〉는 관행이라는 이름으로 벌어지는 언론의 잘못된 보도 행태를 낱낱이 고발한다. 범람하는 자격 미달 인터넷 매체나 가짜 뉴스 얘기가 아니다. 이름만 들으면 누구나 알 법한 주요 일간지들, 지상파 3사 뉴스 방송들도 비판 대상에 포함된다. KBS도 예외는 아니다. 언론들은 이 방송의 직접적인 비판 대상이지만 돌아오는 반응은 반성이나 개선과는 거리가 멀다. 대개는 침묵과 무시로 일관한다. 때로는 반격에 나설 때도 있다. ≪조선일보≫는 "자신들과 의견 다르다고 언론·필자 공격하는 홍위병 KBS"라는 제목의 사설까지 내며 〈저널리즘 토크쇼 J〉를 비판했다.[2] 물론 ≪조선일보≫를 포함해, 이 방송에서 비판받은 언론들도 그 나름대로 동의할 수 없거나, 억울한 지점도 있을 것이다. 그러나 언론이 합당한 문제 제기에도 반성하려는 태도를 보이지 않는다면 언론 스스로 변화하길 기대하는 것은 어려울 것이다.

〈저널리즘 토크쇼 J〉가 노리는 것은 결국 궁여지책이다. 언론이 스스로 바뀌질 않으니, 시민들에게 함께 언론의 파수꾼이 되어달란 것이다. 방송은 이를 위해 시청자들이 뉴스를 비판적으로 보는 능력을 기를 수 있게 돕는다. 시청자들을 상대로 뉴스 리터러시 교육을 하는 셈이다. 〈저널리즘 토크쇼 J〉를 통해 시청자들은 우리 언론들이 당연한 듯 해왔기에 당연하다고 생각한 보도 관행 중 상당수가 사실 잘못된 것이었음을 깨닫게 된다.

중립이라는 환상 혹은 함정

〈저널리즘 토크쇼 J〉는 매주 방송 녹화 후 유튜브에서 별도로 라이브 방송을 진행한다. 최근 이 라이브 방송에서 나온 발언 때문에 큰 논란이 일었다. 제작진 중 한 명인 김덕훈 KBS 기자가 "이 방송은 충분히 조국 장관에게 유리하게 방송되고 있다"라는 발언을 한 것이다. 조국 법무부 장관 일가에 대한 검찰 수사로 인해 촉발된 피의 사실 공표를 둘러싼 논쟁 중 나온 발언이었다. 정준희 교수는 "위험한 발언"이라고 제지했고, 라이브 진행자인 최욱은 "본인도 모르게 실언성 발언을 했다"라며 수습

2   ≪조선일보≫, 2019년 4월 24일 자.

했다. 이 발언 후 김덕훈 기자에게는 비난이 쏟아졌고, 제작진은 공식 입장을 내고 사과했다.

김덕훈 기자 발언에 그토록 많은 사람이 분노한 이유는 무엇일까? 그건 아마 〈저널리즘 토크쇼 J〉가 중립적인 방송이라는 믿음에서 오는 것일 것이다. 중립적이라 믿는 방송을 "조국에게 유리하다"라고 표현했으니, 조국 장관을 지지하는 입장에서는 기자의 시각이 편향적이라 느껴졌을 것이다.

실제로 〈저널리즘 토크쇼 J〉는 정치, 사회적으로 갈등이 첨예한 주제를 다루지만, 그에 대한 직접적인 가치판단을 내리지는 않는다. 다만 관련된 언론 보도를 비평할 뿐이다. 그러나 〈저널리즘 토크쇼 J〉를 중립적이라 말할 수 있을지는 의문이다. 어떤 주제를 고를지부터, 어떤 패널을 고를지, 어떤 보도를 비평 대상으로 삼을지까지 모두 정치적인 선택의 연속이기 때문이다.

〈저널리즘 토크쇼 J〉가 정부 편향적이란 생각은 김덕훈 기자 혼자만의 생각은 아닐 것이다. KBS 내부에 이러한 생각을 공유하는 이들이 늘고 있다고 한다. 〈저널리즘 토크쇼 J〉가 중립적이지 않아 나쁜 방송이란 얘기를 하려는 게 아니다. 오히려 〈저널리즘 토크쇼 J〉의 편향성을 문제 삼는 시각은 '기계적 중립'에 집착하는 한국 언론의 고질병에서 비롯되었다고 본다.

중립은 때로는 환상이고 함정이다. 주요 일간지 발행부수 1, 2, 3위가 모두 보수 언론으로 분류되는 한국의 언론 지형은 분명히 한쪽으로 기울어 있다. 이런 현실에서 기계적 중립을 유지하는 게 진정한 의미에서 중립일까? 기울어진 지형에 균형을 가져다줄 무게 추 역할을 하는 게 진정한 의미에서 중립적 태도라고 할 수도 있을 것이다.

닭이 먼저냐, 달걀이 먼저냐

영국 옥스퍼드 대학교 부설 로이터 저널리즘 연구소에 따르면 한국인의 뉴스 신뢰도는 세계 주요 38개국 가운데 최하위를 기록했다고 한다. 하루 이틀이 아니라, 무려 2016년부터 2019년까지 4년 연속이다.[3] 지라시나 인터넷 게시물이 아무런 검증 없이 기사로 탈바꿈하는 현실이니 그럴 만도 하다. 저널리즘에 대한 치열한 고민과 성찰을 신문이나 방송 뉴스에서가 아니라 시사·교양 방송에서나 발견할 수 있다는 것은 우리 시대의 비극이다. 이러한 현실은 언론 신뢰도를 낮추고, 대안 언론의 탈을 쓴 또 다른 가짜 뉴스 매체가 득세하는 악순환을 낳는다. 제도권 언론을 불신하는 사람들이 대안 언론의 탈을 쓴 가짜 뉴스에 빠지는 모습을 보면 씁쓸하지 않을 수가 없다.

마냥 언론 탓만 할 수는 없다. 신문사와 같은 전통적인 언론사들은 수익성 하락에 허덕이고 있다. 포털에 접속해서 공짜로 뉴스를 볼 수 있는 세상이니, 신문을 사서 보는 사람은 극소수다. 신문 대부분은 계란판 재료나 포장재로 활용될 뿐이다. 상황이 이렇다 보니 언론사들도 살아남기 위해 돈벌이가 되는 광고나 클릭 장사에 집착하게 된다.

많은 국내 언론들이 디지털 전환에 성공한 ≪뉴욕타임스(The New York Times)≫를 부러워한다. 그러나 ≪뉴욕타임스≫와 한국 언론 사이에는 결정적인 차이가 있다. 좋은 기사에 돈을 낼 의사가 있는 뉴스 소비자의 규모 차이다. ≪뉴욕타임스≫는 결제 없이는 기사를 보지 못하게 하는 지불장벽(Paywall)을 도입하고도 구독자 450만 명을 모았다. 좋은 독자들이 좋은 뉴스를 만들 수 있다. 〈저널리즘 토크쇼 J〉의 김대영

---

3   박성국, "한국 언론 신뢰도, 4년 연속 부동의 꼴찌", ≪서울신문≫, 2019년 6월 14일 자.

책임 PD도 비슷한 이야기를 한다. 방송으로 "더 좋은 저널리즘을 하려는 언론을 사주며 응원해 주고 못 하는 언론은 비판하고 소비하지 않아야 좋은 저널리즘이 만들어진다는 얘기를 하려고 했다"라고 말이다.

물론 김언경 민언련 사무처장 딸의 사례처럼 누군가는 '언론이 먼저 나서야 한다'고 생각할 수도 있다. 그러나 이건 결국 '닭이 먼저냐, 달걀이 먼저냐'의 문제다. 선후 관계만 따지면 이야기는 공회전만 거듭할 뿐이다. 악순환의 고리를 끊으려면 어느 쪽이든 먼저 나서야 한다. 뉴스 소비자들이 가만히 있기를 선택했다면 미디어가 나서야 한다. 반대로 미디어가 가만히 있기를 선택했다면 결국 나서야 하는 것은 뉴스 소비자들이다. 결국 중요한 것은 우리 모두의 노력이다. 〈당신이 믿었던 페이크〉와 〈저널리즘 토크쇼 J〉 같은 방송들이 악순환의 고리를 끊는 계기가 될 수 있기를 기대해 본다.

여성은 더 이상 약하지 않다

tvN 드라마 〈검색어를 입력하세요 WWW〉

김성욱

엘리너 루스벨트(Eleanor Roosevelt)는 "여자는 티백과 같아 뜨거운 물에 담그기 전까지 얼마나 강한지 알 수 없다"라고 했다. 현대사회는 여성의 권리와 양성평등이 높은 관심을 받고 있다. 여성들의 사회 진출이 많아지면서 여성들은 현실에 부딪히며 더 나은 대우와 평등한 세상을 위해 고군분투하고 있다. 여성들은 지금 뜨거운 물에 뛰어든 것이다. 우리는 대외적으로 많은 여성이 사회에서 활발히 활동하며 자신들도 약하지 않다는 것을 보여주고 있음을 알고 있고 얼마나 치열한지도 알고 있다. 하지만 이미 남성 중심의 이데올로기에 빠져 있던 이 사회에서 여성들의 싸움은 쉽지 않다. 텔레비전 드라마에서조차도 전형적인 신데렐라 스토리로 여성을 묘사하고 있다. 이러한 상황 속에서 〈검색어를 입력하세요 WWW〉(이하 〈검블유〉)는 다른 드라마와 달리 여성의 이미지를 획기적으로 변화시킨 드라마였다. 〈검블유〉라는 드라마를 통해서 이전의 다른 드라마들이 보여주었던 여성의 이미지가 얼마나 고정관념에 사로잡혀 있는지 알 수 있다.

그동안 드라마 속 여성의 이미지는 대부분 비슷했다. 온갖 시련과 고난을 겪으면서도 씩씩하고 바르게 살아가는 모습이 오히려 안쓰럽게 보였고, 위험한 상황에서는 항상 남성의 도움이 필요했으며, 결국에는 그런 남성과 사랑하며 결혼까지 하는 게 일반적인 드라마 속 여성의 특징이었다. 그리고 여성은 소극적이고 희생하는 이미지였으며 술, 담배, 폭력은 그녀들과는 먼 나라 얘기였다. 그렇다면 〈검블유〉가 어떻게 여성을 새롭게 그려냈는지, 그것을 보고 우리가 얼마나 갇혀 있었는지, 어떻게 생각을 바꿔야 하는지 직접 느껴야 한다.

낯설고 불편한 드라마, 하지만 열광하는 드라마

지금 우리 사회는 여성의 인권 신장에 대한 논란이 많다. 하지만 드라마에서 나오는 여성의 역할과 성격에 대해서는 상당히 관용적이었고 항상 같은 고통과 같은 시련들을 받아왔다. 그것이 우리가 여태까지 가지고 있던 여성에 대한 지배적인 생각이었고 그들은 변화의 여지없이 항상 늘 그래 왔던 것처럼, 모든 여성이 그래야만 부자와 결혼하거나 사랑하는 남자를 만나 행복하게 살거나, 직장에서 꿈을 이룰 수 있다는 것처럼 말해왔다. 하지만 제작자 누구도 자신의 드라마에서 그런 설정이 불편하고 옳지 못하다는 것을 말하지 못했다. 자칫하다가는 갈등을 일으키는 골칫거리로 치부되어 왔기 때문에 지금까지 여성들은 드라마 속에서 고통을 받아야만 했었다.

보수적이고 가부장적인 사람이라면 〈검블유〉를 보고 불편함을 토로할 것이다. 〈검블유〉는 우리에게 익숙하고 편안한 캐릭터들이 등장하는 뻔한 드라마가 아니다. 기업 회장부터 이사, 본부장까지 기업의 주요 인물들이 거의 여성으로 이뤄져 있고, 여성이 연상인 10살 터울의 연인이 등장하고, 성추행범을 여성이 때려잡는 등 전형적인 여성의 이미지를 깬 특별한 드라마이기 때문이다. 우리에게 이러한 여성 캐릭터들은 혼란이고 일탈적이며 기존의 균형을 무너뜨리는 불편한 인물들이다. 왜냐하면 우리는 그동안 봐왔던 드라마에서 대기업 회장은 남성이었고, 여성이 연상인 연인은 인식이 부정적이었으며, 위험에 처한 여성을 구하는 것은 남성이라는 백마 탄 왕자님 스토리에 익숙해졌기 때문이다. 이런 식으로 우리는 자연스럽게 가부장적이고 남성 중심적인 의식을 학습해 왔다. 오랜 시간 학습되어 온 이러한 남성 중심적 사고는 고정관념으로 변했고 튼튼한 보수층을 형성해 왔다. 그런 남성의 왕자님 역할을 위협하는 여성의 새로운 이미지들은 보수적인 사람들의 저항을 가져왔다. 수준 낮고 쓸데없다고 생각했던 TV 드라마에서 자신들을 위협한다는 생각에 못마땅할 것이다. 하지만 가부장적인 사회 풍토에 질릴 대로 질려버린 여성들은 오히려 〈검블유〉에 열광하는 것이다. 그렇다면 사람들을 열광하게 만들었던 이유는 무엇일까?

첫 번째, 〈검블유〉에서는 기존의 약한 여성이라는 이미지를 바꾸었다. 유도 선수 출신의 차현(이다희 분)을 통해 여성은 약하고 보호해야 하는 존재라고 생각하는 지배적인 생각을 부수었고 도망치는 범인을 잡고, 성추행범을 때려잡는 등 강하고 센 여성의 모습을 보여준다. 여성의 강인한 모습을 보여주기 위해 많은 프로그램은 남성을 격하시키고 무능한 범죄자로 취급한다. 시청자로서는 불편함을 감출 수 없을 것이다. 하지만 〈검블유〉에서 차현은 등장과 함께 당당히 주짓수라는 무술로 남성과 겨뤄 이기는 모습을 보여준다. 앞으로 정정당당한 스포츠로 여성의 강인함을 보여줘서 여성의 강함이 남성의 약함으로 얻는 반사이익이 아니라는 점을 확실히 하고, 자신의 힘으로 강할 수 있다는 점을 보여줘야 한다.

두 번째, 〈검블유〉에서는 여성의 나이가 사랑과 결혼의 기준이 되지 않는다고 말하고 있다. 사랑은 그 자체만으로도 아름답지만, 대한민국에서 사랑은 정말 제한적이다. 여성이 나이가 많으면 사람들은 두 사람의 사랑을 비꼬아 보기 시작한다. 나이가 사랑을 하는 데 있어 기준이 되어서는 안 된다. 배타미(임수정 분)는 박모건(장기용 분)과 10살의 나이 차이를 가지고 있지만, 〈검블유〉에서 그들의 사랑을 방해하는 것은 나이가 아니라 결혼에 관한 생각이었다. 기존의 드라마에서 여성이 연상인 경우는 극히 드물뿐더러 스토리상 사랑의 반대 세력이 많아 사랑을 이어가기 쉽지 않다. 그저 여성이 나이가 많다는 이유로 그들의 사랑을 반대하는 것이다. 하지만 〈검블유〉에서는 기존 드라마가 가진 남성이 연상이거나 서로 동갑이어야 한다는 생각을 뒤집어 여성이 연상이어도 충분히 아름다운 사랑을 할 수 있다고 말한다.

세 번째, 〈검블유〉에서는 여성이 기업의 주요한 인물들을 담당하고 있다. 기존의 TV 드라마에서 대기업 회장이나 회사 사장과 같은 임원들은 남성으로 구성되었으며 사회 부조리와 정의의 싸움은 남성들의 싸움으로 그려냈다. 하지만 〈검블유〉에서는 여성들이 사회의 부조리함과 맞서며 자신들의 정의를 지켜간다는 이야기를 하고 있다. 이 여성들이 지키는 정의는 권력과 윤리의 싸움이기도 하며, 결혼에 대한 가치관으로부터 오는 대립이기도 하다.

결혼마저도 고정관념이었다

〈검블유〉에서는 결혼과 비혼, 결혼과 이혼의 대립이 등장하는데 이는 결혼이라는 사회제도를 원하는 남자와 결혼이라는 제도를 통해 얽매여 이용당하는 여인이 등장하고, 그에 대립하는 인물로 결혼이라는 제도에 얽매이기 싫어하는 여자가 나온다. 다른 드라마에서는 결혼을 통해 여자는 행복을 찾거나 부자와 결혼을 통해 가난하고 힘들었던 과거로부터 역전하는 계기를 만든다. 하지만 〈검블유〉에서는 결혼이라는 제도를 통해 얽매인 권력을 부정하고 결혼이라는 제도를 통해 법적으로 얽히는 것을 부정한다. 그렇기에 박모건과 배타미는 결혼에 대한 의견 차이로 인한 이별을 겪었고 송가경(전혜진 분)은 이혼을 통해 얽매인 관계를 부수었다. 하지만 박모건과 배타미는 결혼이라는 문제에 대한 해결보다는 서로의 사랑을 더 중요하게 여겼기에 다시 만날 수 있었고, 송가경은 이혼을 통해 자신의 정의를 실현할 수 있었다.

결국 〈검블유〉에서 결혼은 절대적인 사랑의 결과물이 아니고 자신을 얽매는 족쇄가 될 수 있다고 말한다. 기존 드라마에서 결혼의 모습과 다른 결말인 것이다. 남녀의 결합이라는 결혼의 시니피앙(signifiant)[1]에 우리는 그동안 사랑한다면 당연히 행해야 하는 제도로 상징성, 즉 시니피에(signifié)[2]를 부여했다. 하지만 〈검블유〉는 결혼이라는 지배적인 이데올로기에 대항하는 배타미와 그러한 이데올로기에서 탈출하는 송가경이라는 인물을 통해 우리의 생각이 한정적이었다는 것을 깨닫게 해

---

1   페르디낭 드 소쉬르(Ferdinand de Saussure)의 기호 이론에서, 귀로 들을 수 있는 소리로 의미를 전달하는 외적 형식을 이르는 말. 말이 소리와 그 소리로 표시되는 의미로 성립된다고 할 때 소리를 가리킨다.
2   소쉬르의 기호 이론에서, 말에 있어서 소리로 표시되는 의미를 이르는 말.

준다. 결국 나마저도 마지막까지 배타미와 박모건이 결혼하며 끝날 것
으로 생각했기 때문이다.

수많은 대립 속 〈검블유〉가 전하는 메시지는 무엇인가?

누군가에게 불편함을 제공해 갈등을 유발할 수 있음에도 불구하고 〈검
블유〉는 무엇을 말하고자 하는가. 〈검블유〉에서는 많은 대립이 존재하
고 그 대립을 통해 결국 '정의'를 찾아가는 과정을 그리고 있다. 〈검블유〉
속 여성들은 이러한 대립 속에서 굳건히 버티고 승리하며 강한 여성이
라는 이미지를 더 확고히 하고, 믿음직하고 심지어 자랑스럽기까지 하다.
　국가권력과 결탁한 대기업의 압박을 받아 자신만의 가치관을 상실
하고 자신을 잃어버린 송가경과 그녀의 기업 '유니콘'. 권력의 횡포에
반대하고 자신의 정의라는 가치를 지키고자 했던 배타미, 차현과 그녀
들의 기업 '바로'. 그들의 경쟁과 협력을 통한 권력과 싸움이 드라마의
전체적인 스토리다. 주된 스토리의 대립 구조는 권력과 정의인데 권력
은 딱딱하고 강압적인 것으로 표현했다. 기존의 회사에 대한 지배적인
이미지는 수직적인 위계질서와 차려입은 양복의 회사원들로 표현했으
며, 이는 유니콘을 대표하는 이미지라고 할 수 있다. 그리고 〈검블유〉
에서는 회사에 대한 새로운 이미지(수평적 질서와 자유로운 분위기, 자유로
운 복장)를 만들어 기존의 회사와 대립적인 이미지로 그려냈다. 그것이
바로의 이미지다.
　권력과 정의의 대립 요소는 양복과 일상복의 차이다. 유니콘을 포
함한 권력 집단은 양복을 입고 위압적인 분위기를 분출하고 있다. 그와
대척점인 바로는 자유로운 분위기와 가족 같은 분위기를 보여준다. 극

중 바로의 부사장 케빈은 권력과 결탁하려는 인물이었고, 이 인물은 회사의 다른 직원들과 다르게 검은 양복 차림을 하고 있었다. 이러한 대립 속에서 회사라는 지배적인 이미지를 담은 양복과 서열을 깨부순 바로는 유니콘과 다르게 정의를 실현하고 결국 '점유율 1위'를 달성하며 승리하는 결말을 맞는다.

또한 〈검블유〉에서 정의와 권력의 대립은 인물들을 통해 볼 수 있다. 배타미와 차현은 윤리를 위해 유니콘과 정부에 맞서며 자신들의 정의를 실현하기 위해 노력한다. 배타미는 자신의 정의를 지키다가 부당해고를 당했고 바로에 입사하며 진정한 자신을 찾아간다. 송가경도 마찬가지다. 자신의 시어머니인 장희은 회장(예수정 분)의 압박과 권력에 묶여 진정한 자신을 버리고 권력의 이익을 대변해 왔던 인물이다. 그녀가 권력의 편일 때 그녀는 웃지 않았고 항상 불행했으며 '사라지고 싶다'고 했다. 하지만 그녀가 권력과의 결탁을 끊고 그동안의 비리를 고발하며 모든 문제를 오픈했을 때 그녀는 드디어 홀가분한 표정으로 차를 타고 여행을 떠났다.

이처럼 〈검블유〉에서는 정의를 되찾은 인물은 결국 자신의 본모습을 찾는다는 얘기를 하고 있다. 그녀들에게 표면적인 정의의 의미는 포털 사용자들의 권리를 보호하며 윤리에 어긋나지 않는 것이고 정의가 가진 시니피에는 결국 진실한 '나'를 찾아가는 과정인 것이다.

진정한 정의를 찾아가는 드라마 〈검블유〉

이처럼 〈검블유〉에서는 기존의 시청자들에게 만들어져 있는 남성 중심의 지배적인 고정관념을 벗어던지고 여성이라는 캐릭터의 새로운 방향을 제시했으며 우리의 의식 속에 있는 이데올로기를 자극해 우리가 그동안 얼마나 고정관념에 사로잡혀 있었는지 보여준다. 이 드라마를 두고 여성 인권 신장이라는 문제는 해결하지 못하면서 괜한 갈등만을 조장한다고 생각할 수 있다. 하지만 그것이 우리가 직면하고 있는 문제에 대한 근본적인 해결을 하지 않고 그때의 상황을 무마시키기 위한 해결책만 내놓았던 우리를 반성하게 하며 근본적인 해결을 위한 갈등을 조장하는 촉발 장치가 되었으면 한다. 여성과 남성, 권력과 정의, 현재와 미래, 결혼과 비혼주의, 또는 결혼과 이혼 같은 다양한 대립을 통해 기존과는 색다른 해석을 내놓았던 〈검블유〉는 남성 중심의 이데올로기에 정면으로 도전하고 있으며 우리에게 지배적인 고정관념을 부수라고 말하고 있다.

사회의 유리 천장과 남성 중심적인 이데올로기는 변화하는 여성의 모습을 반기지 않고 억압하며 정상적이지 않게 보고 있다. 모든 인간은 평등하고 자신에게 주어진 능력치에 맞는 일을 하며 주어진 몫을 다하는 것이 인간으로서 도리다. 자신의 도리를 지키는 것에 남성, 여성은 구분되어 있지 않다. 여성들이 겪는 불평등과 사회의 억압은 과거 남성 중심 사회의 이데올로기의 호명(interpellation)[3]에서 기인한 것이다. 우리는 자연스럽다고 생각했던 것들을 다시 보며, 아닌 것에 저항하고, 올바르게 고쳐서 불평등을 없애야 한다.

"여자는 약하지만 어머니는 강하다"라는 말이 있다. 언제까지 여자는 약해야만 하는가. 여성도 충분히 강할 수 있으며 남성도 충분히 약할

---

3   이데올로기가 사회적 주체들을 불러 그들의 자리를 지정하는 과정. 대중문화에서는 문화적 생산물이 소비자들을 불러내 이데올로기적으로 배치한다. 루이 알튀세르가 사용한 용어다.

수 있다. 여성은 약하지 않았고, 약하지 않으며, 약하지 않을 것이다. 〈검블유〉 속 인물들이 자신들의 정의를 찾아가는 것처럼, 우리도 새로운 시각으로 구세대의 생각에서 벗어나야 한다. 진정한 여성의 의미를 찾아가는 과정을 〈검블유〉는 시작한 것이다.

오르막길을 뛰던 순간,
어느 샌가 내리막길을 달리다

애니메이션 〈런닝맨〉 시즌 2

우태희

호부호자(虎父虎子)인가, 호부견자(虎父犬子)인가

〈런닝맨〉은 2010년에 첫 방영을 시작한 프로그램으로 대한민국을 대표하는 버라이어티 예능 프로 중 하나다. SBS는 9년이 넘어가도록 프로그램을 유지한 인기 덕분인지 혹은 한류 예능을 이끌어냈다는 평가 때문인지는 몰라도 〈런닝맨〉에게서 다른 가능성을 본 모양이었다. 바로 이 프로그램을 기반으로 애니메이션을 만드는 일이었다. 이 같은 시도는 기존의 작품이 사업 모델이 구축될 수 있는 모델이거나 혹은 다른 파생 작품이 만들어지더라도 성공할 수 있는 잠재력이 있어야 했는데, 〈런닝맨〉은 충분히 그 요건을 충족한다고 본 것이다.

　〈런닝맨〉이란 인지도가 성공의 보증수표는 아니다. 어느 정도의 홍보 효과를 거둘 수는 있겠지만 이를 바탕으로 한 애니메이션 작품이 얼마만큼의 인기를 끌지, 원작과는 다른 독특한 매력을 보여줄 수 있을지, 그 나름의 작품성을 가질 수 있을지는 미지수다. 원작이란 이름을 내걸고서 새로 만들거나, 다시 만든 작품들이 빛도 보지 못하고 사장되는 일은 비일비재하다.

그런 의미에서 〈런닝맨〉에서 모티브를 따온다는 것은 일종의 모험이었을 것이다. 원작은 다양한 연령층을 포섭한 인기 프로그램이었지만, 애니메이션은 그 특성상 아동 연령층을 끌어들어야지 성공할 수 있었다. 예능 프로와는 다른 애니메이션의 특성에 맞는 재미를 가져야 하는 것이 이 작품의 가장 큰 고난이었다.

환골탈태(換骨奪胎): 훌륭히 변화한 모습을 보이다

원작을 바탕으로 만든 고난을 훌륭히 이겨낸 작품이 있다면 2018년에 방영한 〈뷰티 인사이드〉를 꼽을 수 있을 것이다. 동명의 영화 〈뷰티 인사이드〉(2015)를 원작으로 만든 이 드라마는 한 달 중에 일주일을 타인의 얼굴로 살아가야 하는 여자와 안면 실인증을 앓고 있는 남자의 로맨스를 다룬다.

영화가 드라마로 넘어오면서 여러 각색을 거쳤는데, 원작에서 얼굴이 바뀌는 사람은 남자 쪽이었으나, 드라마에선 여자 쪽으로 바뀌었다. 반대로 남자는 안면 실인증 장애가 있어서 타인의 얼굴을 인식하지 못하게 되었다. 그렇기에 이 드라마는 이야기 전개와 캐릭터가 완전히 바뀌어 기본적인 틀만 유지한 원작과는 다른 작품이라 볼 수도 있었다. 하지만 이 같은 변화가 있었기에 16부작을 지속해야 하는 드라마의 특성에 어울리는 각색이 되었다.

애니메이션 〈런닝맨〉도 이와 비슷한 노선을 걸었다. 초기 출연자인 유재석, 지석진, 김종국, 송지효, 이광수, 개리, 하하의 캐릭터성에서 모티브를 얻어 만들어낸 등장인물들만이 나오고, 전체적인 세계관, 설정과 함께 예능과는 상관없는 별개의 메인 스토리를 만들어낸 것이다.

원작을 토대로 메뚜기, 호랑이, 임팔라 등의 동물 캐릭터와 결합해 리우(유재석), 팔라(지석진), 쿠가(김종국), 롱키(이광수), 미요(송지효), 가이(개리), 포포(하하)란 등장인물들을 창조한 이 애니메이션은 동시에 자신의 특성에 맞게 캐릭터에 독창적인 부분도 추가했다.

메뚜기인 리우는 유재석처럼 리더십이 있고 책임감이 강하지만, 그와는 다르게 기계를 다루는 것에 매우 뛰어나다. 팔라는 지석진처럼 약체에 겁이 많지만, 연금술과 약물을 다루는 것이 특기다. 쿠가는 김종국처럼 힘이 세지만, 까칠해서 타인과의 접촉을 싫어한다. 롱키는 이광수처럼 배신을 잘하지만 몸이 늘어나고, 미요는 사람의 마음을 읽을 수 있는 능력이 있다. 가이는 분신술을, 포포는 마법을 쓸 수 있다. 히어로 무비에서도 종종 볼 수 있는 특별한 능력들은 만화나 애니메이션이 원조이며 동시에 특권이기도 하다. 이러한 추가적인 발상들은 아이들의 시선을 끌 수 있는 애니메이션 작품이라는 특성상 장점이 될 수 있었다. 아이들에게 충분히 재밌게 다가갈 수 있는 장점으로 말이다.

이야기를 이끌어가는 플롯도 장점으로서 발휘되었다. 어느 신비한 나무에서 열리는 '마테리온'이라는 열매는 거대한 에너지원임과 동시에 다양한 종족들 간의 전쟁을 불러일으키는 원인이기도 했다. 끝없는 전쟁 속에서 각 종족의 지도자들이 평화협정을 맺고, 공정한 경쟁의 장을 만들었는데, 종족의 대표들이 출전해 우승자가 열매를 차지하는 시스템이었다. 출전자들은 '런닝맨'이라 불리며 상대방을 아웃시키고 최후의 승자가 되기 위해 필사적으로 달린다.

이러한 배경에서 시작되는 서사 구조는 '영웅 서사'의 플롯을 따르고 있었다. 특히 〈런닝맨〉에선 핏줄과 운명에 엮어지는 신화적 영웅과는 달리 등장인물의 정의감·신념과 같은 정신적인 성장을 중요하게 여긴다. 서로가 경쟁할 수밖에 없는 상황, 주인공을 배신하는 동료, 하지만 위기를 해결하기 위해 서로 뭉치고 우정을 쌓으며, 범세계적인 위기를 구해낸다는 플롯은 생소한 이야기는 아니다.

그렇지만 이 작품이 진부한 클리셰로 이어지지 않는 것은 무리 없이 스토리를 잘 이끌고, 딱지 대결이나 방울 술래잡기와 같은 원작의 몇몇 게임을 오마주로 삼아서 재미를 준다는 점, 일곱 명이나 있는 등장인물들의 비중이나 개성을 균형 있게 맞추었다는 것에 있었다.

이와 같은 변화들은 좋은 시도였다. 원작의 리얼 버라이어티 특유의 재미를, 배우나 예능인들의 즉각적인 반응이나 유머를 대본화된 애니메이션에서 보여주는 것은 불가능했기 때문이다. 그렇기에 오히려 예능 프로그램의 특징을 버리고 애니메이션의 특징을 잘 살리게 되었다.

컴퓨터 그래픽 애니메이션의 특징을 잘 살린 점도 마찬가지였다. 〈뽀롱뽀롱 뽀로로〉(2003)의 성공 이후 대한민국도 3D 애니메이션 제작이 활발해지고 있다. 애니메이션 〈런닝맨〉에선 이러한 제작 기법으로 캐릭터들의 자연스러운 움직임이나 몸놀림, 표정 등을 통해 그러한 점을 시청자들에게 보여줄 수 있었다.

작품 외적으로도 훌륭했다. 〈런닝맨〉은 시즌 1의 방영이 끝난 후에도 끊임없이 홍보를 지속했는데, 특히 방송의 경쟁 심화가 가열되는 상황에서도 본편 방송사인 SBS를 비롯해 카툰네트워크, 부메랑 등의 어린이 채널에서 지속적으로 재방영을 했다. 인터넷으로도 블로그와 유튜브 채널을 만들어내 각종 소식과 이전의 에피소드를 무료로 볼 수 있게 해주었다. 요즘은 아이들도 스마트폰을 이용해 유튜브와 같은 플랫폼을 자주 이용한다는 점에서 볼 때, 이러한 접근 방식은 이 애니메이션이 유통이란 비즈니스 영역도 충실하게 수행했음을 보여준다.

자업자득(自業自得): 성공의 요인, 실패의 요인이 되다

그러나 이러한 시즌 1에서의 좋은 모습이 2019년 1월에 방영한 시즌 2에서는 유지되지 못하는 모습을 보이고 있다. 그 이유가 무엇일까. 첫 번째는 캐릭터 내면의 갈등 부재였다. 시즌 1에서 작품의 등장인물들은 저마다의 사정이나 갈등을 지니고 있도록 만들어졌다. 예를 들어 리우(유재석)는 원래 자신의 종족에서 2인자였으나 1인자인 누나가 실종되면서 대신해 참가한다는 것에 콤플렉스를 가지고 있었고, 가이(개리)는 자신의 스파이 활동으로 친구들을 위험에 빠뜨린 것에 죄책감을 지니고 있었다. 미요(송지효)는 마음을 읽는 능력 때문에 친구들이 자신을 꺼려하는 것을 두려워한다는 점이 있는 등 각 캐릭터는 그에 맞는 내적 갈등을 가지고 있었다. 그리고 그런 등장인물들이 내면의 갈등을 해결하고서 사건 전체의 갈등마저 해소시키는 모습은 시청자들에게 '심리적 성장 과정'을 반영하며 일종의 성취감을 채워주었다.

그렇지만 시즌 2에선 그렇지 않았다. 각자의 내면 갈등이 해소된 상태에서는 등장인물들이 새로운 관계 변화를 겪거나 혹은 다른 갈등을 추가하거나 시즌 1에서는 미처 해결하지 못한 일을 끝내야 한다. 하지만 이번 방영작에선 초반에는 게임을 통해서 서로를 경쟁시키기도 하나 관계는 조금도 틀어지지 않았다. 어느 샌가 다 함께 힘을 합치는 모습을 보일 뿐이었고, 이런 모습은 게임의 중간마다 배신을 하며 자신의 승점을 챙기는 시즌 1에서의 모습과 대조적이었다.

이미 성장된 모습이라고도 볼 수 있겠으나, 동시에 외적인 장애물이 등장할 때마다 긴장감 없이 그대로 통과해 버리는 모습을 보여주는 것이다. 각자 내면의 고민도 없고 개선할 관계 또한 없는 상태니 주인공(혹은 감정이입된 등장인물들)의 성장을 느낄 수가 없었고 시나리오적 재미가 반감되어 버렸다.

두 번째는 관계의 순탄함이었다. 시즌 1에서는 오로지 게임에서 우승하기 위해 이기주의적인 모습을 보이던 등장인물들이 점차 협력하게 되고 이타주의자로 변모해 끝내 세상을 구하는 영웅이 된다는 이야기를 보여준다. 시즌 2는 런닝맨들이 협조적인 모습으로 문제를 척척 해결해 버린다. 장애가 발생하면 이를 무난하게 해결해 버린다. 이렇게 되어버리면 적어도 서로가 협력하지 않으면 고비를 넘길 수 없을 만큼 적이 강하거나 혹은 그만큼 악랄해서 권선징악의 즐거움이라도 선사해야 하는데 여기서 나오는 장애물의 역을 맡은 '수문장'이란 캐릭터들은 또 그렇지가 않다. 오히려 나중에는 런닝맨들을 돕는 조언자 역할을 맡는다. 이렇다 보니 주인공들이 하나의 고난을 이겨낼 때마다 얻을 수 있는 성취감이 덜하게 된다.

마지막인 세 번째는 시나리오의 문제다. 시즌 1은 런닝맨의 탄생, 대회 우승이란 목표 과정에서 대회 주최자인 '챠밍골드'가 사실은 1000년을 산 인물이며 지금까지 시스템을 조작해 온 사실을 알게 되고 이를 해결하는 과정 속에서 영웅 서사를 다룬다. 반면에 시즌 2에서 런닝맨들은 오해로 인해 감옥살이를 해야 하고 거기서 빠져나오기 위한 게임을 한다는 탈출극의 형식을 보여준다. 시즌 1과의 공통점은 바로 게임을 여는 주최가 악인이라는 점이다. 게임의 잘못된 시스템을 이해하고 후반부엔 주최자의 음모를 막기 위해서 힘을 모으는 것도 똑같다.

그렇다면 무엇이 문제였을까? 런닝맨들의 행동에 있다. 시즌 1에서 런닝맨들은 그 첫 목적이 자기 종족의 부흥에 있는, 종족의 구원자로 서 책임을 맡은 자들이다. 나아가서 그들은 서사가 진행되며 최종적인 모습에선 세상을 지키게 되는 세상의 구원자가 된다.

반면에 시즌 2는 뜻하지 않게 작품의 후반에서 세뇌당한 사람들을 구해주기는 하지만, 구원자라기보다는 그저 자신들이 감옥에서 탈출하기 위해 게임에 참여하는 탈출자의 모습이 강하다. 오히려 주최자인 '아콩'에게 속아 게임을 진행할수록 아콩의 봉인된 힘을 되찾아 주고 다시 그를 봉인해야 하는 자충수의 딜레마에 빠지게 된다. 시즌 1에서도 런닝맨들은 게임 주최자에게 속는다는 점은 같으나 수백 년간 유지되어 온 게임이었고, 이야기의 중반 부분에서 눈치를 채 챠밍골드의 계획을 좌절시키고 결국 그가 무리수를 감행하게 만들었다는 점에서 다르다.

방영사 새옹지마(放映事 塞翁之馬): 다시 성공할 것인가, 실패할 것인가

애니메이션 〈런닝맨〉 시즌 2는 시즌 1 때처럼 Part.1과 Part.2를 기간을 두고서 방영한다. 과연 시즌 2의 Part.2는 첫 번째 파트에서의 침체를 이기고서 다시 달려나갈 수 있을지는 아직 미지수다.

앞서 말한 것처럼 애니메이션 〈런닝맨〉은 시즌 1에서 게임 주최자의 음모를 막고서 마침내는 영웅이 된다는 메인 스토리와 각 캐릭터의 이기주의 탈태, 내면 갈등의 해소 등의 서브플롯으로 하나의 작품으로서 완성도 있는 결말을 냈다. 다만 이번 시즌 2에서는 메인 스토리를 더 재미있게 만들어줄 서브플롯이 부족한 실정이다.

사실 이는 시즌 2에선 한 가지의 메인 스토리를 Part.1 안에서 끝을 내려는 부분이 크다. 시즌 1은 Part.1에서 런닝맨들의 이기주의와 경쟁자의 관계에서 점차 협력과 동료로서의 관계로 발전해 가는 이야기를 담고, Part.2에서는 챠밍골드의 음모를 알고서 이를 다 함께 막으려 하는 이야기를 담았다.

그러나 시즌 2는 아콩의 음모를 알게 되고 마지막엔 이를 해결해 그에게 세뇌당한 사람들을 구하게 된다는 메인 스토리를 Part.1에서 모두 담아냈다. 〈런닝맨〉에 많은 등장인물이 나오고 한 편당 13분 정도의 짧은 분량을 가진 것을 감안하면 이는 무리한 압축이었다고 본다.

〈런닝맨〉은 영웅 서사를 따르고 있다. 내면의 갈등으로부터 시작해 그 문제를 해결하는 과정과 해결책이 끝내는 세계적 문제의 범주까지 확대되어 이를 해결한다. 다행이라 볼 수 있게도 이 작품은 아직 해결하지 못한 문제들을 안고 있다. 비밀 조직인 '메트로놈'의 배신과 시즌 2에선 결여된 멤버인 가이(게리)의 존재다. 남은 이야기 속에서 이 문제가 어떻게 런닝맨들에게 다가가고 어떻게 성공적으로 해소될지의 여부가 남은 것이다.

아동용 애니메이션에서 가장 먼저 추구해야 할 것은 아이들의 흥미를 끌어모을 수 있는 재미있는 이야기를 보여야 한다는 점이다. 남은 Part.2에서 밋밋했던 이야기가 아닌, 시즌 1에서 보여준 세밀한 인물 갈등과 침착하게 이야기를 진행하는 모습으로 아이들에게 재미를 줄 수 있을지는 제작진의 숙제로 남았다. 애니메이션 〈런닝맨〉이 아직도 아이들에게 홍보와 유튜브에서 무료 다시보기를 지속한다는 점에서 볼 때 그리고 아이들이 원작인 예능 프로 〈런닝맨〉에서 애니메이션에 대한 언급을 하는 모습을 본다면 성공의 여지는 충분히 있다. 그렇기에 제작진이 낼 숙제의 결과가 시청자들에게, 특히 아이들이란 '선생님'에게 어떤 평가를 받게 될지는 아직 기대되는 부분이 있으리라 본다.

판타지로 만난 노동

tvN 〈일로 만난 사이〉

연우진

일과 삶의 균형을 찾고 싶다

'Work and Life Balance', 통칭 '워라밸'이라는 단어가 사람들 사이에서 계속해서 언급되고 있다. 과거의 직업은 평생 직업이었다. 평생을 한 가지 일만 하며 사는 사람이 대부분이었으며, 그들은 그 직업을 통해 생계를 유지하고, 가정을 꾸리며, 자신의 가치를 세상에 전달했다. 평생직장, 외길 인생, 장인 정신 모두 한 가지 일에 몰두하는 사람에게 사용하는 단어였다. 하지만 시대가 변했다. 직업의 전문화, 업무의 다양화는 곧 사회의 분업화를 가져왔고, 한 가지 직업으로 평생 가게 되는 사람들 또한 현저히 줄어들었다. 일은 더욱 전문화되고, 어려워졌으며, 일상생활과의 연관성은 점점 더 옅어져 갔다. 일을 통해 얻는 보람이 사라지자, 사람들은 노동에 대한 만족감을 제대로 느끼지 못했고, 노동에 대한

스트레스는 더욱 심각해졌다. 사람들은 노동 활동에서 사라진 만족감을 다른 문화생활을 통해서 찾기 시작했고, 하나였던 일과 삶은 두 분류로 나뉘게 된 것이다. 그것이 현재 사용되는 워라밸의 의미다. 즉, 워라밸이라는 단어가 사람들 사이에서 많이 언급된다는 것은 대한민국 국민이 현재 자신의 노동 활동, 직업에 대한 불만이 많이 있으며, 직업에 대한 가치가 점점 사라지고 있다는 뜻이기도 하다. 그런데 이렇게 노동과 직장 내 관계에 대한 갈등이 점점 고조되고 있는 와중에, 최근 떠오르는 예능 프로그램, tvN에서 방영되는 유재석의 〈일로 만난 사이〉가 연예인들의 노동을 주제로 한 프로그램이라는 사실이 아이러니하다. 그저 일하는 프로그램인 〈일로 만난 사이〉는 어떻게 노동을 소재로 시청자들의 눈길을 사로잡았을까.

똑같은 플롯, 다른 반응은 어째서

연예인들의 노동을 소재로 다룬 프로그램은 이번이 처음이 아니다. 우리가 흔히 '연예인들의 노동' 하면 떠오르는 프로그램인 KBS 〈체험 삶의 현장〉이 1993년부터 방영되었다는 것을 생각하면, '연예인들의 노동'이란 소재는 상당히 오래전부터 사용되었다는 걸 알 수 있다. 〈일로 만난 사이〉 1회에서도 메인 MC 유재석과 1회 게스트인 이효리와의 대화에서, 이 프로그램이 〈체험 삶의 현장〉과 다른 것이 뭐냐고 하자, 유재석도 선뜻 차이점을 말하지 못했을 정도로 두 프로그램의 플롯은 매우 유사하다. 연예인들이 시민들의 일터로 가서 그들과 함께 일을 한 뒤, 급여를 받는다. 그리고 출연진들은 이 급여를 자신들의 목적에 맞게 사용한다. 이것이 이 방송의 기본적인 플롯이다. 무려 26년 전에 방영한 프로그램과 같은 플롯을 가지고 있으면서도 〈일로 만난 사이〉는 시청자들의 입에 계속 오르내리며, 새롭게 떠오른 힐링 예능 프로그램으로서 주목받고 있다. 〈일로 만난 사이〉는 노동이라면 질색을 하며, 직장 동료와의 연대감도 점차 사라져가는 한국인들에게 어떻게 힐링을 주는 것일까.

〈일로 만난 사이〉 속 숨겨진 노동의 판타지

대한민국 직장인들의 직장에 대한 인식은 굳이 설명하지 않아도 알 수 있을 정도로 매우 나쁜 편이다. 회사 가기 싫다는 표현은 유행어처럼 쓰이며, 직장 동료와의 갈등을 소재로 한 이야기들도 많이 등장했다. 당연히 '일로 만난 사이'라는 인간관계 역시, 직장인들에게 긍정적인 의미로 받아들여질 리가 없다.

우리는 일로 만난 사이라는 말을 들으면, 굉장히 사무적이고 딱딱한 느낌을 받는다. 일로 만난 사이와는 전화번호도 교환하지 않거나, 연락처를 교환하더라도, 사적으로 연락을 하지 않으며, 사적으로 연락을 하는 행동 자체가 굉장히 무례하고 불편한 행동으로 인식한다. 휴일만 되면 등산을 함께하자고 제안하거나 집안 행사에 초대하는 직장 상사는 이미 직장 내에서 블랙리스트로 간주되어 있을 것이다. 일로 만난 타인과의 관계란 우리에게 있어 그 정도밖에 되지 않는 것이다. 그러나 〈일로 만난 사이〉에서 등장하는 유재석과 게스트들의 관계는 굉장히 친근하고, 의지할 수 있는 관계로 나온다. 그들은 오래전부터 인연이 있으며, 서로에 대한 좋은 점과 나쁜 점을 함께 알고 있다. 그러면서도 서로에 대한 서운한 기억은 금세 잊고, 고마웠던 일은 계속해서 기억한다.

심지어 한 번도 함께하지 못한 사이라고 해도, 하루의 시간을 함께 땀을 흘리며 일하고 나면, 금세 거리감이 무너져 형, 동생 하는 사이로까지 발전하기도 한다. 현실의 일로 만난 사이에서 느껴지는 냉정하고, 이성적인 관계와는 사뭇 다르게 감정적이고, 따뜻하게 느껴진다.

고용주로 등장하는 사장님들도 굉장히 인심이 좋고 순박한 이미지로 그려진다. 사장님들의 말투는 나긋나긋하고, 여유가 있으며 출연진들이 일을 제대로 하지 못하더라도, 절대로 성급하게 재촉하지 않는다. 쉬는 시간에는 충분한 휴식을 보장해 주고, 일이 끝난 후에는 격려를 아끼지 않으며, 출연진들도 놀랄 만큼의 액수를 급여로 제공한다. 그런데도 자기 일에 열중하느라 생각보다 출연진들과 많은 대화를 나누지도 않는 편이다. 일 외에 불필요한 대화는 최대한 자제하며, 노동자들이 누릴 수 있는 복지를 최대한 보장하고, 급여까지 성실히 챙겨주는 사장님은 그야말로 완벽한 고용주가 아닐 수 없다. 노동에서 생기는 피로와 고역은 물론 있지만, 출연진들은 그 고된 노동에서 불만이 아닌 보람과 성취감을 느낀다. 일에 대한 갈등과 고용에 대한 불안함은 등장할 일이 없다. 〈일로 만난 사이〉는 일을 한다면, 반드시 그 일한 만큼의 가치를 보장받고, 인간다운 삶을 살 수 있는 세상에서 노동을 하고 있는 셈이다.

출연진들은 노동을 통해 서로의 마음에 있던 벽을 허물고 더욱 돈독한 사이가 된다. 고된 일과에도 보람을 얻고, 중간중간 이야기를 나누며 힐링을 얻는다. 이런 모습은 땀을 흘리며 일하는 노동이란, 사람에게 인생의 활력과 보람을 주는 동시에 다른 사람들과 함께 협동하며 살아가는 '가치 있는 일'이라고 인식하게 한다. 〈일로 만난 사이〉는 이런 노동의 아름다운 가치를 시청자들에게 전달하며, 노동에 대한 신화를 심어주고 있었다. 노동에 지쳐 여유가 없는 사람들에게, 노동을 생계의 유지로만 보고 있는 사람들에게, 노동에서 생겨난 인간관계를 싫어하는 사람들에게 가상의 판타지를 심어주는 것이다.

하지만 그들이 직업을 체험하는 시간은 그 직업에 계속해서 종사해 온 경험자들의 고역을 알기에는 너무나 짧은 시간이다. 오랫동안 MC 유재석과 사적으로도 친분을 유지하고, 좋은 인간관계를 형성해 온 게스트, 다르게 말하면 유재석의 지인, 친구라고도 할 수 있는 사람들을 우리가 노동의 현장에서 부딪히는 사람들, 다시 말해 '진짜 일로만 만난 사이'와 동일시하는 것은 무리가 있다고 볼 수밖에 없다. 더군다나 출연진들은 단 하루만 함께 촬영하고 다시 헤어진다. 프로그램이 단기로 구성된 이상, 그들이 다시 〈일로 만난 사이〉에서 함께 만날 확률은 희박하다. 현실은 그보다 훨씬 많은 시간을 함께 보내야 하며, 서로에 대한 좋은 꼴, 나쁜 꼴을 다 봐야 하고, 자칫 잘못하면, 나의 직장 생활까지 흔들 수 있는 직장 동료와의 관계가 과연 그들보다 좋을 수 있을까? 나쁘다면, 그들처럼 좋게 만들 수 있는 것이 가능할까?

힐링은 방송에서, 노동은 현실에서

「창세기」에서 아담(Adam)은 신을 배신하고, 선악과를 먹은 것으로 인해 평생 일을 하며 자신의 가족을 먹여 살려야 한다는 형벌을 받는다. 노동 자체가 무엇인가를 이루기 위한 행동이 아닌, 죄에 대한 속죄라고 『성서』에서는 표현하고 있다. 자본주의사회가 찾아오고, 장 칼뱅(Jean Calvin)의 예정설이 지지를 얻으며 사람들에게 받아들여지고 나서야, 노동은 신성하고 가치 있는 일로 인식되기 시작했다. 즉, 노동은 본래부터 신성한 것이 아닌, 사람들의 인식이 변화되어 그렇게 생각하고 있는 것뿐인 것이다.

〈일로 만난 사이〉를 노동의 판타지화라고 표현한 것은 이러한 노동의 어두운 사정을 버려둔 채 노동의 밝은 면만을 강조했기 때문이다. 정신없이 지나가는 직장인들의 일과를 생각하면, 〈일로 만난 사이〉의 방송 속 리듬은 사람에 따라선 약간 답답하다고 느낄 만큼 느리게 진행된다. 최근의 예능 프로그램들은 그 호흡이 무척이나 빠르다. 온갖 편집을 통해 화려한 효과를 넣고, 방송의 리듬을 빠르게 하는 것에 비해, 〈일로 만난 사이〉는 방송의 호흡이 현실과 비슷하게, 아니면 그것보다도 더욱 느리게 이어진다. 시청자들은 열심히 노동에 임하는 출연진을 보고 있으면서도, 프로그램의 느린 호흡과 밝은 색감 그리고 출연자들의 토크로 인해 그들이 일을 하고 있으면서도, 상당히 여유롭고 즐거워 보인다는 느낌을 받게 된다. 느린 호흡의 편집을 취하고 있지만, 〈일로 만난 사이〉의 오디오는 거의 비는 곳이 없을 정도로 출연진들의 토크로 꽉꽉 채워져 있다. 일하는 와중에도 계속해서 대화와 소통을 멈추지 않으려 하는 것이다. 일에 열중한 나머지 타인과의 대화가 단절되는 경우가 빈번히 생기는 현실 직장의 배경을 의도적으로 비튼 것 같은 모습이 보인다. 〈일로 만난 사이〉의 출연진들이 일하는 모습을 상상하면, 광활한 밭 아니면 산과 같은 그림을 등에 지고, 서로의 근황을 물으며 작물을 캐고, 즐겁고 보람차게 일하는 모습이 떠오르게 되지만, 우리가 현실에서 일하는 모습을 상상하면, 딱딱하고 좁은, 네모난 사무실 공간에서 대화가 단절된 채, 파티션으로 서로의 얼굴을 가리고 자기 업무만을 보고 있는 광경을 떠올리고는 한다. 설령 출연진과 같은 공간에서 같은 일을 한다 해도, 다른 사람들과의 대화가 활발할지는 미지수다. 내가 만일 그런 곳에서 일을 하고 있는 종사자라면, 작업은 곧 생계와 연관되는 일이기에 가벼운 마음으로만 여유롭게 할 수는 없기 때문이다. 작물이 잘 자라는지, 강우는 적절한지, 상가에서 가격은 제대로 받을 수 있는지에 대한 장기적인 고민이 끊이지 않을 것이다. 이처럼 판타지화된 노동의 세계는 현실을 모방하고 있으면서도 상당히 먼 다른 곳의 이야기를 하는 것처럼 느껴진다.

〈일로 만난 사이〉는 일하는 과정 전체를 사장님이 나와서 설명하는 코너가 따로 마련되어 있을 만큼 일의 과정 자체를 굉장히 중요하게 여긴다. 약 100분의 방영 시간 중 약 60~70분 가까운 시간을 일하는 모습과 일하면서 대화하는 장면으로 채운 것을 보면, 이것이 예능 프로그램인지, 다큐멘터리인지 분간이 어려울 정도다. 출연진들의 헐떡이는 숨소리까지 그대로 스피커를 타고 전해져 오기 때문에, 그 생생함은 더욱 크게 느껴진다. 출연진들은 묵묵히 작업을 진행하다 뒤를 돌아보고는, 이만큼의 일을 해냈다는 뿌듯함을 느끼며, 다시 작업에 매진한다. 우리는 지금 우리가 느낄 수 없는 노동의 가치와 성취감을 방송을 통해서 간접적으로 체험한다. 성취감을 느낀 후 먹게 되는 일터에서의 점심은 그 무엇과도 비교할 수 없는 산해진미다. 땀을 흘리고 먹는 밥은 맛있을 수밖에 없으며, 절대로 맛없어서는 안 된다. 그것이 노동의 규칙이다. 사람은 땀을 흘리며 일을 해야만, 먹고 사는 것의 가치를 이해할 수 있다고 전하는 고전적인 방송의 이데올로기를 나타내는 장면이기도 하다. 예능 프로그램에서 노동을 주제로 삼은 방송들은 지금까지도 많이 있었고, 노동 후 그곳에서의 특산물로 만들어진 값진 음식을 먹는 것은 고정된 클리셰 중 하나다. 출연진들 누구 하나, 그들을 위해 차려진 밥상에 불만을 가지는 이가 없다. 모든 반찬을 맛있게 먹고, 그릇을 싹싹 비운다. 노동 후에 먹는 식사라고 해서 반드시 모든 이의 입맛에 맞으리란 보장은 없을 텐데 말이다. 〈일로 만난 사이〉가 노동에 대해 표현하고자 하는 이미지가 그대로 드러나는 장면이다. 유재석은 함께 일하는 게스트들에게도 이 프로그램은 "불면증 환자에게 아주 좋은 프로그램"

이라고 말하며 일, 노동이 사람을 건강하게 만든다는 것을 강조했다. 우리는 이런 유재석의 발언을 통해, 노동이 사람의 삶에 있어 굉장히 중요하고 가치 있는 행동이라고 느끼게 되는 것이다. 노동이 생계를 유지하는 수단으로서 우리 삶에 얼마나 중요한지는 모두가 잘 알고 있다. 그러나 그런 노동으로 인해 현재도 많은 사람이 스트레스를 받으며 살고 있고, 제대로 된 노동에 대한 대가를 받지 못하거나, 자신이 받는 대가 이상의 일을 요구받는, 우리 사회의 어두운 면이 있다는 사실을 그들은 보여주지 않는다. 이런 노동의 어두운 면으로 인해 노동을 생계유지의 수단을 뛰어넘어 가치 있는 일로 만드는 과정은 결코 쉽지 않다. 그렇기에 사람들은 신화를 만들었다. 노동을 통한 삶이 가치 있고 보람된 삶이라고 믿게 했다. 그렇기에 노동을 통해 만난, 일로 만난 사이는 가치 있고, 소중하고, 중요한 존재라고 시청자 스스로가 느끼게 하는 것이다. 하지만 힐링을 얻는다고 해서, 시청자들이 방송이 끝난 후 가야 하는 직장이 바뀌는 것은 아니다. 바뀌는 것은 오직 잠시, 그때의 생각뿐. 힐링은 판타지와 같은 방송을 통해서는 할 수 있지만, 결국 그들이 다시 돌아가야 하는 곳은 차갑고 냉혹한 현실이다.

방송은 꿈을 보여줘야 하는가, 현실을 보여줘야 하는가?

텔레비전 방송은 '방송법'에 근거해 국민의 윤리적·정서적 감정을 존중하면서도 국민의 알 권리와 표현의 자유를 보호, 신장해야 하는 입장에 있다. 많은 사람이 강한 수준의 노동, 업무, 그에 따른 인간관계로 인해 서로에게 상처받고 타인을 외면하게 된 현실의 세계와, 여유를 가지며 다른 사람들과 소통하고 급여에 구애받지 않고 보람과 성취감을 느끼며 일을 할 수 있는 꿈의 세계. 두 세계 중 과연 방송은 어느 쪽을 중시하며 보여줘야 할까. 답은 간단하다. 둘 다 보여줘야 한다. 꿈은 지금 당장 현실에 있지 못하기에 꿈이지만, 언젠가 현실로 이뤄질 수 있는 희망을 담은 존재다. 방송은 '방송법' 제6조 7항에 근거해 "… 유익한 생활정보를 확산·보급하며, 국민의 문화생활의 질적 향상에 이바지해야 하"듯, 희망 역시 국민의 생활 향상을 위해 꼭 필요한 것이다. 그러나 꿈만을 보며 현실의 아픔을 잊거나, 왜곡하는 것은 미래를 향한 일이라고 볼 수 없다. 오히려 현재를 버리는 일에 가깝다. 방송은 그 취지에 걸맞게 시청자들에게 희망을 전달할 수는 있으나, 언제나 주어진 현실을 잊어서는 안 된다. 우리의 현실을 망각한 채 만들어낸 프로그램은 결국 어떻게 표현하려 해도 현실이 아닌, 판타지가 될 뿐이다.

브라운관 속 카멜레존

tvN 〈유 퀴즈 온 더 블럭〉과 KBS1 〈김영철의 동네 한 바퀴〉

허민선

카멜레온의 몸 색깔은 주위의 환경, 광선, 온도에 따라 변한다고 한다. '카멜레존'은 카멜레온과 공간을 의미하는 존(zone)이 더해져 생성된 신조어다. 카멜레온처럼 그 공간의 색깔이 상황에 맞춰 변하는 것이다. 평범한 공간이 어떻게 카멜레존이 될 수 있을까. tvN에서 방영되고 있는 〈유 퀴즈 온 더 블럭〉이라는 프로그램은 매주 다른 장소로 간다. 그곳에서 새로운 퀴즈의 주인공들(유퀴저, 자기님)을 만난다. 옷깃만 스쳐도 인연이라는 말을 적극적인 행동으로 옮긴다. 그 행동은 예능을 기반으로 한다. 발길 닿는 대로, 눈길 닿는 대로 교감이 이뤄지면 즉석에서 게스트로 섭외된다. 다르지만 서로를 보완하는 '큰 자기' 유재석과 '아기자기' 조세호가 "유 퀴즈?"라는 고정 질문을 한다. 보통은 두 가지로 해석된다. 첫째 '지금부터 함께할 인터뷰의 인터뷰이가 되어주시겠습니까?'인 동시에, 둘째 '인터뷰를 하면서, 퀴즈에 도전하시겠습니까?'이다.

그 질문을 듣고 "예스", "좋아요", "네" 등 참여 의사를 분명하게 밝히면
〈유 퀴즈 온 더 블럭〉은 본격적으로 시작된다.

브라운관 속 카멜레존 1: 그 순간 브라운관이 움직였다

퀴즈와 인터뷰에 응하게 되면 이름, 나이, 직업, 가족관계 등 신상에 관
한 것들을 우선적으로 묻기 시작한다. 그 직업 현장에 계신 분들의 경우
엔 왜 그곳에서 일을 시작하게 되었는지, 그 공간의 의미를 묻고 그곳에
서 촬영이 진행된다. 식당에서 일하신다면 그 식당이, 초등학교 근처에
서 초등학생들을 만난다면 그 초등학교가, 골목에서 어르신들을 뵙게
되면 그 골목이 프로그램의 야외 세트가 된다. 그 외에도 모두에게 공통
적으로 물어보는 질문이 주제와 함께 바뀐다. 그 대답들이 공익광고 캠
페인처럼 덧붙는다. 매주 에피소드마다 달라지는 타이틀은 해당 동네
의 성격을 띤 노래 제목으로 짓는다. "신림동 고시촌 편"에서는 「깊은
우리 젊은 날」로, "목포 편"에서는 「내 낡은 서랍 속의 바다」로, "압구정
편"에서는 「압구정 날라리」로 반영된다. 퀴즈의 답을 맞힌 사람이 상금
을 받을 때는 배경음악을 신청받아 틀어준다.

　〈유 퀴즈 온 더 블럭〉에는 다양한 양식이 혼재되어 있다. 퀴즈, 기
행, 먹방, 인터뷰, 다큐멘터리, 뮤직비디오, 만담, 추첨 개표, 아트 콜라
보(아트 컬래버레이션)의 특성까지 살린다. 한 부분이지만 그 속성들을
예능의 형식으로 변주한다. 유퀴저(자기님)의 인상들이 예술의 재료가
되어 재빠르게 시각적으로 구현된다. 다큐멘터리 〈바르다가 사랑한 얼
굴들(Faces Places)〉(2017)을 오마주(hommage)한 듯한 방식이다. 누벨
바그의 거장 아네스 바르다(Agnés Varda)와 사진가 제이아르(JR)가 포토

트럭을 타고 프랑스에 간다. 그곳에서 시민들의 사연을 사진으로(영화로) 찍는다. 즉석에서 대형 인화된 사진은 그들이 살아가는 공간에 벽화의 형태로 전시된다. 일상의 공간이 소중한 가치를 기억하기 위한 갤러리로 변신해 카멜레존이 된다.

시즌 1에 이어 시즌 2가 2019년 4월 16일 화요일 밤 11시 13회 "성북동 편"으로 돌아왔다. 시즌 1에 비해 선물로 주는 '자기백 속 자기템'도 함께 업그레이드되고, 퀴즈 도전에 성공해 그 자리에서 상금 100만 원을 수령해 가는 사람들도 늘어났다. 1980~1990년대 큰 인기를 누렸던 미국 밴드 뉴 키즈 온 더 블록(New Kids On The Block)에서 프로그램 〈유 퀴즈 온 더 블럭(You Quiz On The Block)〉을 작명한 것으로 보인다. 밴드의 히트곡 가운데 하나인 「스텝 바이 스텝(Step By Step)」이 짧고 굵게 깔리기 시작하면, 봇짐장사가 보자기를 풀어 선보이듯 퀴즈가 시작된다. "우 베이비(oo baby)"로 시작하는 원곡의 가사가 '큰 자기'와 '아기자기'라는 호칭에 영향을 준 것으로 짐작된다. 서로를 그렇게 부를 때 그 공간은 들썩인다.

브라운관 속 카멜레존 2: 그 순간 브라운관이 침묵했다

〈유 퀴즈 온 더 블럭〉에는 복권의 번호를 추첨할 때처럼 긴장을 만들어 내는 시간이 있다. 추억의 어린 시절처럼 복고적이기도 하다. 여러 가지 색깔의 탁구공만 한 캡슐이 가득 들어 있는 '자기백'의 효용이다. 퀴즈에 성공하지 못할 경우에도 출연한 기념으로 그 자기백에 손을 넣을 수 있다. 랜덤으로 하나를 고르는데, 운이 좋으면 상금 100만 원보다 비싼 금액의 가전제품도 탈 수 있다. 다양한 아이디어로 구성된 생활에 필요한 물품들을 보는 재미도 있다. 거절 의사를 보이는 사람에게도 설득을 해서 끝까지 고르도록 권한다. 주로 좋아하는 색깔을 선택하거나, 느낌이 오는 캡슐을 꺼낸다. 그 캡슐을 열면 선물의 이름이 적힌 쪽지가 나온다. 그 쪽지를 그냥 읽지 않고 상대의 눈치를 살피면서 아슬아슬하게 읽는 것도 진행자의 요령이다. 오랜 시간 방송 활동을 하면서 개그맨으로 다져진 내공과 사회인으로의 경험이 케미를 이룬다. '큰 자기' 유재석과 '아기자기' 조세호는 코미디언의 정체성을 가진 선후배 관계로 티격태격하기도 하지만, 용수철의 탄성처럼 다시 되돌아와서 정답게 개그를 주거니 받기도 한다. 점심 식사를 기다릴 때의 막간, 유퀴저의 연륜에 묻어나는 기척을 헤아리는 막간에도 마찬가지다. 거리와 동네의 분위기가 프로그램 속으로 자연스럽게 들어오는 것은 그런 '브로맨스' 덕분이다.

〈유 퀴즈 온 더 블럭〉이 천천히 걸으면서 개그맨의 안테나로 그 동네의 분위기와 움직임을 탐색한다면, KBS1 〈김영철의 동네 한 바퀴〉는 천천히 걸으면서 배우의 안테나로 그 동네의 분위기와 움직임을 탐색한다. 김영철 배우 역시 발길 닿는 대로, 눈길 닿는 대로 들어가서 그 공간에 얽힌 보다 자세한 사연을 듣는다. 그 공간의 음식을 맛보고, 그 공간의 역사를 거슬러 올라가기도 한다. 일상의 평범함에서 인생의 소중한 가치를 찾으려는 시도가 돋보인다. 삶의 터전을 들여다보는 깊고 따스한 시선이 주를 이룬다. 두 프로그램이 사람 냄새를 물씬 풍기는 이유다. 거기에 대부분의 사람들이 출근하는 시간에 그 동네를 마중하듯이 문을 열고, 퇴근하는 시간에 그 동네를 배웅하듯이 문을 닫는다. 점심시간이 되면 자연스럽게 진행자의 취향과 그 시간대 구미에 맞는 음식 메뉴가 정해진다. 〈김영철의 동네 한 바퀴〉의 경우, 진행자는 돌아가신 어머니에 대한 애정을 자주 내비친다. 그 애정은 동네에서 만나는 고령의 어르신들을 뵐 때도 각별한 태도로 이어진다. 일상의 공간이 삶의 무게로 침묵한다. 진행자의 돌발 행동으로 극대화될 때도 있다. 눈이 많이 내린 날에는 그 눈들을 갑자기 양손에 담아서 카메라 렌즈에 눈싸움을 하듯이 뿌린다. 낭만적인 정서를 자아내며 장면이 급선회한다. 마을 어르신들이 추위를 피하는 곳에서는 함께 난로에 손을 쬐다가 전화번호를 보고 뒤로 가서 석유를 주문한다. 그는 자신의 지갑을 꺼내 계산한다. 오래된 식당에서는 밀가루 반죽을 하고 계신 할머님에게 인사를 한 뒤에도 되돌아가서 역시 자신의 돈으로 스카프를 사와 직접 목에 감아준다.

청년들이 공동으로 쓸 수 있는 주방을 나오면서는 과일 가게에 들른다. 진행자가 자취 시절 먹고 싶었던 것이 과일이라며 양손에 사들고 되돌아간다. 포스트잇에 힘내라는 메모를 남긴 뒤 냉장고에 넣는다. 냉장고 안 과일이 든 봉지를 클로즈업하는 카메라. 냉장고의 작은 공간이 심리적으로 따뜻한 프레임이 된다. 김영철 배우의 되돌아가는 모습이 되새기는 모습으로 조용해진다.

브라운관 속 카멜레존 3: 그 순간 브라운관이 사라졌다

"금천구 편"의 경우 호암산에서 출발한다. 김영철 배우는 사찰 호압사를 지나가다 포대화상 앞에서 안내문을 읽는다. 직접 가서 빌고 싶다는 생각을 하는데, 마침 〈동네 한 바퀴〉 시청자를 대신해서 건강하고 부자 되시라며 귀하고 배를 만진다. 연말이나 연초에 으레 하게 되는 덕담이 아닌, 자연스레 떠오를 때 나누는 덕담이 주는 가치를 느끼게 한다. "잠실 편"에서는 서울시 자전거 '따릉이'를 타고 시각장애인 축구장에 간다. 어떻게 축구를 하는지 감독에게서 듣고 배우는 과정을 보여준다. 감독의 말에 의하면 선수가 자신의 몸을 만지며 이해할 수 있도록 가르친다고 한다. 공이 구르면서 소리를 내면 선수는 공의 위치를 소리로 파악하게 되는 것이다. 김영철 배우는 한 선수를 불러서 공을 주고받기도 한다. 소리를 내면서 차고, 소리를 내면서 받는다. 라포르(Rapport)[1]가 형성된다.

뉴스 화면 하단에 작게 배치되는 수화 통역 화면은 한 사람이 다수에게 향하지만, 이 장면의 경우는 인간 대 인간이면서 배우 대 선수이기도 하다. 이런 독특한 설정은 진행자의 라포르 형성 능력이 훌륭하기 때문에 부각된다. 제작진의 노력과 촬영 현장을 동행하면서 쌓아가는 두터운 신뢰이기도 하다. 브라운관 안팎을 자유자재로 넘나들며 카멜레온처럼 바뀔 수 있는 것은 배우 생활로 다져진 내공이다. 캐릭터를 연기하기 위해서는 상대 배우는 물론 현장의 모든 요소와 호흡을 맞춰야 한다. 김영철 배우는 동네 한 바퀴를 돌면서 예측할 수 없는 다양한 관계를 맺는다. 시야에 들어오는 길고양이와도 인사한다. 그의 인기 캐릭터를 기억하는 시청자들은 남녀노소를 불문한다. 옆집 아저씨처럼 이야기를 나누다가 〈태조 왕건〉의 '궁예'나 〈야인시대〉의 장년 '김두한'으로 반사적으로 돌변한다. 일종의 팬 서비스처럼. 이 프로그램이 재미와 의미를 동시에 주는 이유는, 그가 연기한 역할이 동네 주민들과 교감하며 (캐릭터의 연장선상으로) 확장되기 때문이다.

〈유 퀴즈 온 더 블럭〉과 〈김영철의 동네 한 바퀴〉는 동네(블럭)를 중심으로 전개된다. 그곳에 있는 사람들에게 가까이 다가간다. 카멜레온의 큰 특징은 몸의 색깔을 바꿀 수 있다는 점 외에도 양쪽 눈이 360도

1   두 사람 사이의 공감적인 인간관계.

로 따로따로 움직인다는 점이다. 주위를 경계하거나 먹이를 찾기 위해서 그렇다고 한다. '큰 자기' 유재석과 '아기자기' 조세호는 같은 곳을 함께 걷지만, 따로따로 반응한다. 김영철 배우는 마음을 끄는 것에는 즉각 인사하며, 말을 건다. 두 프로그램의 진행자들이 주위를 두리번거리는 이유는 결국 동네에 대한 호기심, 사람에 대한 관심 때문일 것이다.

〈유 퀴즈 온 더 블럭〉에서 퀴즈를 풀었던 공간이 방앗간이거나 공원 벤치거나, 그 프로그램을 재밌게 본 시청자에게는 '유퀴즈존'(〈유 퀴즈 온 더 블럭〉 + 카멜레존)으로 재탄생된다. 〈김영철의 동네 한 바퀴〉에서 걸었던 공간은 오래된 성곽이거나 재래시장이거나, '동네한바퀴존'(〈김영철의 동네 한 바퀴〉 + 카멜레존)으로 재발견된다. 동네의 몸이 그 동네를 보호하는 색으로 바뀌면서 새로운 지도가 그려진다. 그 프로그램을 시청한 사람만이 따라갈 수 있는 약속된 기호가 된다. 〈유 퀴즈 온 더 블럭〉과 〈김영철의 동네 한 바퀴〉를 보기 전과 후는 그렇게 달라진다. 그러나 스스로 '동네'일 수 없고, 스스로 '거리'일 수 없다.

기하학적인 작풍으로 유명한 네덜란드의 화가 마우리츠 코르넬리스 에스허르(Maurits Cornelis Escher)는 책 『M.C. 에서, 무한의 공간』에서 이렇게 표현했다. "스스로 '검은' 것은 없으며, 스스로 '흰' 것도 없습니다. 흑과 백은 함께 있음으로써만, 그리고 서로를 통해서만 그 자신으로서 현현(顯現)할 수 있는 것입니다. 우리는 단지 그것들을 비교함으로써 각각에 색으로서의 가치를 부여할 뿐입니다. …… 그러나 흑과 백 그리고 그 사이에 존재하는 무수한 중간색들은 '물질'의 표면이 우리에게 보여주는 명암입니다." 특히 "흑과 백 그리고 그 사이에 존재하는 무수한 중간색들"이란 말이 의미심장하게 다가온다. '물질'의 표면 대신에 '공간'의 표면으로 다시 읽게 된다. 〈유 퀴즈 온 더 블럭〉과 〈김영철의 동네 한 바퀴〉가 보여주는 브라운관 속 공간(색깔)은, 브라운관 밖과 감

응해서 카멜레존이 된다. 카멜레온의 몸이 보호색이 되어 제 몸을 감추
듯 사라진다. 〈유 퀴즈 온 더 블럭〉과 〈김영철의 동네 한 바퀴〉는 그런
변신을 활발히 도모하며, 무한한 가능성이 있는 공간으로 바꾸는 데 일
조한다.

녹두꽃과 불꽃이 만개한 세상

미디어가 보여주는 '녹두꽃'과 '불꽃'이 보는 미디어

금용선

"세상을 바꾸는 건 항상 약자였다"

3·1 만세운동, 4·19 혁명, 5·18 민주화운동, 6월 민주항쟁 그리고 촛불 혁명. 민주화 혁명의 시작은 언제부터인가? 한 번쯤은 역사책에서 동학 농민운동에 대해 배워본 적이 있을 것이다. 1894년 탐관오리들의 부정 부패를 타도하고 일제의 침략을 저지하기 위해 목숨을 바쳐 맞서 싸운 '약자'들의 투쟁, 사람이 하늘이고 백성이 나라인 인본주의와 민주주의 의 세상을 만들기 위해 일어난 약자들의 혁명. 대한민국 역사 최초로 '약자'들이 실시한 아래로부터의 개혁, 이 모두가 동학농민운동을 상징 하는 말이다. 드라마 〈녹두꽃〉에서 녹두장군 전봉준(최무성 분)은 전쟁 에 참전하기 전 백이강(조정석 분)에게 "세상을 바꾸는 건 항상 약자였 다"라고 말했다. 이 말처럼 약 1900년 동안 바꾸지 못한 것을 바꾼 것은

권력을 가진 왕도 귀족도 아닌 '약자'들이었다. 나라의 주권을 지키기 위해 죽창과 화승총을 들고 일본에 대항한 자들도 마찬가지로 '약자'들이었다. 그리고 그 '약자'들을 우리는 '녹두꽃'이라 부른다. 녹두꽃은 척박한 땅에서도 잘 자라는 민초의 식물이다. 이런 녹두꽃처럼 그들도 역경과 고난을 이겨내고 권력과 맞서 싸워 아래로부터의 개혁이란 꽃을 피워냈기 때문에 우리는 한없이 약한 그들을 녹두꽃이라 부른다. 우리는 동학농민운동이 무엇인지 안다. 하지만 녹두꽃들이 세상을 바꾸기 위해 어떻게 싸웠는지는 모른다.

녹두꽃의 대표인 녹두장군 전봉준의 대사를 보면 그가 어떤 사회를 지향했는지 알 수 있다. "무장에서 포고문을 선포할 때 녹두 씨앗을 뿌렸었다. 그 씨가 싹을 틔우고 꽃을 피우고, 그 씨앗이 또 바람을 타고 날아가 저 산골로, 저 골짜기에서 이 개울가로, 그렇게 피고 피어서 천하가 온통 녹두꽃으로 흐드러진 그런 날이 될 수 있게 한 줌의 거름으로 죽고자 했다." 그는 민중이 나라를 개혁하고 바로잡는, 녹두꽃이 만개한 사회를 지향했다. 그리고 그런 세상을 위한 한 줌의 거름이 되고자 혁명을 일으켰다. 우리가 살고 있는 현재는 그의 녹두 씨앗이 싹을 틔우고 꽃을 피운, 그가 지향했던 녹두꽃이 만개한 사회인가? 나는 이렇게 대답할 것이다. '불꽃'이 만개한 세상이 되었다. 죽창 대신 촛불을 들고, 보국안민 대신 민주주의를 외치는 그런 세상. '녹두꽃'의 의지를 계승해 우리는 '불꽃'이 되었다. 동학농민운동을 배경으로 한 〈녹두꽃〉은 2019년, 불꽃이 만개한 세상을 살아가는 우리에게 무엇을 보여주었는가? 또한 우리에게 있어 무엇인가?

"나 이제부터 '거시기' 아니여, '백이강'이여"

세상이 사람을 변하게 하는가, 사람이 세상을 변하게 하는가. 어느 말이 옳다고 생각하는가? 드라마 〈녹두꽃〉의 배경이 되는 시대인 1894년은 조선이 급진적인 변화를 맞이하는 시대였다. 〈녹두꽃〉은 이런 시대의 변화와 인물의 변화에 초점을 맞추었다.

백이강은 돈이 많은 중인인 아버지 백가(박혁권 분)와 노비인 어머니 유월이(서영희 분) 사이에서 태어난 얼자다. 그는 백성들의 곡식을 수탈하고 관리들에게 뇌물을 바치는 아버지의 잡일을 도맡아 처리한다. 그에게는 '백이강'이란 이름이 있었다. 하지만 그 이름은 얼자인 자신이 쓸 수 없는 이름이었다. 자신의 이복동생 백이현(윤시윤 분)과 어머니를 제외한 모두가 그를 '거시기'라고 불렀다. 그리고 그는 그런 거시기란 이름에 걸맞은 행동을 하고 다녔다. 자신의 아버지에게 세금을 내지 않은 집에 쳐들어가서 남녀노소 할 거 없이 사람을 개처럼 때리고 다녔다. 그가 할 줄 아는 거라고는 주먹질뿐이었다. 그러나 고부 농민 봉기로 집안이 망하고 농민들의 분노가 그를 죽음의 문턱까지 이르게 했을 때 전봉준은 그에게 손을 내밀었다. 과거의 거시기에게 당했던 민중은 그를 죽이자고 하는 반면 전봉준은 그를 '거시기'가 아닌 '백이강'으로 봐주었다. 그리고 그의 손에 칼을 찍어 내리면서 "남에게 고통을 주던 거시기의 손은 이제 죽었다. 이제부터는 백이강으로 살아보거라"라고 말하면서 그에게 백이강으로 살 것을 권유한다. 그 후에 그는 자신에게 처음으로 백이강으로 살아볼 것을 권유해 준 전봉준을 믿고 따른다. 그는 백이강으로서 동학농민운동에 참여했다. 처음에 동지들은 거시기 시절에 그가 저지른 행동을 비난했었다. 그럼에도 그는 거시기일 때처럼 분노하지 않고 자신의 과거를 반성하고 뉘우친다. 그리고 선봉으로 전쟁에

나가서 동지들을 위해 싸우고 그들을 마침내 자신의 편으로 만든다. 황토현 전투 후에 그는 별동대 대장이 되었고 어엿하게 대장의 역할을 수행했다. 그는 동학 농민군에 합류한 후 자신을 거시기라고 부르는 가족들 앞에서 "나 거시기 아니여, 백이강이여"라고 당당하게 말한다. 그는 자신의 삶을 주체적으로 선택해서 세상을 변화시키고자 한 인물이다. 과거에 자신을 거시기라고 부르게 만든 그 세상을 부수기 위해, 신분제도에서 벗어나 자유롭게 백이강의 삶을 살아갈 수 있게, 세상을 변화시키기 위해 죽창과 칼을 들고 싸웠다.

그런 그의 모습은 우리에게 큰 의미를 준다. 백이강은 민초를 상징하는 인물이다. 거시기의 삶을 사는 그는 밥벌이를 하기 위해 비인간적으로 사람을 매질하고 다녀야 했다. 그리고 사람들이 자신을 거시기라고 불러도 상관하지 않았던 이유는 그가 인간 백이강의 삶을 받아들이고 싶지 않았기 때문이다. 그에게는 자신을 위한 삶을 살기보단 하루하루 밥벌이를 하는 게 중요했다. 당시 모든 민초들도 그의 삶과 비슷했다. 하루하루 밥벌이를 하는 게 중요하지 자신의 정체성을 찾고 자신을 위해 사는 것은 꿈도 꾸지 못했다. 그런데 고부 농민 봉기에서 자신과 비슷한 삶을 살던 개똥이와 돌쇠가 죽창을 들고 싸우는 걸 본 뒤로 그의 눈엔 그들이 달라 보이기 시작했다. 그리고 전봉준이 자신의 손을 단도로 찍는 순간 백이강 그는 '거시기'란 아편에 익숙해져서 느끼지 못했던 '백이강'의 통각을 느끼기 시작했다. 거시기가 아닌 백이강의 눈으로 세상을 바라보았을 때 그는 자신을 거시기로 만든 세상이 부조리하다는 것을 느꼈다. 그리고 그도 고부 농민 봉기의 민초처럼 그런 세상을 부수기 위해 싸우고 싶다고 느끼며 동학군에 합류한다. 그 이후에 그는 민초들을 각성시켜 주는 역할을 하게 된다. 황토현 전투와 우금치 1차 전투 때 그는 우리가 꿈을 꾸는 세상을 위해 싸워야 되지 않겠냐고 하면서 민초의 상징으로서 사기가 떨어진 동학군들을 각성시킨다. 〈녹두꽃〉이 전봉준이 아닌 백이강을 주인공으로 내세운 이유도 여기에 있다. 동학 농민운동 당시의 진정한 영웅은 전봉준 한 인물이 아닌 주체적인 삶을 찾고자 뭉친 각성한 녹두꽃들이란 것을 전하기 위해서 백이강을 주인공 으로 내세운 것이다. 민초의 상징인 백이강의 좌절과 도약은 2019년 우리에게 깊은 울림과 희망을 주었다. 계급의 공고화가 이뤄지는 '금수저 사회'와 권력을 독점한 재벌들의 헤게모니를 붕괴시킬 주인공은 한 명의 영웅이 아닌 촛불을 든 우리 불꽃들이란 것을 깨닫게 해준다. 녹두꽃 들처럼 불꽃들도 연대해 권력과 맞서 싸우면 그들이 신분 질서를 무너 뜨렸듯이 우리도 계급 질서를 무너뜨릴 수 있음을 깨닫게 해준다.

방송에게 역사란 무엇인가

에드워드 카(Edward Carr)는 "역사란 역사가와 그의 사실들 사이의 지속 적인 상호작용의 과정이며, 현재와 과거 사이의 끊임없는 대화다"라고 말했다. 역사적 사실을 재조명시킴으로써 과거의 그들과 현재의 우리 를 소통하게 만드는 방송은 역사라 할 수 있는가? 드라마 〈녹두꽃〉은 백이강이란 인물을 통해서 동학 농민군의 의지를 우리에게 보여주며 그 당시의 사실들을 알려준다. 그리고 현재의 우리는 그들의 역사 현장을 영상 매체로 반추함으로써 교훈을 얻는다. 과거와 현재의 소통을 시도 하려고 했다. 이런 관점에서 바라보았을 때 나는 〈녹두꽃〉도 역사서와 같은 범주라고 생각한다. PD라는 역사가들이 동학농민운동의 사실적 인 부분들을 상상 속의 인물을 이용해 텍스트 대신 영상으로 맥락화하 고 역사 현장을 재현함으로써 현재의 우리를 과거의 그들과 소통하게 만든다. 방송계에서 사극을 방영하는 이유도 이와 같다. 방송을 통해 역사적 사실을 재조명함으로써 과거와 현재 사이에서 소통을 유지하고 그를 통해 시민들의 역사의식을 고취시키기 위함이다.

하지만 때로 시청자들은 방송에서 다뤄지는 역사 콘텐츠에 불편함을 느낀다. 불편함을 느끼는 이유는 역사 왜곡 논란 때문이다. 미디어의 효과 이론을 근거로 했을 때 미디어가 수용자들에게 주는 사회적 영향력은 막대하다. 대다수의 수용자들이 방송 매체를 소비하고 방송에서 나온 내용을 사실이라고 믿기 때문이다. 수용자들은 방송에서 어떤 내용이 나오면 이것이 일단 일차적으로 게이트키퍼에 의해 한 차례 걸러졌고 공적인 역할을 하는 방송 자체가 공신력을 가지고 있기 때문에 믿을 만하다고 생각한다. 이렇게 막대한 사회적 영향력을 가지고 있는 방송이 왜곡된 역사적 사실을 다룬다면 수용자들은 방송에 의해 허위 사실을 받아들이게 될지도 모른다. 그래서 역사 콘텐츠를 다룰 때는 신중하게 접근해야 한다. 극적인 서사를 위해서라고 할지라도 잘못된 사실을 알려서는 안 된다. 그것은 역사가들끼리 암묵적으로 정한 약속이자 책임이다.

〈녹두꽃〉도 역사 왜곡 논란이 있었다. 〈녹두꽃〉에서 전봉준을 관아에 밀고한 김경천(박지환 분)의 고향이 순창군으로 나왔다. 『갑오동학혁명사』, 『동학농민전쟁 연구자료집』 등 검증된 연구 저서에 따르면 김경천의 고향은 정읍시 덕천면이다. 이에 순창 군수는 왜곡된 사실로 군의 명예를 훼손했다는 이유로 언론중재위원회에 조정 신청을 냈다. 방송사에서는 왜곡된 내용을 정정하지 않고 넘어갔다. 방송사에서는 역사 왜곡 논란이 있을 경우 국민의 알 권리 차원에서 이를 정정하고 알릴 의무가 있다. 그런 점에서 〈녹두꽃〉 제작진의 사실 정정에 대한 미흡한 대응은 다소 아쉬웠다. 그 점을 제외하고는 동학농민운동의 전반적인 역사를 잘 다루고 있고 백이강이란 상징적인 인물을 내세워 당시 역사 속 인물들의 감정을 잘 다루었다는 점에서 잘 만든 역사 콘텐츠라고 생각한다. 하지만 〈녹두꽃〉을 기점으로 앞으로는 역사 콘텐츠를 다룰 때 방송 제작자와 역사가로서의 책임을 다했으면 좋겠다.

"녹두꽃, 그들이 있어 우리가 있다"

"그 뜨거웠던 갑오년. 사람이 하늘이 되는 세상을 향해 달려갔던 위대한 백성들, 역사는 그들을 무명전사라고 부르지만 우리는 그들의 이름을 안다. 녹두꽃, 그들이 있어 우리가 있다." 송 객주(한예리 분)의 내레이션과 함께 의병과 백이강이 총을 들고 일본군을 향해 진격하는 장면으로 드라마는 끝이 난다. 우리가 누리고 있는 자유, 민주주의, 주권, 이 모든 것들은 녹두꽃이라 불리는 그들 덕에 존재한다. 송 객주가 마지막에 말한 '우리'는 시청자의 입장을 대변해서 지칭한 '우리'일 것이다. 과거와 현재가 소통을 했다는 것을 암시하는 단어일지도 모른다. 또한 엔딩 장면을 다른 의미로도 해석해 볼 수 있다. 비록 전봉준의 죽음으로 동학농민운동은 막을 내렸지만 민초들이 고군분투해 그들의 염원(사람이 하늘인 세상)을 현재에는 달성해 냈음을 시사하는 것일지도 모른다.

우리 불꽃들은 추운 겨울을 촛불로 이겨낸 적이 있다. 그 누구도 예측하지 못했다. 그 추운 겨울을 촛불로 이겨낼 것이라는 것을. 하지만 그럼에도 불꽃들은 버티고 버텼다. 그리고 좌절하지 않고 연대했다. 촛불이 모이고 모여서 뜨거운 태양이 되어 겨울을 녹여냈다. 그것이 우리가 써낸 역사다. 사람들은 말로 다하지 못할 상황 혹은 상상도 못할 상황을 보고 드라마틱하다고 표현한다. 우리가 써낸 역사는 동학 농민, 그들의 것처럼 역사적이고 드라마틱했다. 그들이 있어 우리가 있고, 그들이 해낸 덕분에 우리도 해낼 수 있었다.

　우리는 촛불로 성공적인 혁명을 이뤄냈다. 하지만 세상은 더 나아지지 않고 제자리에 멈춰 있다. 이내 우리는 기대를 저버릴지도, 혁명에 회의감을 느낄지도 모른다. 과거는 현재를 비춰주는 거울이다. 〈녹두꽃〉에서 보여주는 과거는 우리의 상황과 비슷했다. 전주 화약을 통해 혁명을 이뤄냈지만 열강의 침략으로 세상은 더 나아지지 않았다. 하지만 그들은 희망을 잃지 않고 계속 싸웠다. 비록 그들은 결말을 알지 못하겠지만 우리는 안다. 세상이 더 나아졌다는 것을. 사람이 하늘인 세상이 되었다는 것을. 이것이 〈녹두꽃〉이 촛불들에게 진심으로 전하고자 하는 바다. 촛불들에게 과거의 녹두꽃들이 그랬던 것처럼 희망을 잃지 마라, 좌절하지 마라, 그리고 싸워라. 비록 결말을 알지 못하겠지만 우리가 과거 그들의 결말을 아는 것처럼 현재의 결말을 미래는 알 것이다. 녹두꽃처럼 세상이 더 나아졌다는 것을. 불꽃이 만개한 세상이 써낸 드라마틱한 역사의 결말은 새드 엔딩이 아닌 해피 엔딩이라는 것을.

새로운 관점으로 본 세상의 이중성

김다은

1. 세상을 직접 마주하려는 갈망으로부터

우리나라는 과거부터 현재까지 민주주의를 지켜나가기 위해 힘든 싸움을 해오고는 했다. 유난히 어렵게 지킨 민주주의 나라인 만큼 누구든 정치에 대한 무관심함이 탄로 나면 질타하는 사회 분위기가 자연스럽게 조성되었다. 따라서 그 누구도 자신이 정치에 무관심함을 인정하고 싶지 않다. 그러나 현대인은 생계를 위해 일하다 보면 정치는커녕 주변에 관심을 가질 틈조차 없는 모순적인 상황이 발생한다.

이런 상황 속에서 정치에 무관심한 것은 아니라며 위안 삼을 수 있는 탈출구가 있다. 바로 출근 전 혹은 퇴근 후 잠깐이지만 대중매체를 통해 언론을 접하는 것이다.

그러나 우리는 믿었던 언론에 발등을 찍히는 사건을 겪게 된다. 바로 박근혜 정부의 집권 당시 언론과 정부의 유착 관계가 드러난 것이다. 이 사실은 국민에게 적잖은 충격을 안겨주었다. 언론은 언제나 공정한 시선에서 사건을 전달해 줄 것이라는 우리의 믿음이 와장창 깨지는 계기가 되었다.

우리 주변에는 하루에도 수만 가지의 크고 작은 사건들이 일어나지만, 그것을 모두 담기에는 언론의 공간은 한정되어 있다. 그렇기에 책임자의 시각에서 중요한 사건이라고 생각되는 것들이 선정되고 언론을 통해 세상에 알려진다. 그러나 우리는 그동안 한 치의 의심 없이 언론에서 보이는 그대로 받아먹기만 하면서 하루의 사건·사고들을 모두 알고 있다고 자부한 것이다. 이제야 우린 깨달았다. 언론은 사건·사고 그 자체를 담는 공간이 아니라 편집자, 책임자의 입맛이 가미된 쇼 프로그램이었다는 걸, 이후 우리는 직접 세상을 마주하고자 하는 갈망을 갖는다. 그리고 곧 이 갈망을 해소해 준 프로그램이 등장한다. 바로 KBS2 〈거리의 만찬〉이다. 뉴스로는 부족함을 느끼는 시청자들을 위해 우리 사회가 외면해 온 현장을 직접 찾아가 진짜 이야기를 듣고 소통하고 공감하는 프로그램이다. 사회가 집중하지 않았던 곳에 집중하며 방영 후 시청자의 반응은 몹시 긍정적이었고 파일럿 프로그램이었던 〈거리의 만찬〉은 곧 정규 프로그램으로 편성된다. 그러나 시청자들의 극찬에도 불구하고 〈거리의 만찬〉을 자세히 들여다보면 모순되는 점이 존재한다.

2. 새로운 시선으로 마주친 세상임에도 불구하고

문명이 발달한 현재는 개인 SNS를 통해 각자의 이야기를 전할 수 있는 공간이 마련되었다. 하지만 SNS 팔로워가 적은 일반인의 경우, 큰 이슈가 되기엔 큰 노력과 시간이 걸린다. 또한 웬만큼 충격적인 사건이 아닌 이상 이슈화되기도 힘들다. 반면 대중매체를 이용하는 언론은 개인 SNS에 비해 고정적인 시청자가 안정적으로 확보되어 있고 언론의 콘텐츠들은 뉴미디어에 의해 재가공되며 엄청난 파급력을 갖고 있다. 결국 일반인의 이야기를 알리기 위해선 언론의 주목이 효과적인 방법이다. 이런 현실 속에서 〈거리의 만찬〉은 언론이 주목하지 않았던 이들에게 주목하고 그들의 목소리를 사회에 낼 수 있도록 도와주는 역할을 한다.

〈거리의 만찬〉 16회에는 세월호 침몰 당시 허언증 환자라고 알려졌던 홍가혜 씨가 등장한다. 그녀는 당시에 대중에게 허언증 환자로 낙인찍히며 수많은 질타를 받았다. 그러나 재판을 통해 세월호 침몰 당시 발언한 그녀의 말이 모두 진실로 밝혀졌다. 즉, 홍가혜 씨는 허언증 환자가 아니라 언론의 오보 때문에 오해받은 피해자였다. 그러나 그녀의 억울함은 쉽게 풀리지 않았다. 개인이 자신의 무고함을 알리는 데는 한계가 있지만, 언론은 그녀가 허언증이라고 보도했을 때보다 그녀의 무고함에 주목하지 않았기 때문이다. 결국 그녀는 몇 년 동안 대중과의 오해를 풀 기회를 얻지 못하고 허언증 환자로 낙인이 붙어왔다. 그리고 몇 년 후, 그녀는 오해를 풀 기회를 얻게 된다. 바로 TV 프로그램인 〈거리의 만찬〉에 출연해 대중매체에서 자신의 이야기를 시청자에게 전한 것이다. 〈거리의 만찬〉은 언론이 다루지 않았던 홍가혜 씨의 이야기를 주목해 들어준 유일한 대중매체 공간이었다. 이처럼 〈거리의 만찬〉은 언론에서 주목하지 않았던 이들의 이야기를 사회에 전달하는 역할을 한다. 이 프로그램은 백성의 이야기를 임금에게 전하는 통로인 신문고처럼 그동안 사회가 주목하지 않았던 이들의 이야기를 세상에 알리는 통로가 되어주었다. 그리고 언론이 주목하지 않은 이야기를 시청자에게 전달해 주는 것을 공영방송인 KBS에서 해냈다는 것이 큰 의미가 있다.

그리고 얼마 후 〈거리의 만찬〉에 윤지오 씨가 출연한다. 윤지오 씨는 장자연 사건의 유일한 목격자로 등장하며 다시 한번 장자연 사건의 수사를 요구한 인물이다. 그녀는 이 프로그램에 출연해 언론에서는 주목하지 않았던 자신의 심경을 고백하고 장자연 사건에 관한 이야기들을 하며 시청자와 소통했다. 그러나 2019년 10월 현재 그녀는 사기와 명예훼손 혐의로 고소당한 상태다. 아직 윤지오 씨와 관련되어 어떠한 진실도 밝혀지지 않았지만, 만약 그녀의 혐의가 인정될 경우 이 프로그램을 자신의 입장에 유리하게 악용한 대표적인 예가 될 수 있을 것이다. 그녀가 무혐의를 받게 되더라도 이 사건을 통해 〈거리의 만찬〉이 악용될 수도 있다는 불안감을 조성하기에 충분했다. 이렇게 〈거리의 만찬〉이 악용 가능한 이유는 무엇일까?

〈거리의 만찬〉은 전문가 혹은 당사자, 주변인을 섭외하고는 하는데 이것이 그 원인이다. 시사 프로그램의 특성상 당시 이슈가 되는 주제, 종결되지 않은 논쟁을 다루기도 한다. 누구의 이야기가 옳은지 판결 나지 않은 시점에서 당사자 혹은 주변인, 증인 등을 섭외해 그들의 이야기를 듣게 된다. 그러다 보면 자연스럽게 그들의 입장에 서서 방송을 제작하게 되고 결국 한쪽 입장만을 전달하며 시청자들의 올바른 판단에 혼란을 준다. 언제나 이들이 진실하다는 보장이 없기에 문제가 생기는 것이다. 아직 사건이 종결되지 않은 상태에서 그 사건에 관련된 증인, 당사자, 주변인들을 섭외하는 방식으로 프로그램이 진행되다 보니 악용할 마음을 먹고 〈거리의 만찬〉에 접근한다면 언론을 역으로 이용하기에 적합한 프로그램으로 전락할 가능성이 있다. 〈거리의 만찬〉은 그동안 언론이 주목하지 않았던 이들을 대변하며 극찬을 받고 있지만, 이 장점은 오히려 〈거리의 만찬〉을 악용할 수 있는 허점이 되었다.

3. 여성 MC의 따뜻함 그리고 편파성

이 프로그램의 MC는 개그우먼 박미선, 가수 양희은, 가수 겸 영화배우 이지혜다.

이것이 〈거리의 만찬〉의 또 다른 큰 특징이다. 세 MC 모두 전문가가 아니며 여성이라는 점이다. 그간 없었던 여성 MC 시사·교양 프로그램의 등장은 양성평등을 주장하는 현 사회를 잘 반영했다는 점에서 좋은 평가를 받았다. 그러나 이 평가가 제작진이 그녀들을 MC로 택한 이유의 전부는 아니다.

이 프로그램을 보다 보면 분위기가 다른 시사·교양 프로그램과는 사뭇 다르다.

〈거리의 만찬〉은 시사·교양 프로그램이기 때문에 무거운 주제를 다뤄 자칫 너무 어려운 프로그램으로 인식될 수도 있었다. 그러나 프로그램 중간 튀어나오는 MC들의 생뚱맞은 질문, 재치 있는 말재간은 무거운 분위기를 한순간에 녹여준다. 그리고 그들은 주제와 관련된 자신들의 경험을 말하며 프로그램에 살을 덧붙여 준다. 따라서 〈거리의 만찬〉은 어렵고 딱딱한 주제를 다루더라도 시청자에게 쉽고 친숙하게 다가갈 수 있다. 또한 앞서 언급한 홍가혜 씨가 출연했을 당시 자신의 무고함을 알리고 대중의 오해로 인해 겪은 아픔을 언급했다. 이 이야기를 듣고 이지혜, 박미선 씨는 눈물을 흘렸고 박미선 씨는 그동안 허언증 환자로 오해한 것에 대해 사과한다. 대부분의 방송을 보고 있던 시청자들은 박미선 씨와 비슷한 생각을 하고 있었을 것이다. 그녀의 눈물은 방송을 보고 있는 시청자들의 심정을 대변한 눈물이었고 그녀의 사과는 시청자 모두의 사과를 대표했다. 그녀들의 높은 공감 능력 덕분에 시청자들은 미처 전하지 못한 사과, 위로를 대신해 전할 수 있었다. 이렇듯 여성 MC 특유의 잔잔한 분위기와 높은 공감 능력은 출연자에게 감정을 이입하고 위로를 전하는 모습으로 비치며 프로그램의 따뜻한 분위기까지 형성했다. 그동안의 시사·교양 프로그램에서는 볼 수 없는 따뜻한 분위기가 〈거리의 만찬〉에서 뿜어져 나오는 이유는 바로 전문적이지 않은 여성 MC들의 힘 덕분이다.

그럼에도 이들의 문제점이 있다. 〈거리의 만찬〉에서는 양성의 충돌이 잦은 문제들을 주제로 사용하고 있다. 예를 들면 낙태나 미투 운동이다. 양성의 충돌이 잦은 문제인 만큼 전문가의 의견뿐 아니라 일반인인 양성의 의견을 주고받는 모습이 필요했지만, 이 프로그램 내에서는 이뤄지지 못했다. 또한 졸혼과 같은 사회에서 쉽게 마주치는 사회현상도 마찬가지다. 졸혼은 남자와 여자가 만나 혼인한 후 이혼하지 않고 각자의 삶을 사는 행위인 만큼 양성의 입장을 들어볼 필요성이 있는 사회현상이다. 그러나 "졸혼 편"의 경우, 졸혼을 경험하고 있는 일반인 여성만 섭외해 이야기를 나누었다. MC들도 모두 여성이었기에 여성의 입장만을 들을 수 있었다. 이 역시 MC의 성별이 모두 여자였기에 나타난 한계점이다. 〈거리의 만찬〉은 언론의 공정하지 못한 모습에 실망한 국민에게 그간 언론이 주목하지 않은 이야기를 전하겠다며 등장했다. 그러나 지금 〈거리의 만찬〉은 그들이 극복하고자 했던 실수를 반복하고 있다. 즉, 〈거리의 만찬〉은 시청자들이 실망한 언론의 실수였던 편파적인 입장만을 전달하고 있다. 그들이 내세운 포부인 그간 사회가 주목하지 않은 부분에 초점을 맞추는 점은 좋다. 그러나 공정하게 초점을 맞출 수는 없는 것인가? 여성 MC만을 섭외하며 시사·교양 프로그램에서 볼 수 없던 따뜻하고 친근한 분위기를 연출했지만 이와 반대로 시사·교양 프로그램의 핵심인 중립적인 시각은 어디로 간 것인가라는 의문을 들게 한다.

4. 새로운 힐링의 시대가 열리다

시사·교양 프로그램임에도 불구하고 우리는 〈거리의 만찬〉을 보고 난후 힐링을 얻었다. 여기서 얻는 힐링은 지금껏 힐링 프로그램이라고 외치며 나온 프로그램들과 사뭇 다르다. 지금껏 시청자는 출연자들이 놀러 가서 몸과 마음을 편안하게 하는 것을 바라보기만 하며 힐링한다고 외치고 있었다. 이때 시청자는 행복한 그들의 모습을 그저 바라보는 존재일 뿐이었다. 그러나 〈거리의 만찬〉을 보는 우리의 입장은 다르다. 〈거리의 만찬〉은 매회 다루고 있는 사건과 논란에 관련된 당사자들 그리고 주변인들을 스튜디오에 초청해 이야기를 나눈다. 그렇기에 같은 아픔을 겪었던 혹은 겪고 있는 사람들이 만나 서로 공감을 해주고 위로해 준다. 그들은 앞서 언급한 세 MC의 위로로 인해 전혀 다른 상황에 놓인 타인의 공감과 위로까지 받으며 그들의 아픔을 치유해 간다. 이것을 바라보는 시청자들 역시 그들의 이야기를 전해 들으며 아픔을 간접적으로 경험하고 공감하면서 함께 아파한다. 연이어 치유받는 출연자들의 모습을 보며 시청자들도 함께 마음을 치유받게 된다.

게다가 우리가 출연자에 대해 몰랐던 일 혹은 오해했던 일에 대해 대신해 사과와 위로를 전하는 MC의 모습을 보며 마치 자신이 사과 혹은 위로를 건네는 듯한 느낌을 얻는다. 이때 우리는 출연자들의 이야기를 들으며 생겨난 '그동안 오해하고 몰랐던 것에 대한 미안함'으로 또 한번 마음을 치유하게 된다. 이제 시청자는 누군가 편안히 쉬는 걸 그저 바라보는 존재가 아닌, 함께 아픔을 나누고 공감하고 위로를 주고받는 존재가 된 것이다. 이에 그치지 않고 〈거리의 만찬〉은 시청자들이 직접적으로 도움을 줄 수 있는 공간도 마련했다. 〈거리의 만찬〉, 카카오같이가치, 아름다운재단은 프로그램 회차의 주제에 맞게 모금 활동을 할 수 있는 공간을 마련했다. 이처럼 시청자가 바라보기만 하는 존재가 아니라 아픔에 직접 공감하고 실천할 수 있는 실질적인 참여자 역할을 끌어냈다는 점에서 큰 의미가 있다. 어느덧 시청자들은 〈거리의 만찬〉을 보며 진정한 힐링을 해나가고 있었다. 〈거리의 만찬〉은 앞서 언급했던 모순점이 드러나고 있지만 새로운 힐링의 시대를 이끌었다는 공은 그 누구도 부인할 수 없을 것이다.

시청자들은 〈거리의 만찬〉을 보면서 수많은 고민의 결과물임을 금방 눈치챌 수 있다. 〈거리의 만찬〉은 앞으로 시사·교양 프로그램과 힐링을 주제로 한 예능들이 나아가야 할 올바른 방향에 관한 질문을 끊임없이 던졌다. 언론의 문제점과 극복 방법에 대해 고심해 보았고 시대를 반영해 MC를 선정했다. 또한 시청자가 무겁게만 느끼는 시사·교양 프로그램의 돌파구에 대해 고민해 보았고 이를 해결해 냈다. 이런 수많은 고민의 결과로는 문제점도 있었지만 결국 시청자들을 바라만 보는 존재가 아닌 소통 가능한 존재로 끌어내며 새로운 힐링의 시대를 도출해 냈다. 이제는 새로운 힐링의 시대에 우리 언론과 방송의 또 다른 고민을 안고 있는 프로그램이 등장해 새로운 해결 방안을 제시할 차례다. 수없는 고민을 하고 새로운 힐링의 시대를 개척한 〈거리의 만찬〉에 큰 박수를 보내며 글을 마무리한다.

오늘을 살아간다는 건

JTBC 드라마 〈눈이 부시게〉

서지현

인간은 호모 나란스(Homo Narrans), 즉 이야기하는 사람이다. 인간은 자신의 삶과 세계를 이해하기 위해 이야기를 듣고 기록하며 말한다. 과거부터 인간은 동굴에 벽화를 그리고, 건국신화를 만들었다. 이렇듯 인간의 마음속에는 누구나 이야기적 욕망이 자리 잡고 있다. 우리는 여전히 새로운 이야기를 찾고 알기를 갈망한다. 현대사회에서 그 이야기적 욕망을 충족시켜 주는 역할은 미디어 매체가 수행하고 있다.

우리는 TV 드라마를 통해 이야기를 듣고 본다. 텔레비전에서 일주일에 편성되는 드라마만 해도 30편이 넘는다. 이에 더해 넷플릭스, 웹드라마, 유튜브 등 우리 사회에 새롭게 등장한 뉴미디어는 계속 그 지평을 넓히고 있고 그 속에서 하루가 다르게 새로운 창작물들이 쏟아진다. 우리는 현재 이야기의 홍수 속에서 살아가고 있다고 봐도 무방하다. 각자만의 독특함을 담은 드라마들이 우리 눈앞에 잔뜩 펼쳐져 있고, 우리는 그중 가장 끌리는 것을 선택하게 된다. 이렇듯 고를 수 있는 선택지가 많아진 것이 물론 축복처럼 느껴질 수도 있지만 시청자들에게 오히려 혼란을 가져온다. TV 드라마가 시청자의 이야기적 본능을 그 자체로가 아닌 도구화·수단화하기 때문이다.

텔레비전 문화는 거대한 자본시장과 철저히 분리해 이야기할 수 없다. 공공성을 띤 방송 프로그램은 이러한 자본의 논리에서 어느 정도 거리를 두고 있다고 볼 수도 있겠다. 하지만 그럼에도 불구하고 다양한 이해관계가 얽혀 있는 미디어가 완벽히 자본시장과 독립적인 영역이라고 볼 수는 없을 것이다.

텔레비전 드라마는 더욱이 이 자본의 논리를 절대 무시할 수 없다. 시청자들은 드라마 속에서 제대로 된 맥락 없이 여기저기 난무하는 PPL (product placement)[1]들을 보면서 불쾌감을 느끼기도 한다. tvN 드라마 〈알함브라 궁전의 추억〉에서는 한 음료수가 남자 주인공보다 더 많이 나온다는 비판이 제기될 정도로 무분별하게 극 중에 등장했고, KBS 드라마 〈태양의 후예〉에서는 자동차의 상호명과 차 전면·후면이 상세하게 노출되는 등 적나라하게 상품 광고를 하기도 했다.

드라마의 작품성과 효용성보다도 시청률을 최우선하는 드라마 시장에서, 스토리는 더욱이 자극적으로 변질된다. 시청자들은 끌어모아야 하기 때문이다. 제작자들은 더 주목을 받기 위해 경쟁하고 또 경쟁한다. 하지만 이러한 자극성은 마침내 시청자들로 하여금 피로감만 불러일으킬 뿐이다.

〈눈이 부시게〉[2]는 타임 슬립 드라마다. 이제는 너무 흔해져 버린

---

1   제품 간접광고.
2   2019년 2월 11일~3월 19일 방영.

소재다. 사람들은 또 타임 슬립 드라마냐고, 너무나 진부하다고 말할지도 모르겠다. 무엇보다도 주인공 '혜자'(김혜자 분)는 평범한 노인이다. 눈에 띄어야 하는 강력한 스토리라인, 화려한 남녀 스타를 주인공으로 내세우지 않는 이 이야기는 과연 어떤 매력이 있는 것일까? 이런 도전을 시작하게 만든 힘은 무엇일까?

1. 나이가 든다는 건

우리 사회에서 고령 인구가 차지하는 비율은 급증하고 있다. 이미 대한민국은 2017년, 고령 인구(만 65세 이상)가 전체 인구의 14퍼센트가 넘는 고령 사회에 진입했다. 우리나라의 고령 사회 진입 속도는 프랑스, 미국 등 다른 선진국의 고령화 진행 정도와 비교해 보았을 때 상당히 빠른 속도라고 한다.

이런 급변하는 상황 속에서 다양한 노인 문제가 발생한다. 부모 부양이 부담스러워 나이 든 부모를 요양원 등에 방치해 놓는 '현대판 고려장'이나 독거노인이 쓸쓸히 죽어가는 노인 소외 현상이 당장 우리의 눈앞에 놓여 있다. 하지만 우리는 모두 이를 외면한다. 이유는 간단하다. 유쾌하지 않기 때문이다. 물론 정부에서는 노인 문제를 탐구하고 이를 사람들에게 인지시키기 위해 다양한 방법들을 시도하지만 이를 통해 인식의 변화를 가져오게 하기는 어렵다. 거리를 두고 사안을 바라보기 때문이다. 지금 당장은 나의 문제가 아니라고 생각하니 말이다.

하지만 〈눈이 부시게〉에서는 다르다. 노인 문제를 그들의 문제가 아닌, 나의 문제로 직면하도록 하는 힘이 이 드라마에는 존재한다. 〈눈이 부시게〉에서는 지극히 우리가 사는 세계를 보여준다. 이에 더해 이 세계를 살아가는 인물들의 내면을 깊숙하게 들여다본다. 극 중 인물들을 살펴보자면, 명품 브랜드 옷만 걸치는 우아한 말씨의 '샤넬 할머니'(정영숙 분)는 성형외과를 들락날락한다. 자신의 자글자글한 주름이 보기 싫어 보톡스를 맞는 시술을 하고 싶기 때문이다. 또한 사람들의 시선을 의식해 성인용 기저귀를 사는 것을 망설이기도 한다. 이처럼 우리는 구체적이고 현실적인 에피소드를 지켜보며 그녀를 이해하기에 이른다. 그러면서 우리는 '샤넬 할머니'의 답답함과 절망감에 크게 공감할 수 있게 된다.

효과적인 스토리텔링은 시청자들이 인물에게 몰입할 수 있게 만드는 것이라 생각한다. 일단 몰입에 성공해야 한다. 그래야만 시청자들은 그래서 무슨 이야기를 말하고 싶은 건지 듣고자 하기 때문이다.

〈눈이 부시게〉는 자칫 우울해질 수 있는 노인 우울증 또한 따뜻한 감각으로 다룬다. 노인들은 집안 내에서 마치 배경처럼 살아가며 주변적·보조적 역할만 수행하게 된다. 이런 환경 속에서 노인은 답답함을 느낀다. 65세 이상 노인 인구 중 우울증을 가지고 있는 사람이 100명 중 네 명 내지 여덟 명에 이를 정도로 노인 우울증이 매우 흔한 것으로 알려지고 있다. 주인공 혜자 또한 이야기 후반부에 결국 알츠하이머를 앓고 있었다는 사실이 밝혀진다. 하지만 이를 슬프게 다루지 않는다. 어찌 보면 당연하고, 아무렇지 않게 덤덤하게 혜자의 사연을 풀어내는 것이 더욱 시청자들에게 몰입을 이끌어낸다.

또한 혜자를 비롯한 노인들이 생활하는 복지관 노치원(노인 유치원)에서의 에피소드도 블랙코미디처럼 풀어낸다. 복지관 직원들은 노인들에게 한약 등을 허위 광고하고 그 이익을 본인들이 챙긴다. 이는 단지 드라마 속이 아니라 현실에서도 충분히 일어날 법한 일이지만, 드라마는 그저 유쾌하게 풀어낸다. 심각한 문제로 진전시킨다기보다는 현상

그 자체를 보여준다. 어떠한 가치판단을 하지 않는 것이 오히려 시청자의 능동적인 사유를 유도한다.

2. 가장 보통의 존재에게 빛을 비춘다는 건

우리는 새로운 이야기를 갈망한다. 하지만 이 '새로움'이라는 것이 표면적인 의미로서의 특별하고 신기한 것을 가리키는 것은 아니다. 평범한 일상을 이야기하더라도, 그 본질이 주목하고 있는 새로운 감각에 시청자들은 마음이 동한다.

하지만 많은 드라마들은 이 이야기를 왜 해야 하는지에 대한 본질적인 고민과 질문이 아닌 성공 여부를 최우선으로 생각한다. 따라서 어떻게 만들어야 인기를 얻는가에 대해서만 집중하게 되는 것이다.

이로 인해 우리 드라마 속 캐릭터들은 공식처럼 어떠한 일관된 형식을 답습하고는 한다. 〈시크릿 가든〉, 〈상속자들〉, 〈꽃보다 남자〉 등 수많은 한국 드라마에서 빼놓지 않고 등장하는 양식이라고 볼 수 있다. 예를 들자면 남자 주인공의 대부분은 나라에서 손가락 안에 드는 대기업 자제들이다. 이에 더해 캔디형 여성 캐릭터 또한 등장한다. 가난하지만 씩씩하고 매력적인 인물로 말이다. 이 둘은 사랑에 빠지고, 어떠한 반대도 무릅쓰고 결혼에 골인하게 된다. 어렸을 적 읽었던 동화에서부터 현재 보는 드라마까지 이런 서사 양식은 끊임없이 등장한다. 이는 마치 자신의 인생에 백마 탄 왕자가 와주기를 기대하는 신데렐라 콤플렉스처럼 여성은 자기를 부양해 주고 보살펴 줄 남편감을 찾아야 한다는 사회 패러다임을 계속적으로 재생산시켜 낸다.

이에 더해 남들과 다른 특별한 능력을 지닌 주인공 또한 드라마 속에 자주 등장한다. 〈너의 목소리가 들려〉, 〈냄새를 보는 소녀〉 등 초능력을 지닌 인물과 그를 둘러싼 세계에서 벌어지는 이야기를 그려내기도 한다.

하지만 〈눈이 부시게〉에서는 위의 두 가지 형식은 등장하지 않는다. 인물들은 하나같이 평범하다. 오히려 결함을 지닌 존재들이다. 그럼에도 불구하고 그들은 자신의 삶을 부정하지 않는다. 누군가가 그들의 삶을 뒤바꿔 놓기를 기대하지 않는다. '혜자'는 우연히 시간을 되돌릴 수 있는 시계를 손에 넣게 된다. 하지만 시간을 돌릴 수 있는 능력은 혜자의 상황을 드라마틱하게 바꿔놓지 않는다. 오히려 시간을 많이 돌리면 돌릴수록 혜자는 더 빨리 늙는 대가를 지불해야 하는 상황에 처하기도 한다. 혜자는 결국 이 시계를 보석함에 넣어놓고 더 이상 사용하지 않는다.

또한 혜자는 자신을 별 볼일 없는 사람이라고 고백한다. "근데 난 내가 봐도 그 정돈 아냐. 좀 후져. 근데 그걸 인정하기가 힘들어. 왜? 난 내가 애틋하거든. 나라는 애가 좀 잘됐으면 좋겠는데"라고 말이다. 자신이 처한 상황을 솔직하게 말하는 혜자를 보며 우리는 애틋함을 느끼고 그런 인물들에게 애정을 가지기 시작한다. 비현실적인 캐릭터를 향한 동경이 발생하는 것이 아니라 인물들에게 공감을 하고 가까이 다가갈 수 있는 것이다.

우리는 〈눈이 부시게〉에 등장하는 인물들과 그를 둘러싼 세계를 지켜보며 그들이 아닌 '나'를 바라본다. 우리보다 높이 솟아 있는 그들의 인생이 아닌, 우리와 함께 평등하게 서 있는 그들을 직접적으로 마주하고 대화를 나눈다.

〈눈이 부시게〉는 성공한 인생을 이야기하지 않는다. 오히려 성공하지 못한, 어딘가 결핍되어 보이는 사람들의 삶을 보여준다. 주인공 혜자는 "오늘을 살아가세요. 눈이 부시게. 당신은 그럴 자격이 있습니다"라며 시청자들에게 말을 건넨다. 〈눈이 부시게〉가 위로를 건네주는 이유는, 드라마를 보고 있는 평범한 시청자들의 애틋한 삶에 주목하고 있기 때문 아닐까.

우리가 좋은 이야기라고 말할 수 있는 것은 이야기가 다루는 세계 안에서 우연찮게 자신을 발견할 때일 것이다. 그 우연한 순간의 찰나, 작품 속에 우리가 몰입할 수 있게 되고 그로 인해 스스로에게 질문을 던지는 단계까지 나아간다.

〈눈이 부시게〉는 이렇듯 스토리가 지닌 막강한 힘을 알았고, 이를 정직하게 드라마 속에 실현해 냈다. 이로 인해 이 드라마가 시청자들에게 그리고 나에게도 '인생 드라마'라 불리는 것이겠다. 내가 살아가는 삶이 아름답다고 말하는 이야기에 시선이 오래 머물게 되는 것은 어쩌면 당연한 이치이기에.

정치의 암흑한 현실만을 보여주는 것인가

황서희

서론

정치란 나라를 다스리는 일. 국가의 권력을 획득하고 유지하며 행사하는 활동으로, 국민들이 인간다운 삶을 영위하게 하고 상호 간의 이해를 조정하며, 사회질서를 바로잡는 따위의 역할을 의미한다. 우리의 삶에 가장 많은 영향을 미치지만 그 속내를 제대로 알기란 사실상 어렵다. 한국 사회에서 정치를 이야기할 때, 정치에 대한 불신감과 회의감은 빠지지 않는 주제다. 실제로 지난 몇 년간 우리는 잘못된 정치가 얼마나 많은 고통을 주는지 겪어왔고, 그 심판을 국민 스스로가 하기도 했다.

이러한 사회 전반에 만연한 정치적 불신은 미디어에 빠르게 반영되었다. 다양한 종류의 미디어가 발전하고 있지만 스토리텔링을 통해 공감을 불러올 수 있다는 점에서 텔레비전은 가장 소구력 높은 미디어

다. 그중에서도 가장 친숙하고 인기 있는 장르는 단연 텔레비전 드라마
다. 1995년 TV를 볼 때 눈에 두드러지는 현상 중 하나는 이른바 정치
드라마의 붐이었다. 국내에서 큰 인기를 얻었던 SBS의 〈모래시계〉는
1980년대 정치사회의 현실을 보여주었고, 하반기 SBS 〈코리아게이트〉
와 MBC 〈제4공화국〉은 이 인기를 이어갔다. 2000년대 SBS 〈야인시
대〉, 2010년대 KBS2 〈프레지던트〉, 현재 JTBC의 〈보좌관-세상을 움
직이는 사람들〉(이하 〈보좌관〉)까지 정치 드라마의 역사는 끝나지 않고
계속되고 있다. 1980년대 정치 억압기를 지나 정치적 이완기와 변혁기
에 들어선 지금에도 정치 드라마에 대한 우리 사회의 수요와 요구는 여
전히 높다.

2009년부터 본격적으로 현대 정치인을 주인공으로 한 영화와 드라
마가 연이어 등장했다. 대통령과 같이 많이 노출되던 인물에 대한 드라
마가 아닌 정치의 본산이자 민의의 전당인 국회를 배경으로 한 KBS2
〈어셈블리〉를 시작으로 보좌관의 입장에서 바라본 국회의 이야기를 담
은 JTBC 〈보좌관〉, 폭탄 테러로 대통령을 잃은 대한민국에서 환경부
장관이 대통령 권한대행을 하며 진행되는 tvN 〈60일, 지정생존자〉 등
치열한 정치 현장을 재현하거나 현대의 의회정치를 허구화된 시각으로
재현한 정치 드라마가 생겨나는 추세다. 최근 임시국회가 열렸지만 파
행이 계속되고 있는 상황과 2020년 4월 21대 총선을 앞두고 있어 JTBC
〈보좌관〉과 tvN 〈60일, 지정생존자〉는 시청자들이 더 관심을 갖고 몰
입해 시청할 수 있었다.

그중 정치 드라마의 새로운 지평을 열었다고 평가되는 〈보좌관〉은
지금까지 정치 드라마의 공통적인 틀에서 벗어나 얼마나 새로웠는지 살
펴보려 한다.

본론

1) 숨어 있는 조연들의 스포트라이트

정치인이라고 하면 '국회의원'과 '대통령'이 바로 떠오른다. 하지만 대중에게 스포트라이트를 받는 국회의원과 대통령 뒤에는 숨은 노력을 하는 이들이 많다. 지금까진 국내의 정치 드라마라고 하면 스포트라이트를 받는 이들에 대한 드라마가 대부분이었다. 하지만 〈보좌관〉에선 뒤에서 노력하는 의원 보좌 직원들의 이야기가 담겨 있다. 국회의원 수의 아홉 배에 달하는 2700명의 보좌 직원들이 법 조항 한 줄을 더 쓰기 위해 수천 통의 전화와 이메일을 주고받고, 수백 명의 관계자와 입에서 단내가 날 정도로 릴레이로 회의하는 등 의원 보좌직에 대한 이야기는 일반인들이 가진 미지의 영역에 대한 호기심을 자극하기에 충분했다.

　또한 보좌관의 직업적 역할을 드라마 갈등 상황 속에 잘 녹아내며 호기심에 대한 해답을 주었다. 〈보좌관〉에 등장하는 장태준(이정재 분)은 송희섭(김갑수 분) 의원의 보좌관이다. 실제 보좌관의 업무인 국정감사, 공청회, 지역구의 공약 개발, 지역구 활동 및 행사 참석 준비 등을 수행하는 과정을 보여주었다. 조갑영(김홍파 분) 의원과의 갈등, 강선영(신민아 분) 의원과의 갈등을 통해 시청자들은 보좌관이라는 직업이 어떤 일을 하는지 알 수 있게 되었다. 또한 보좌관들의 직업적 현실에 대해서 사실적으로 보여주었다. 국정감사를 준비하는 과정에서 6급 비서 윤혜원(이엘리야 분)이 코피를 쏟은 장면, 의원들이 스포트라이트를 받을 때 컴컴한 무대 뒤에서 의원의 뒷모습을 바라보는 장면, 강선영 의원실 수석 보좌관인 고석만(임원희 분)이 낙선하고 의원실로 되돌아왔다는 설정은 실제 많은 보좌관이 공감했다.

　'보좌관'이라는 직업에 대해 새롭게 알 수 있었지만 너무 이상적으로 그려진 부분이 존재한다. 극 중 장태준 보좌관은 4선인 조갑영 의원에게 직접 당당하게 대면하며 협박을 하는 장면이 다수 나온다. "다시 한번 심사숙고하시죠, 의원님의 안위가 걱정되어 드리는 말씀입니다. 이번엔 제가 기회를 드리는 겁니다." 이 대사를 보면 이야기를 한다기보다는 협박을 하는 듯한 느낌을 준다. 하지만 현실에서는 거의 있을 수 없는 일이다. 의원이 결심해서 상대 의원의 부정에 대한 자료를 모아 오라고는 할 수 있겠지만 아무리 유능한 보좌관일지라도 보좌관이 일을 꾸미고 직접 국회의원을 상대하는 것은 비현실적이다. 또한 〈보좌관〉 속의 보좌관들을 굉장히 유능하게 표현했다. 인턴인 한도경(김동준 분)의 경우 면접 전부터 의원실에 도움이 되는 자료를 찾아 입사했고, 6급 비서로 나오는 윤혜원 또한 장태준 보좌관이 무엇을 지시하면 바로바로 찾는 것은 물론 추가적인 자료도 찾아내는 만능인으로 표현했다. 이러한 모습은 보좌관이라는 새로운 직업에 대한 환상을 심어줄 수 있다고 생각한다.

보좌관들의 유능함과 대조해 국회의원의 민낯을 현실적으로 보여준다. 정치인들의 언행 불일치, 지역감정 조장, 각종 비리와 특혜, 정경유착 등이 국민들의 정치 불신을 야기했다. 속보성과 동시성을 가진 미디어의 발달로 국민은 정치에 대한 정보를 쉽고 빠르게 접할 수 있게 되면서 텔레비전을 통해 제공되는 정보와 이미지 등을 바탕으로 정치인들의 정치적인 능력과 가치, 정치 현안 등을 판단하게 되었다. 드라마를 통해 기존 정치에 대해 성찰하고 반성할 기회를 제공할 수 있지만 미디어에서 다뤄지는 정치인의 모습은 정치적인 불신을 키우는 역할을 할 수도 있다. 특히 〈보좌관〉에서 국회의원들이 치국을 바로잡는 것을 중심으로 보여주기보단 자기들의 안위를 지키며 권력을 쟁취하려는 모습을 보여준다. 지역구의 공약 개발, 지역구 활동 및 행사 참석, 국정감사와 조사 모두 보좌관들이 준비하고 국회의원은 앞에 서서 그대로 이행하는 모습은 국민의 정치적인 회의감을 불러올 수 있다.

2) 그 누구도 완벽한 선인은 아니다, 그들도 사람이다

정치 드라마의 공통적인 배경은 국민의 불신을 받는 정치인들이 권력을 쟁취하기 위해 싸우는 혼탁하고 치열한 한국의 정치판이다. 〈보좌관〉 역시 음모와 암투가 판치고, 이권과 청탁이 오고 가며 배신과 보복이 난무하는 냉혹한 정치 세계를 배경으로 하지만 일반적인 정치 드라마에서 보여주는 '선'과 '악'의 완벽한 구분은 없다. '탐욕', '욕심', '욕망', 인간이라면 누구나 느낄 수 있는 감정을 사실적으로 보여주었다.

주인공 장태준이 처음 보좌관을 꿈꾸었던 이유는 '세상을 바꾸고 싶어서'였다. 그러나 점점 권력에 눈이 멀어 '배신', '협박', '회유'를 서슴지 않는 그의 모습은 여느 정치 드라마와 같이 부패한 정치권에 맞서는 청렴주의자로 묘사되는 주인공들과는 차이가 있다. 그나마 '선인(善人)' 이라고 표현되는 이성민(정진영 분) 의원과 한도경 인턴도 인간이라면 가질 수 있는 작은 욕심 때문에 문제가 되는 모습을 보여준다. 이성민 의원은 불법 선거 자금인 걸 알고 있었지만 국회의원이 되어야겠다는 욕심 때문에 눈을 감는다. 한태경 인턴 또한 도움을 주고 싶었던 마음과 인턴으로서 인정을 받고 싶은 마음에 다른 국회의원실의 떨어진 증인 채택 질의서를 숨기며 가져오는 모습을 보여준다. 선인이라고 표현한 그들조차 완벽한 선인의 모습이 아닌 인간적인 부분을 노출했다. 오히려 이러한 점이 시청자들의 공감을 불러왔을 수 있다.

인간의 기본적인 욕구와 욕망에 더해 인물들 간의 '정'을 강조하며 딱딱한 분위기의 정치 드라마를 사람 사는 이야기로 만들었다. 이성민 의원이 권력욕으로 변해가는 장태준에게 하는 대사들은 시청자에게 감동을 주기에 충분했다. 한태경 인턴이 서북시장 할머니와의 관계를 유지하는 장면에서도 인간적인 면모를 느낄 수 있었다. 비서 윤혜원 또한 과거 기자 시절 공익 제보자를 보호하지 못해 피해를 입힌 적이 있었다. 그 후 그 공익 제보자를 계속 신경 쓰는 것은 물론 그들을 위한 법률에 신경을 많이 쓰는 모습을 보여주었다.

정과 더불어 멜로 드라마적인 요소들을 추가해 정치인들에 대한 인간적인 친밀도를 높여주었다. 강선영 의원과 장태준 보좌관의 연애, 윤혜원 비서의 짝사랑 등은 드라마를 보는 시청자들의 '사랑'의 감정을 자극해 정치 드라마 속의 지루함을 깰 수 있었다.

3) '국회만을 집중해 다루다', 기존 정치 드라마와 차이

기존 정치 드라마와는 많은 차이점을 보였다. 첫째, 언론과의 대립이나 유착 관계를 많이 다루지 않는다. 대체로 언론은 정치권의 자본과 권력에 의해 휘둘리는 모습을 보여준다. 정치인은 필요에 따라 언론을 정치 선전 도구나 이미지를 관리하는 수단으로 사용하거나 신념과 사명을 가지고 언론이 정치인의 문제를 파헤치는 역할로 표현된다. 그러나 〈보좌관〉에선 언론과의 관계보다는 국회의원의 당내 입지와 보좌관들 간의 갈등에 초점을 맞춰 그들의 이야기를 전달하려 했다. 국회 내의 갈등 상황에 더 집중할 수 있었지만 정치에서 중요한 역할을 담당하는 언론을 그저 보도 매체 그 이상도 그 이하도 아니게 표현한 점은 아쉬움이 남는다. 언론이 정치인의 잘잘못을 따지는 게 아니라, 국회 내의 사람들끼리 서로의 잘못을 파헤쳐 언론에 자료를 넘기면 언론은 그 내용을 보도하는 모습은 언론이 주체성을 잃은 듯해 보였다.

둘째, 시민들을 일방적인 희생양으로 표현했다. 정치에서 가장 중요한 대상은 '시민'이다. 기존 정치 드라마에선 시민들과의 갈등 상황을 중점적으로 보여주거나 정치 활동에 적극적으로 참여하며 문제를 해결하려는 시민을 등장시켰다. 하지만 〈보좌관〉에선 시민들을 일방적인 희생양으로 표현하며 시민들의 입장을 이야기하지 않고 권력을 가진 자들의 입장에서 이야기했다. 이 드라마는 권력을 쟁취하거나 유지하기 위해 시민을 희생시키는 모습을 보여줌으로써 현 정치 상황을 비판하고 있다.

셋째, 남성 정치인들을 주로 다루던 기존 정치 드라마와 달리 권위의식을 벗어던지고 젊은 여성을 정치인으로 내세웠다. 대한당 당 대변인인 강선영은 세련된 외모와 완벽한 능력을 갖춘 여성 변호사 출신으로 당당하고 자신감 넘치는 모습 덕분에 많은 여성의 워너비다. 그녀는 바람대로 여당의 비례대표 공천을 받게 되었고, 초선 의원으로 국회에 입성하자마자 당 대변인 자리를 맡게 되었다. 또한 평소 여성들의 복지를 위해 여야 여성 의원들을 모으는 것은 물론 여성가족부의 토론회에도 참여하며 여성 복지 발전에 누구보다 신경 썼다. 80퍼센트가 남자인 보좌관의 세계에서 뚝심 하나로 6급 비서까지 올라간 윤혜원 역시 지시사항에 대해 완벽하게 일을 처리하는 만능 비서다. 젊은 여성 정치인의 리더십을 강조해 여성을 정치·사회적인 영향력을 발휘하는 인물로 표현하며 여성을 사랑과 가정에 가두지 않고 사회에 영향력을 발휘하는 인물로 표현했다.

결론

권력을 쥐기 위해 누군가를 희생시키고, 권력과 가깝다는 이유로 서로 손을 잡고, 어제의 동지가 오늘의 적이 되는 진흙탕 싸움 속에서 누구보다 치열한 삶을 사는 보좌관들의 이야기를 담은 〈보좌관〉은 정치 드라마의 새로운 지평을 열었다. 늘 조연의 자리에 머물던 보좌관이라는 직업인을 전면에 내세우며 국회의원이 아닌 보좌관의 시각에서 국회를 바라보는 것은 기존 정치 드라마의 진부함을 깨며 시청자들에게 신선함을 주었다. 보좌관의 주 업무와 그들의 역할을 알 수 있었지만 드라마 산업의 특성 때문에 주인공을 이상적으로 표현한 부분엔 아쉬움이 남는다. 또한 정치 드라마의 딱딱한 분위기에 '인간의 감정'을 더해 인간이라면 누구나 느끼는 욕심, 욕망, 정, 사랑 등의 감정을 활용하며 시청자의 공감을 불러일으켰다. '선'과 '악'을 구분 짓기보단 인간적인 면모를 보여주며 등장인물을 현실적으로 표현했다. 시간이 지날수록 권력에 눈이 멀게 된 주인공이 '인간성'마저 상실하는 부분은 안타까움을 자아냈다. 마지막으로 기존 정치 드라마와 가장 달랐던 점은 언론의 비 활용, 희생양이 된 시민, 여성 정치인의 활약이 두드러졌다는 것이다. 기존 정치 드라마와의 이러한 차이로 인해 보좌관의 시선에서 바라보는 국회 상황에 집중할 수 있었다. 하지만 정치에서 가장 중요한 언론과의 커뮤니케이션, 시민과의 소통에 대한 부분을 많이 활용하지 않았다. 국회 내의 이야기에 집중할 수 있었지만 시민과 언론에 대한 부분을 추가했더라면 시청자들이 더 공감하며 작품을 보았을 수도 있었을 거라 생각한다.

〈보좌관〉이 우리에게 전하고 싶은 메시지는 무엇일까?

국민의 시선으로 정치 상황을 보는 게 아닌 국회의원과 가장 가까운 존재인 '보좌관'이라는 직업인을 가져와 낱낱이 그들의 정치적인 민낯을 보여주려고 했다. 권력에 눈이 멀어 국민을 위한 정치가 아닌 자신의 안위와 권력을 지키기 위한 정치를 하는 국회의원들의 모습은 현실 정치와 비교해서 생각해 볼 수 있었다. 그중에서도 '욕심'과 같은 인간적인 모습을 갖고 있었지만 국민을 위한 정치를 했던 이들은 정치 세계에서 도외시되었고 결국 극단적인 선택으로 연결되었다. 이 모습은 시청자들에게 과거 몇몇 정치인들을 상기시키는 역할을 하며 정치에 대해 다시 생각할 기회를 제공했다.

'권력'에 눈이 멀어 인간성마저 잃게 된 보좌관 장태준의 모습은 인간이 가진 욕심의 끝은 어디까지인가에 대해 다시 생각하게 했고 인간이 얼마나 이기적인 존재인지 보여주는 역할을 했다. 시리즈물인 〈보좌관〉은 시즌 1의 마지막 장면에서 결국 장태준이 국회의원이 되는 장면으로 마무리 짓는다. 시즌 2가 나온 이후의 전개에 따라 다르게 생각할 수 있겠지만, 시즌 1 상황에서 마지막 장면은 현실에서 권력에 눈먼 이들을 파멸시키긴 힘들다는 걸 보여준다. 지금까지 많은 정치 드라마에서 정치인이 대외를 망각하고 맹목적으로 권력을 추구하게 되면 결국 파멸을 맞게 된다는 것을 경고하듯이 보여주었지만 〈보좌관〉에선 달랐다. 현실보다 더 현실적으로 보여주며 우리가 사는 세상의 정치엔 권선징악은 존재하기 힘들다는 메시지를 주었다. 서로가 서로를 끌어내릴 약점을 쥐고는 그 대가로 원하는 바를 제시하거나 상대가 손에 쥔 카드를 무효화하기 위해 발버둥 치는 모습은 선이 악을 벌하는 게 아닌 서로를 끌어내려야 할 경쟁 상대로 본 것이다. 2019년 11월에 시작되는 〈보좌관2〉에서도 계속 정치의 현실을 묘사할지, 권력의지가 도가 지나친 이들의 파멸을 묘사할지 정확히 알 수 없지만 현실 정치를 현직 종사자들의 입장을 통해 그려내며 새로운 시도를 한 만큼 한국 정치 드라마의 새로운 전환점이 되었으면 좋겠다.

광고를 받고 시청자를 사고파는 불편한 거래

김미라

1. 공생과 기생의 사이

신비로운 그린 색상, 비스코스 벨벳 소재의 침구에 여주인공이 앉아 있다. 또 다른 주인공의 방에는 한옥의 특성에 맞는 모던한 침구가 드라마 종영까지 꾸준히 등장한다. 시청자의 눈에 익숙한 이 침구들은 곧이어 CJ오쇼핑에서 판매된다. tvN 드라마 〈호텔 델루나〉의 주인공인 장만월(이지은 분)과 구찬성(여진구 분) 방은 고객에게 상품을 보여주는 쇼룸인 셈이다. JTBC 드라마 〈밥 잘 사주는 예쁜 누나〉, 〈SKY 캐슬〉, 〈멜로가 체질〉, tvN 드라마 〈알함브라 궁전의 추억〉에는 공통적으로 나오는 장면이 있다. 바로 등장인물이 대화를 하다 말고, 지문 행동을 하다 말고 갑자기 홍삼 농축액을 나눠 마시는 장면이다. 장르도, 내용도, 배경도 전혀 다른 드라마지만 등장인물들은 같은 브랜드의 홍삼 농축액을 먹는다. 어디 그뿐인가. 이들 집에는 특정 브랜드의 전신 안마기가 놓여 있다. 심각한 상황에 처한 등장인물은 이 안마기에서 휴식을 취한다. 어느새 홍삼 농축액과 안마기는 드라마의 한 축을 담당한다.

KBS 2TV 〈덕화티비〉와 SBS 〈집사부일체〉 같은 예능 프로그램은 더욱 노골적이다. 〈덕화티비〉는 배우 이덕화가 유튜버 같은 1인 미디어 크리에이터에 도전하며 벌어지는 에피소드를 다룬 예능 프로그램이다. 지상파 TV와 온라인 플랫폼에 동시 노출된다는 것이 이 프로그램의 특징이다. 하나의 콘텐츠만으로 다양한 플랫폼에 노출되는 것이니 광고주에게는 가성비 높은 광고 텃밭일 것이다. 또 다른 프로그램 〈집사부일체〉도 마찬가지다. 〈집사부일체〉는 물음표 가득한 청춘들과 마이웨이 사부들의 동거(同居)동락 인생 과외를 콘셉트로 하는 예능 프로그램이다. 한마디로 가수 이승기를 리더로 한 네다섯 명의 남자 연예인들이 멘토를 일일이 찾아다니며 그들의 삶의 방식을 배우는 것이다. 이들은 게스트의 일상성을 보여줘야 하는 프로그램의 특성상 화면 곳곳이 간접광고를 위한 여백으로 남아 있다. 등장인물들의 손에 잡히는 물건, 몸에 착용하는 아이템, 이동하는 장소 모두 광고주 입장에서는 광고효과를 노려볼 만한 여백이다.

아니나 다를까, 이 두 프로그램에는 공통적으로 출연자들이 특정 휴대전화를 이용하고 블루투스 이어폰 기능을 시현하는 등 상품을 구체적으로 소개하는 장면이 나왔다. 2019년 3월 방송된 〈덕화티비〉에서 배우 이덕화는 가수 딘딘의 에스코트 아래 갤럭시 S10과 블루투스 이어폰 버즈의 기능을 익힌다. 1인 미디어 크리에이터에게 최신 기기 사용법의 습득은 필수 요건이기에 이 프로그램에서는 당연하다는 듯이 이런 장면이 심심찮게 등장한다. 딘딘은 갤럭시 S10 영업 사원보다 더 자세히 배우 이덕화에게 초광각 카메라 사용법을 알려주고, 화면은 꽤 긴 시간을 할애해 블루투스 이어폰 버즈로 소리를 들으며 ASMR[1] 영상을 확인하고, 갤럭시 S10의 무선 배터리 공유 기능을 활용해 블루투스 이어폰을 충전하는 모습까지 보여준다. 심지어 블루투스 이어폰을 착용하면서 배우 이덕화는 "무선 이어폰이야? 줄도 없다"라는 멘트로 시청자가 해당 제품을 주목하게 만든다.

〈집사부일체〉에서는 코미디언 양세형이 맥락도 없이 갑자기 게스트 박진영의 말을 끊고 휴대전화를 충전하겠다고 한다. 휴대전화의 지문 인식, 광각 촬영, 무선 배터리 공유 등 새로운 기능을 시현하며 말이다. 비슷한 시기에 MBC 〈라디오스타〉에서는 게스트와 대화하는 중간에 뜬금없이 새로 출시된 휴대전화로 정보를 찾아본다. 〈라디오스타〉는 토크쇼다. 현장성으로 모든 것을 담보할 수 있는 프로그램이다. 따라서 즉석에서 게스트에게 물어보면 되는 일을 휴대전화로 확인하는 것은 누가 봐도 부자연스럽다. 이런 맥락에서 보면 프로그램을 만드는 것은 PD와 작가, 연기자 그리고 수십 명의 스태프라고 알고 있지만, 실상은 광고주가 프로그램에 깊숙이 관여해 연기자에게 옷을 입히고 미디어 내용을 구성하고 있다. 물론 이와 같은 광고 노출은 작금의 시대에는 그리 놀랍거나 특이한 상황이 아니다. 방송사의 주 수입원이 광고라는 사실을 모르는 시청자도 드물뿐더러, 방송 프로그램을 볼 때도 간접광고 고지로 인해 노출되는 제품이 광고임을 인지하고 시청하기 때문이다.

문제는 방송사와 광고주가 간접광고 장기 계약을 맺고, 프로그램 내용에 관계없이 광고를 오랜 시간 선명하게 노출시킨 탓에 시청자는 시나브로 간접광고 상황에 익숙해져 가고 점점 부조리를 인지하기 어려

---

1 Autonomous Sensory Meridian Response. 청각, 시각, 촉각 등을 이용해 뇌를 자극해서 심리적 안정을 유도하는 것. 또는 그런 방법.

위진다는 것이다. 제아무리 알고 본다고 해도 그 피로감과 불편함까지 감소되는 것은 아니다. 광고를 내보낼 때 과연 시청자를 고려하는 방송사와 광고주는 몇이나 될까. 시청자는 방송 프로그램 앞과 뒤에 붙는 광고 외에 방송 프로그램을 보는 내내 광고를 소비해야만 한다. 방송사, 광고주가 합의해서 방송 프로그램 곳곳에 배치한 광고에 시청자는 자의 반 타의 반으로 참여하게 되는 것이다. 방송사와 광고주는 공생과 기생의 어느 지점에서 서로의 이익을 위해 공조하지만 시청자는 그 어느 지점에 속하지도 못한 채 방송사와 광고주에게 팔려 간다.

2. 상품으로 존재하는 시청자

지금까지 언급한 것을 다소 과장해서 얘기하자면 드라마, 뉴스, 예능, 교양 등 시청자에게 좋은 방송을 제공하기 위해 광고가 존재하는 것이 아니라 방송국을 유지하기 위해 광고가 존재하고 광고를 위해 프로그램이 존재한다고 할 만큼 광고는 자본의 핵심이 되었다는 말로 압축할 수 있다. 즉, 광고로 대변되는 자본의 논리가 언론의 생산과정에서 관철되어 프로그램의 내용보다는 프로그램에 나오는 간접광고들이 더 중요해지는 현상이 발생하는 것이다. 광고와 방송의 권력관계에서 시청자는 일방적으로 사고 팔린다.

자본주의사회는 정치체제가 자본의 영향에 따라 형성되고, 자본의 이익을 유지·확대하기 위해 개입한다. 미디어는 그러한 자본과 권력의 영향을 받아 성격이 결정되는 것이다. 자본주의사회에서 미디어가 산업으로 존재하는 과정에서 이윤을 추구하게 되고, 사회 기득권의 이익에 부합하는 내용을 방영하게 되는데 간접광고는 이런 맥락 위에 존재한다. 이들이 손을 잡고 공략하는 대상은 단 하나 시청자다.

이런 현상의 문제점은 댈러스 스마이드(Dallas Smythe)의 수용자 상품론(1981)으로 설명할 수 있다. 스마이드는 미디어와 광고 사이에서 수용자, 즉 시청자 자체가 상품으로 생산되고 거래된다는 점을 관철하며, 시청자가 TV를 보는 행위는 여가가 아닌 노동이 된다고 주장했다. 시청자는 미디어가 만드는 프로그램 상품을 소비하고, 미디어는 이 프로그램을 보고 있는 시청자를 광고주에게 상품으로 넘긴다. 광고주는 다시 미디어가 제공한 시간에 머무르면서 시청자를 구매한다. 미디어가 콘텐츠의 순기능을 시청자에게 제공하는 것이 아니라 광고주에게 시청자를 파는 브로커 기능을 하는 것이다.

결국 시청자를 잘 팔기 위해 광고주가 원하는 특별한 시청자 집단을 고른 뒤 이들이 선호하는 코드로 프로그램을 제작하는 것으로 귀결된다. 광고는 그 시대에 유행하는 트렌드를 결정짓고, 시청자의 생활 습관을 결정지으며, 프로그램이 제공하고자 하는 메시지를 덮어버리기도 한다. 오늘날 만연한 간접광고를 보면 프로그램은 시청자를 광고로 유인하기 위해 존재하는 미끼가 되어버린 것만 같다. 방송사들은 광고주에게 방송 시간을 파는 것이 아니라 주 소비층인 시청자를 판매하면서 존재하게 되는데 시청자는 이 영향력에서 어느 정도 보호받고 있는 것일지 의문이 든다.

3. 간접광고와 시청자의 지난한 역사에서 방향성을 찾자

우리는 언제부터인가 TV 프로그램이 시작하기 전에 나오는 "이 프로그램은 간접광고를 포함하고 있습니다"라는 문구를 자주 접하고 있다. 심지어 시청 연령을 고지하거나 유사 중간 광고가 나오기 전 미디어 고지 자막이 나가는 순간에도 광고를 강제로 소비한다. '협찬'이라는 이름으로 프로그램 안에 은밀하게 배치되었던 PPL 상품들이 미디어사와 광고주의 자유로운 간접광고 계약으로 인해 전면 노출되면서 이러한 현상은 더욱 심해지고 있다. 지난 2010년 간접광고가 허용되면서 안정적인 제작 환경을 원하는 미디어사와 새로운 마케팅 수단을 원하는 광고주와의 이해관계는 이렇게 맞아떨어졌다.

이 영향으로 한국방송광고진흥공사가 조사한 바에 따르면 "2019년 8월 기준 리얼 버라이어티를 즐겨 시청하는 소비자의 46퍼센트는 예능 간접광고에 관심이 많으며 그중에서도 10대와 20대의 관심도가 가장 큰 것"으로 나타났다.[2] 방송사와 광고주는 서로 윈윈하는 관계에 효과를 누리고 있는 것이다. 방송에 나오는 간접광고를 일명 콘텐츠 커머스라고 한다. 이러한 콘텐츠 커머스가 시청자들에게 마냥 유쾌한 쇼핑 경험을 제공하는 것은 아니다. 혹자는 '피할 수 없으면 즐겨라'는 논리로 간접광고 앞에서 영리한 시청자가 되자고 주장하지만 이런 시각은 공과를 모두 시청자에게 넘기는 무책임한 태도라고 생각한다.

방송통신심의위원회의 솜방망이식 처벌도 문제가 있다. 대부분 '권고' 또는 '의견제시' 등 위반 정도가 경미할 때 내려지는 처분으로 끝난다. 방송 환경을 고려한 처분일 수도 있으나 광고에 대해 지나치게 관대한 것은 아닌지 고민해 봐야 할 문제다. 다매체·다채널 시대로 '본방 사수'라는 개념이 사라지고 있는 요즘이지만 TV의 권력은 여전히 강하다. 그 힘을 어떻게 사용할 것인가에 따라 TV의 미래는 달라질 것이다. 그

---

2   박소정, "코바코, 시청자 PPL 관심도 조사… 리얼 버라이어티 시청자 관심도 '최고'", ≪브랜드 브리프≫, 2019년 8월 13일 자.

힘을 광고주들의 영향력을 확대하는 데 사용할 것인지, 방송의 순기능을 높이는 데 주력할 것인지의 선택 향방에 따라 TV의 미래도 결정되기 때문이다. 플랫폼은 많아졌다. 시청자는 떠날 준비가 되어 있고, 채널은 언제든지 돌아간다. 공공성과 공익성, 방송의 영향력 그리고 시청자를 중심에 둔 TV 프로그램의 미래를 기대해 본다.

TV는 집 구경을 싣고

집, 로망이 아닌 현실, MBC〈구해줘! 홈즈〉

─────────────────────────────── 장영우 ─┘

〈홈즈〉야, 내 마음도 구해줄래?

지하철역에서 30분을 걸어야 도달하는 투룸 빌라. 마을버스로도 역까지 20분이나 걸리는 도시 속 오지 마을. 때 이른 더위가 찾아온 2018년 5월 어느 날. 나는 땀을 뻘뻘 흘리며 30분을 걸었다. 서울에서 가장 투룸 가격이 싼 지역이라지만 교통, 교육, 편의 시설, 안전 등을 고려했을 때 어림없었다. 내가 찾은 곳은 올해로 준공 31년을 맞은 한 다세대주택. 방 두 개, 전용면적 12평은 보증금 1000만 원에 월세 40만 원. 이 지역에서 나고 자란 뒤 공인중개사로 일한 지 10년 되었다는 김 실장님은 서울에서 방 두 개 있는 주택을 이 가격에 구하는 것은 쉽지 않다고 윽박질렀다. "보증금 1000만 원에 월세 40만 원이 여기서는 큰돈이 아니라는 거, 아실 것 아니에요?" B부동산의 사장님께서 평생 겪을 무시와

냉대를 하루 만에 겪었다. 그저 보증금 1000만 원에 월세 40만 원짜리 투룸이 있느냐고 물었을 뿐인데, 끝도 없는 충고와 훈화가 이어졌다. "역세권에서 월세 더 주고 사실지, 월세 싼 오지 마을에서 사시면서 마을버스비, 택시비 등 교통비를 더 지출하실지 택일하세요."

하지만 여기서 물러설 내가 아니었다. 서울에서 지낼 첫 번째 독립 공간을 이대로 포기할 수 없었다. 발품을 파는 수밖에 없었다. 야간 대학원 수업에 들어가기 전, 오전부터 오후까지는 그야말로 집 구하기에 매진했다. 서울 지하철 노선도를 펼쳐놓고 해당 지역의 평균 전세가부터 월세가까지 꼼꼼히 살폈다. 온라인과 스마트폰에 온갖 정보가 다 있는 세상이지만, 집을 구하는 데 여전히 발품이 필요한 것은 이사가 대단히 전문적이고 암묵적인 지식을 필요로 하는 일이기 때문이다. 하늘도 나의 간절함을 알아준 덕분일까. 집을 구한 지 두 달 만인 7월 중순 서울 마포구 성산동의 투룸을 보증금 1000만 원, 월세 45만 원에 구했다. 이마저도 행운이 따랐다. 일주일 전 한 직장인이 가계약을 했지만 그 전에 살던 집을 빼지 못해 계약이 불발된 덕분이었다.

이렇게 집을 구해본 이들이라면 알 것이다. 정해진 예산으로 살 만한 집을 찾기가 얼마나 힘든지. 그리고 얼마나 많은 발품을 팔아야 하는지. TV는 세상을 비추는 창이기에, 시대의 흐름에 따라 창밖에 비치는 풍경 또한 빠르게 변화한다. 시시각각 바뀌는 시청자의 입맛과 트렌드를 따라잡기 위해서는 항상 신경을 곤두세워야 한다. 영상 매체 중 대중과 가장 가깝게 맞닿아 있는 TV의 숙명이다. 그것을 단적으로 보여주는 프로그램이 바로 MBC 예능 프로그램 〈구해줘! 홈즈〉다.

집 찾기 로망? 현실을 풀어낸 〈홈즈〉

〈구해줘! 홈즈〉는 국내 최초 '부동산 예능'을 표방했다. 바쁜 일반인 의뢰인을 대신해 연예인들이 직접 발품을 팔며 '가성비'(가격 대비 성능의 줄임말) 높은 집을 구해주는 프로그램이다. 한마디로 방송이 공인중개사 역할을 맡은 셈이다. 〈구해줘! 홈즈〉는 예능 프로그램답게 배틀 형식으로 진행된다. 박나래, 김숙을 중심으로 여섯 명의 고정 출연자와 한두 명의 게스트가 복팀과 덕팀으로 나눠 의뢰인의 요구에 부합하는 집을 찾아 떠난다. 팀당 서너 곳의 부동산 매물을 방문, 확인한 뒤 한 집을 최종 후보로 결정하고 이후 의뢰인의 선택에 따라 우승 팀이 확정된다. 의뢰인에게는 출연료 성격의 '이사 지원금'이 지급된다.

이처럼 힘든 일이지만, 서울에 거주하는 세입자들은 평균 4년마다 이사를 한다. 모두의 관심사이자 난제가 되어버린 집 구하기를 돕는 예능이라니, 소재와 취지가 훌륭하다. 출연진이 세입자 대신 돌아다니며 집을 살피는 동안, 시청자들은 편히 누워서 집을 구경했다. 몰랐던 동네의 시세나 입지에 관한 정보도 얻고, 집 고르기에 필요한 안목까지 키워주니 일석이조다.

이제 막 서울에 상경한 새내기, 반려견과 함께 사는 신혼부부, 외국 대사관 직원 등 의뢰인이 다양한 만큼 '협소 주택', '땅콩 주택', '셰어 하우스', '퍼즐 주택' 등 볼 수 있는 집과 주거 형태 또한 다양하게 구성되었다. 소위 '보는 재미'가 있는 프로그램이다. 〈구해줘! 홈즈〉는 주로 전세와 월세를 구하는 의뢰를 중심으로 구성되는데, 이는 현대 그리고 우리나라의 주거 형태를 반영한다는 경쟁력을 갖는다.

과거에 집을 다루는 프로그램은 여럿 있었다. 2000년대 초 신동엽, 박수홍을 전면에 내세웠던 〈일요일 일요일 밤에〉의 〈신동엽 박수홍의

332

러브하우스〉가 대표적이다. MBC 〈러브하우스〉는 한국 최초로 '집'을 소재로 삼은 예능 프로그램이었다. 매회 거주하는 집의 문제로 인해 곤란에 빠진 의뢰인의 사연을 소개한 뒤, 유명 건축가들과 함께 무료로 의뢰인의 집을 리모델링하고 개조 전과 후의 달라진 집의 모습을 비교하는 장면을 선보였다.

그 뒤로도 부동산 예능이 브라운관에서 사라지지 않았다. 2015년 XTM(현 XtvN) 〈수컷의 방을 사수하라〉, 2016년 tvN 〈렛미홈〉, 2017년 JTBC 〈내 집이 나타났다〉 등의 프로그램들이 등장했다. 이 프로그램들은 대부분 〈러브하우스〉가 세운 프로그램 포맷에 의존하는 작품들이었다. 방영 당시 집과 리모델링, 이사를 주제로 시청자들의 반짝 호응을 얻어냈지만 결국에는 큰 주목을 받지 못한 채 조용히 사라졌다.

『공간의 심리학』의 저자 바바라 페어팔(Barbara Perfahl)은 "집은 나의 또 다른 인격"이라고 한 동시에 인간의 주거 욕구를 여섯 가지 영역으로 세분화했다. 안전 욕구, 휴식 욕구, 공동체 욕구, 자기표현 욕구, 환경 구성에 대한 욕구, 심미적 욕구가 그것이다.

'나에게 맞는 집 찾기'를 소재로 〈구해줘! 홈즈〉는 집에 관한 타인의 취향에 대해 직설적이기보다는 은밀하고, 세심하게 접근한다. 프로그램 방송 당일 주요 포털 사이트의 검색어에 오르내리며 화제성을 보여주는 인기는 개인 자산 수준에 맞는 좋은 부동산을 찾는 것에 대한 국민적인 관심 때문일 것이다. 그리고 그 국민적인 관심의 이면에는 여러 집을 보여주고 이를 의뢰인이 선택하는 과정에서 나타나는 타인의 취향에 대한 궁금증이 자리 잡고 있으며, 이는 프로그램의 재미와 흥미를 높이는 주요 요소로 꼽힌다.

서민적 애환을 살리는 프로그램이 되기 위해서는

〈구해줘! 홈즈〉는 어떤 취향을 가진 의뢰인이 등장할까를 기대하면서, 그 취향에 맞는 여러 가지 집들을 브라운관을 통해 구경하는 재미가 쏠쏠하다. 그리고 그 집들의 공간 속에 나의 취향들을 맞춰보기도 한다. '이곳에는 흰색 페인트가 어울리겠다'든지 '헤링본 바닥의 아파트엔 초록 식물로 포인트를 주는 것이 어떨까?' 떠올리며 나만의 취향들을 속속들이 꺼내 나열해 보는 것도 재미있다.

알랭 드 보통(Alain de Botton)은 『행복의 건축』에서 "어떤 공간과 어떤 희망이 일치했을 때, 우리는 그곳을 집이라 부른다"라고 말했다. 어떤 공간을 보며 누군가의 희망을 짐작해 볼 수 있는 시간. 그리고 나만의 취향을 조금 더 발견할 수 있다.

하지만 그저 방송을 통해 다른 사람의 집을 구경한다는 일회성 감상을 지울 수 없다. 그 이유를 '나는 왜 방송에 소개된 것처럼 좋은 집들을 찾지 못할까?'라는 물음표에서 찾을 수 있었다. 직접 살 집을 구하기 위해 백방으로 뛰어다니고, 온라인과 오프라인을 통해 정보를 수집하며 고군분투했던 경험과 비교했을 때, 출연자들이 원하는 지역의 매물이 기다렸다는 듯이 등장한다는 느낌을 받았다. 사실 시청자 입장에선 실질적인 정보를 얻기 부족했다. 교통이 좋으면 그만, 가성비가 좋으면 그만, 인테리어가 좋으면 그만. 현실적으로 집을 구할 때 챙겨야 할 요소들은 수십 가지가 족히 넘는다. 비단 재테크가 목적이 아니더라도 교육, 편의 시설, 이웃, 생태, 안전, 인테리어, 유지비, 주차, 풍수 등 고려해야 할 요소가 한둘이 아니다. 특히 은행 대출까지 긴 전 재산이 오가는 데다 결정 후 최소 2년간은 되돌리기 어렵다.

첫 번째로 입지 정보가 명확히 드러나야 한다. JTBC 〈한끼줍쇼〉나

KBS1 〈김영철의 동네 한 바퀴〉만큼 디테일한 동네 소개는 아니더라도 주거지역의 생활권에 대한 최소한의 정보가 제공되어야 한다. 두 번째로 정부의 전세 자금 대출이나 청약, 거주 중인 지방자치단체의 지원책, 혹은 임대차계약 과정에서 피해를 보지 않는 요령 등 부동산에 관한 재정이나 법률을 다루는 전문적인 지식이 가미되어야 한다. 마지막으로 방송의 영향력을 공익적인 가치에 쓰길 기대한다. 매회 의뢰인을 선정할 때, 도움이 필요한 대상인지 선별하는 작업이 필요하다.

MBC 〈구해줘! 홈즈〉의 이윤화 PD는 2019년 4월 ≪중앙일보≫와의 인터뷰에서 프로그램의 기획 의도에 대해 "바쁜 업무 속에서 월세를 알아보느라 고생했던 자신의 경험담에서 프로그램을 착안했다"라고 밝혔다. 그는 "지극히 현실적인 집 찾기 과정에 시청자들이 관심을 가질까 반신반의했는데 다행히 반응이 좋은 편"이라며 "부동산 문제 때문에 힘들어하는 사람들에게 정보와 함께 대리 만족을 주기 때문인 것 같다"라고 말했다.

최근 시청자들 사이에서 인기를 끌고 있는 SBS 〈백종원의 골목식당〉과 MBC 〈전지적 참견시점〉은 서민의 일상을 관찰하는 새로운 방식을 확립했다. 〈백종원의 골목식당〉은 자영업자들의 모습과 외식 사업 코칭을 제공하고 있으며, 〈전지적 참견시점〉 역시 매니저의 일상에 초점을 맞춰 예능적인 요소와 함께 사회생활의 애환을 보여주었다.

기실 〈구해줘! 홈즈〉가 나아가야 할 방향은 과거의 〈러브하우스〉가 아니라 〈백종원의 골목식당〉이 아닐까. 대한민국 경제의 양대 문제 중 하나로 손꼽히는 부동산에 대해, 방송이 미치는 파급효과를 고려해야만 순기능을 발휘할 수 있다. 집은 사람의 기본 생활 요소인 의식주 중 가장 큰 부분을 차지한다. 그만큼 돈도, 시간도, 노력도 많이 들 수밖에 없다. 따라서 현실적으로 시청자들이 마음속에 품고 있는 걱정을 시원하게 짚어주며 함께 해결해 나간다면 사회적인 의의를 가지는 동시에 웃음까지도 잡을 수 있다.

어떤 공간을 보며 누군가의 희망을 짐작해 볼 수 있는 시간. 그리고 나만의 취향을 조금 더 발견할 수 있는 시간. 매주 일요일 밤, 〈구해줘! 홈즈〉가 더욱 기다려지는 이유다.

거짓말, 모두의 판타지

KBS 〈땐뽀걸즈〉, 모두의 거짓말에는 이유가 있었다

윤지숙

KBS 드라마 〈땐뽀걸즈〉에는 크고 작은 거짓말이 난무한다. 대학 입시라는 목표를 갖고 자소서에 넣을 감동 실화를 만들어내기 위해 친구들을 거짓말로 꼬드겨 땐뽀반을 시작하고, 아빠 죽음의 내막을 알면서도 모르는 척하고, 친구들에게 가정 형편을 숨기는 시은. 아르바이트를 구하러 간다 말하고 댄스 스포츠를 연습하러 가는 영지. 무용을 하고 싶지만 현실적인 걱정들 때문에 다른 과 진학을 염두에 두고 있다는 말을 차마 하지 못하는 승찬. 이들이 이런 크고 작은 거짓말을 할 수밖에 없는 이유들을 〈땐뽀걸즈〉에서는 적나라하게, 그렇지만 너무나도 맑게 이야기하고 있다.

기존의 청소년들을 주제로 한 하이틴 드라마는 학교에서 큰 사건이 터지고, 그 범인을 찾고, 그 과정에서 아이들의 성장을 보여주거나 혹은 현실감 없는 소재들로 현실과 드라마를 아예 분리해 보여주기도 했다. 〈땐뽀걸즈〉는 저마다의 사정이, 거짓말이 지극히 현실적이다. 경제적 여유가 부족해 대학 진학보다는 바로 취업을 준비해야 하고, 더 이상의 실패가 두려워서 하고 싶은 일을 포기해야 한다. 아이들의 고민이 우리의 고민이기도 했고 어른들의 이유가 앞으로 우리의 이유가 될 수도 있다고 말한다.

드라마 〈땐뽀걸즈〉는 동명의 다큐멘터리 영화 〈땐뽀걸즈〉를 바탕으로 하고 있어 '댄스 스포츠 동아리를 통해 아이들이 성장해 나가는 과정을 보여준다'는 맥락은 비슷하지만 가상의 인물을 설정해 각 인물의 감정 변화에 대해 더욱 깊이 있고 섬세하게 다루고 있다. 특히 시은은 내레이션을 통해 감정의 변화를 서사적으로 시청자들에게 드러냄으로써 각 인물들이 어떻게 변화해 가는지를 보여준다. 그렇기 때문에 필자는 영화와 드라마에서 강조하고 있는 땐뽀반을 통한 규호 쌤과 아이들 간의 관계보다는 인물 개개인의 상황에 초점을 맞춰 분석했다.

모두의 거짓말

시은은 어렸을 때부터 어른들의 거짓말에 속아 넘어가 주었기에 거지 같은 진실보다 그럴듯한 거짓이 더 낫다는 사실을 너무 일찍 알아버렸다. "네 말에는 거짓뿐이라 이제는 너를 믿지 못하겠다"라는 승찬의 말에도 시은은 계속 거짓말을 하고 남에게 자기 모습, 속마음을 들키지 않으려 한다.

어떤 사람은 이익을 위해 거짓말을 하고, 어떤 사람은 본인을 드러내고 싶지 않아 숨기고 싶은 진실을 감추기 위해 거짓말을 하고, 어떤 사람은 상대방에게 상처를 주지 않기 위해 하얀 거짓말을 한다. 시은 아

338

빠의 죽음을 사측이 아닌 개인의 문제로 몰아가기 위해 우울증에 의한 자살이라 주장하는 조선소, 억울한 죽음을 밝히기 위해 끝까지 싸우지만 결국 현실적인 문제에 부딪혀 거짓으로 죽음을 인정하는 시은의 엄마, 모든 상황을 알지만 승찬이 상처받을까 사실을 말하지 못하고 네가 싫다고 거짓말하는 시은. 시은의 엄마는 시은 아빠의 죽음이 노사 간의 이해관계가 얽혀 있어 사인의 근본적인 원인이 왜곡되었음을 시은에게 알리고 싶지 않았다. 하지만 시은의 대학 진학을 위한 비용 마련을 위해 법정에서 거짓을 말할 수밖에 없었다. 이 모두에게 이유가 있음을 〈땐뽀걸즈〉는 말한다. 하지만 사실을 몇 번이고 체크하고 보도해야 하지만 그렇지 않았던 언론의 뉴스 보도로 인해 아빠의 죽음에 대한 여러 오해들을 알아버린 시은을 통해, 소수의 이익을 위한 거짓이 얼마나 자극적이게 만들어지고 수많은 이해관계가 얽혀 있는지 보여줌으로써 모든 이유가 그럴 만했다고 정당화하지는 않았다.

혜진은 본인을 지키기 위해 거짓말을 하고 자신을 숨겼다. 아르바이트를 하던 도중 오토바이 사고로 다리를 다친 혜진은 결국 동아리 경진 대회에 나가지 못하게 되었다. 시은은 혜진이 친구들과 방탕하게 술을 마시며 놀다가 다친 걸로 오해한다. 하지만 혜진은 그 오해를 적극적으로 풀려고 하지 않는다. 대회 결과가 궁금했지만 친구들에게는 "결과야 뻔하지 뭐"라며 강한 척을 한다.

어렸을 때부터 조숙했다는 이유로 또래들로부터 성희롱, 성추행을 당해왔던 혜진은 폭력을 행사함으로써 자신을 지켰다. 어른들은 아이가 괴물이 되어버린 이유를 외면하고 혜진을 보이는 대로만 판단했다. 자칫하면 혜진의 이야기는 학교 폭력 미화로 비칠 수도 있었다. 하지만 〈땐뽀걸즈〉는 혜진이 괴물로 변할 수밖에 없었던 이유를 어른들의 무관심과 낙인이라 꼬집으며 학교 폭력 가해자의 폭력 행사 이유를 단지 불행한 과거에 대한 동정으로 정당화하지 않으려고 노력했다. 또한 혜진이 규호 쌤을 만나 댄스 스포츠를 하며 현실에 대한 막막함을 기존과는 다른 방식으로 해소하고, 자신의 변화를 기대하고 기다려주는 어른이 있다는 사실을 혜진이 느끼게 함으로써 변화에 대한 가능성을 열어두었다.

하지만 혜진이 180도 변화하는 드라마틱한 설정을 하지 않았다는 점에서 〈땐뽀걸즈〉는 혜진의 어린 시절 불행을 가볍게 치부하지 않았고 혜진이라는 인물이 겪고 있는 상황에 더욱 무게를 두었다. 다만 감독은 여기서 혜진이 변화할 여지가 있다는 사실을 나타내는 장치를 설정해 놓았다. 규호 쌤에게 마지막 인사를 하러 가서 "이제 번호도 바꿀 테니 더 이상 나를 찾지 말라, 나에게 기회를 주지 않으셔도 된다" 하고 나온다. 그때 규호 쌤은 자신의 번호를 외치면서 "선생님은 번호 절대 안 바꿀 테니 연락하라"라고 한다. 졸업 후 혜진은 또 유흥가를 거닐며 방황하지만 버스 창문에 규호 쌤의 번호를 적고 쳐다본다. 시청자들로 하여금 혜진이 규호 쌤에게 연락해 다시 변화를 기대해 볼 것을 짐작할 수 있게 하고 안도하게 만든 것이다.

우리는 자주 '솔직함이 무기'라며 서로에게 솔직함을 강요하고 사실만을 말하기를 원한다. '솔직함'이 정말 '무기'가 될 수 있다는 사실을 간과한 채 말이다. 평소에는 나영의 천진한 모습을 받아주며 관계를 잘 유지하려고 노력했던 예지는 어느 날 나영에게 상처 주는 말을 하며 "사실대로 얘기한 것뿐인데 어떻게 하냐"라며 "언제까지 공주로 살게 할 수는 없다"라고 말한다. 혜진의 할머니는 항상 "엄마가 널 지우려고 했다"라고 말하니 혜진은 그 말 때문에 항상 더 힘들었다며 할머니가 말하는 진실을 원망하기도 했다. 또 모두가 승찬에게 끝까지 시은의 아빠의 죽음에 승찬의 아빠가 관련이 있다는 것을 암묵적으로 숨긴다. 〈땐뽀걸

340

즈)의 등장인물들은 거짓말쟁이투성이지만 솔직함이 누군가에게는 씻을 수 없는 상처가 될 수 있기 때문에 거짓을 말할 수밖에 없는 현실을 보여주기도 했다.

행복이 뭔데?

실제와 이상의 자기 불일치는 긍정적 결과가 부재한 상황을 표상하고 우울, 실망감, 수치심 등의 정서를 일으킨다고 한다. 자신에 대한 이상적인 기대가 높은 사람은 자기 기준에 부합하지 못한 일들에 대해 쉽게 좌절하고 우울해진다는 것이다.

    드라마 초반부에 시은의 실제와 영화감독이라는 이상은 음지고 지옥이라고 생각하는 거제에서 절대 일치할 수가 없었다. 그래서 시은은 주변인들에게 현재의 상황이 행복한지, 꿈을 이루면 행복해질 수 있는지 끊임없이 묻는다. 땐뽀반 친구들에게도 너희 꿈은 뭐냐고 묻지만 자신의 꿈은 대답하지 않은 채, 자기들의 미래가 이 거제에서 그렇게 희망적일 리가 없는데 그 사실을 모른다고 우울해할 뿐이다. 그래도 시은은 언젠가 꿈을 이룰 수 있고 그 꿈을 이루면 행복해질 거라고 믿고 싶었다. 그래서 첫사랑 태선에게도 영화감독이라는 꿈을 이루었으니 행복하냐고 묻는다. 그의 대답은 당연히 "예스"였지만 그 대답은 이상과 꿈을 좇는 시은에게 실망을 안겨주지 않기 위한 거짓말이었다.

    시은에게 거제라는 실제와 영화감독이라는 이상의 불일치는 이제, 꿈을 이뤄도 행복하지 않을 수도 있다는 실제와 행복하기만 할 것 같던 영화감독이라는 이상의 불일치로 확장되어 갔다. 심지어 영화감독이라는 꿈을 이루고 싶은 이유조차 잊고 있었다.

〈땐뽀걸즈〉는 아이들이 계속해서 꿈을 통해 행복을 좇는 과정을 마치 우리의 이야기인 양 보여준다. 일상 속의 행복은 있었지만 그 사실을 알아가는 과정은 절대 쉽지 않았다. 우리는 '소확행'[1]이 우리를 행복하게 만들어주는 것을 알지만 그보다 더 큰 성공과 만족을 통해 행복을 얻으려 한다.

'꿈 = 직업, 직업 = 성공, 성공 = 행복'의 프레임은 우리를 더욱더 행복과 멀어지게 만든다. "밥 먹을 때, 춤출 때, 강아지 볼 때가 제일 행복하다"라는 나영의 말에 예지와 시은은 그건 행복이 아니라 즐거움이라고 단정 짓는다. 그다음 나영의 대사가 시은과 예지뿐만 아니라 우리에게까지 머리를 한 대 맞은 듯한 기분을 들게 한다. "그런 게 행복이지, 그럼 행복이 뭔데?"

이상은 저기 높은 곳에 있는데 현실은 너무 낮아 행복을 몰랐다는 시은은 이제 대단한 걸 이루는 게 행복이 아니라는 사실을 알게 된다. 그러면서 시은은 이제 거짓말을 하지 않는다. 자신을 감추지 않는다. "왜 영화감독이 되고 싶냐"라는 물음에 "진짜 같은 가짜를 만들고 싶어서요, 영화는 가짜잖아요. 저는 사람들이 현실을 잊기 위해서 영화를 본다고 생각하거든요. 영화를 만드는 작업이 환상을 파는 일이라고 생각하는데, 그 환상이 사탕발림에 불과하다 해도 저는 그걸 보는 사람들이 그 순간만큼이라도 행복을 느끼면 그 영화만큼 진실한 건 없다고 생각하거든요". 이제 시은은 사람들에게 거짓말을 하기보다는 현실을 충실하게 살아가면서 거짓으로 도피할 매개를 만들어주는 역할을 하기로 한 것이다.

---

1 '소소하고 확실한 행복'의 줄임말로, 작지만 확실하고 실현 가능한 일들을 통한 행복을 말한다.

〈땐뽀걸즈〉는 우리가 그동안 얼마나 많은 거짓말에 스스로를 도피시켰는지에 대해 생각하게 만든다. 거짓으로의 도피가 진실을 왜곡하고 행복으로부터 멀어지게 하니 당장 벗어나라고 말하고 있지는 않다. 다만 그 도피가 문제의 표면만을 매끄럽게 할 뿐 해답은 아님을 강조한다. 〈땐뽀걸즈〉에서의 거짓말은 행복해지는 법을 모르는 이들 각자의 판타지였던 것이다. 저마다의 판타지는 존재해야 하지만 그것이 도망치거나 숨는 것이어서는 안 된다.

화려한 궁전? 흔해빠진 궁전!

tvN 드라마 〈알함브라 궁전의 추억〉에 관한 고찰

황규정

1. 판타지 드라마의 계보를 잇다

tvN 드라마 〈도깨비〉가 대성공을 거두자 판타지 드라마들이 쏟아져 나오기 시작했다. 로맨스 장르가 중심이던 한국 드라마 시장에 이례적인 일이다. 한국 미디어 시장에선 〈7광구〉, 〈디 워〉 등이 티 나는 CG 처리, 개연성 없는 내용 등으로 혹평 세례를 받은 전례가 있어 판타지 장르에 도전하는 것은 여간 어려운 일이 아니었다. 하지만 〈도깨비〉의 성공으로 달라졌다. 발전한 화면 처리, 감성적이고 매력적인 등장인물은 시청자들을 매료시키기 충분했다. 이런 미디어 시장의 발전에 힘입어 가상현실 게임이라는 신선한 소재를 가지고 힘차게 출발한 드라마가 있었다. 스페인의 작은 마을 그라나다를 배경으로 한 드라마 〈알함브라 궁전의 추억〉이었다. '알람브라궁전(알함브라 궁전)'은 그라나다에 있는 실제 역사 유적이다. 캐나다 퀘벡을 배경으로 하는 〈도깨비〉와 유사하다. 하지만 〈알함브라 궁전의 추억〉은 역사 유적지와 트레몰로 기법으로 유명한 기타 곡 「알함브라 궁전의 추억」을 엮어 보다 더 세밀한 설정을 가지고 있다. 신선한 설정, 유명한 배우 섭외, 거금의 제작비 등으로 사람들의 기대가 치솟았다. 드라마는 7.5퍼센트 시청률로 시작해 최고 시청률 10퍼센트를 기록했다. 주말 드라마 인기 시간대에 경쟁이 매우 심했음에도 준수한 성적이다. 하지만 성적과는 별개로 이 드라마는 트렌드를 따라가려다가 이도 저도 되지 못한 최악의 드라마다. 실제로 이 드라마 이후에 tvN 드라마는 전작들처럼 초대박을 치는 모습을 보여주지 못하고 하락세를 타고 있다. 하지만 단순히 드라마의 문제뿐만이 아니다. 사회적으로도 '게임'에 대해 부정적인 인식을 심어주는 데 일조했고 여전히 수동적인 여성상을 벗어나지 못했기 때문이다.

2. 부족한 개연성과 현실성

그렇다면 어떤 점에서 〈알함브라 궁전의 추억〉이 실패했을까? 첫 번째 문제는 드라마의 부실한 개연성과 설정에 있다. 〈알함브라 궁전의 추억〉은 주인공 유진우(현빈 분)가 학생 개발자 정세주(찬열 분)가 만든 증강현실(Augmented Reality) 게임에 접속하면서 시작된다. 게임은 스마트 렌즈를 끼고 로그인을 하면 시작되며 일정한 장소에 가서 무기를 받고 다양한 NPC(Non-Player Character)들과 싸우며 퀘스트를 깨고 레벨업을 하는 형식이다. 참신한 소재에다가 화려한 CG와 액션 신은 시청자들의 눈을 즐겁게 한다. 유진우는 이 게임의 특허를 사기 위해 정세주의 누나인 정희주(박신혜 분)를 찾아가 거금을 주며 계약을 한다. 하지만 어느 날 게임에 접속한 자신의 라이벌 차형석(박훈 분)과 PvP(Player vs Player) 대전을 하다가 차형석이 실제로 죽게 된다. 죽은 차형석은 비와 「알함브라 궁전의 추억」 노래와 함께 유진우를 찾아와 칼을 들이밀며 목숨을 위협한다. 그런데 이 현상이 스마트 렌즈를 끼지 않아도 계속 일어난다는 것이 문제였다. 차형석과 유진우의 대화 중 유진우가 "스마트 렌즈 제작의 특허는 우리 회사가 가지고 있기 때문에 어차피 너희 회사는 이 게임을 가질 수 없다"라고 실랑이를 벌이는 장면이 나오는데 스마트 렌즈를 끼지도 않았는데 반복되는 이 현상은 설명할 수가 없다. 또 스마트 렌즈 없이는 플레이할 수 없다면 가난한 개발자 마르꼬 한(이재욱 분)과 정세주는 어떻게 이 게임을 만들었는지도 의문이다. 그뿐만이 아니다. 다리를 절던 유진우가 갑자기 게임이 시작되면 다리가 멀쩡해지고, 게임 시스템인 엠마(박신혜 분, 1인 2역)가 유진우를 버그라고 정의해 제거하고 게임 전체를 리셋하려고 하는데 유진우가 죽지 않았는데 리셋이 시작되는 등 말이 되지 않는 부분이 매우 많았다. 그런데 작가는 이것을 '버그'라고 모두 묶어버린다. 다른 설명은 없었다. 그저 프로그램의 오류라고 하면 모든 것이 해결되었다.

마지막 화도 마찬가지였다. 죽은 줄 알았던 유진우는 인스턴스 던전에 몸을 숨긴 것이었고, 정식 출시된 게임을 플레이하던 초보 유저들이 NPC들에게 공격을 당하자 그들을 총으로 도와준 뒤 열린 결말로 끝난다. 그렇다면 왜 리셋이 되는 과정에서 인스턴스 던전은 남아 있으며, 마스터 권한을 가졌던 회사는 왜 유진우를 구하지 못하고 1년을 보냈는지 등 의문을 하나도 해결해 주지 못하고 끝이 나버렸다. 차라리 유진우가 죽었다면 깔끔했을 것인데 어정쩡하게 열린 해피 엔딩을 만들려다가 아무것도 안 된 셈이다. 드라마가 끝났을 때 시청자 게시판이 불만으로 폭주하는 것은 당연했다. 집필 작가는 원래 이 드라마를 타임 슬립물로 쓰려 했으나 포켓몬 GO를 접하고 증강현실 게임으로 소재를 전환했다고 인터뷰에서 언급했다. 급하게 변경한 소재인 만큼 충분한 사전 조사와 게임이라는 것에 대한 전반적인 이해도가 필요한데 작가가 그 분야에 문외한이라는 것이 적나라하게 드러나는 부분이다.

처음엔 보기 좋았던 CG와 액션 신도 매 화 연속으로 반복되니 지루함이 되었다. 또 이야기를 전개하기도 부족한 시간에 시청률을 위한 로맨스 요소를 억지로 끼워 넣어 연관 없는 장면을 연출했다. 쓸데없는 로맨스는 장르에 온전한 집중을 방해한다. 오히려 복잡한 인간관계를 가진 유진우가 다시 관계를 회복하는 과정을 그려 성장하는 모습을 보여주었다면 깔끔했을 것이다. 부족한 개연성, 설명할 수 없는 현실과 동떨어진 설정, 매번 반복되는 장면, 억지스러운 로맨스는 〈알함브라 궁전의 추억〉이 드라마적으로 완벽하게 실패했다고 평가하기 충분하다.

3. 플레이어를 죽이는 죽음의 게임?

드라마 속에서 유진우는 지인들에게 미친 사람 취급을 받는다. 게임의 버그 때문에 고통받는 그의 말은 아무도 들어주려 하지 않고 아무것도 없는 허공에 칼을 휘두르고 숨으려고 하는 그의 행동을 지적한다. 결국 유진우는 회사의 사장직도 빼앗기고 병원 신세를 지게 된다. 하지만 이 드라마는 유진우의 행동을 과격하게 묘사한다. 아무리 버그를 고치기 위해서라지만 그는 본인 일을 다 제치고 레벨 업에만 열중한다. 사장이 공석이니 회사가 정상적으로 운영될 수가 없다. 인간관계도 마찬가지다. 주위 사람들에게 신경질적이고 관심도 없다. 심지어 사랑하는 사람이라는 정희주도 게임할 때는 개의치 않는다. 그 덕에 정희주는 항상 기다리기만 한다.

　이러한 유진우의 행동은 마치 게임 폐인을 연상시킨다. 정당한 이유가 있음에도 불구하고 과한 연출은 사람들이 게임에 대한 부정적인 인식을 가질 수 있게 한다. 게임에 대한 전반적인 설정도 그렇다. 이 게임은 게임 안에서 죽으면 실제로 죽는다. 버그투성이고 플레이어는 물론 개발자까지 죽게 만드는 죽음의 게임은, 게임을 불안하고 부정적으로 보이게 하기 충분했다. 우리나라는 전체 산업에서 10퍼센트를 차지할 정도로 게임 산업 강대국임에도 불구하고 게임에 대한 인식이 최악이다. 2019년 5월에 MBC 〈100분 토론〉에서 게임을 질병으로 분류할 것인가에 대한 찬반 토론을 진행한 적이 있는데 찬성편에서는 '군인이 총을 쏘는 것에 익숙해지는 것처럼 게임을 하면 사람을 죽이는 것에 익숙해진다'는 얼토당토않은 주장을 했다. 이 토론을 보면 게임은 범죄를 유발하며 게이머는 예비 범죄자로 보고 있다는 것을 알 수 있다. 학부모와 40대 이상 층의 부정적인 인식이 매우 강하기 때문이다. 다른 사정이 있는 사람을 게임 플레이 자체를 문제의 원인으로 삼아 미친 사람으로 취급하는 〈알함브라 궁전의 추억〉은 게임의 부정적 이미지를 견고하게 하는 데 일조했다.

4. 울고, 달리고, 우는 여자

억지로 끼워 맞춘 로맨스에서 발전된 남녀 관계를 기대하기는 어렵다. 이 드라마는 과거 드라마에서 흔하게 볼 수 있는 신데렐라 스토리를 그대로 모티브했다. 남자 주인공 유진우는 제이원홀딩스라는 국내 최대 게임 회사의 CEO다. 그는 이혼을 두 번 했다는 것 말고는 흠잡을 것이 없다. 엘리트 코스를 밟은 완벽하고 잘생기기도 한 그는 인기가 많지 않을 수가 없다. 반대로 여자 주인공 정희주는 어렸을 때 음악 재능을 키워야 한다는 아버지의 주장에 있는 돈 없는 돈 다 털어 스페인 그라나다로 이사를 갔다. 그러나 갑작스러운 사고로 부모님이 돌아가시고 졸지에 할머니와 두 동생을 책임져야 하는 신세가 되었다. 당연히 음악은 그만둘 수밖에 없었고 작고 허름한 한인 호스텔을 운영하며 간신히 생계를 유지하고 있었다. 유진우를 만나기 전까지는 말이다. 부자 남자와 가난한 여자가 만나 여자가 생활고에서 벗어나는 일명 '신데렐라 스토리'는 남녀를 수직적 관계에 놓을 수밖에 없다. 극 중에서도 정희주는 유진우가 계약을 파기할까 봐 매번 조마조마한 모습을 보이고 그의 심기를 건드리지 않으려 노력하는 장면이 많이 연출된다. 심지어 정희주는 유진우의 전 부인을 간호하기도 한다.

　이야기가 전개되면서 이런 수직적 관계는 더욱 견고해진다. 유진우는 버그를 고치러 스페인과 한국을 왕래하며 정희주가 보고 싶을 때만 갑자기 찾아온다. 떠날 때는 인사 없이 홀연히 사라진다. 게임을 할 때도 그저 믿어달라는 말만을 남긴 채 홀로 던전 안으로 들어가 며칠씩 연락이 두절되고 버그에 대한 실마리를 찾으면 그녀를 볼 생각도 없이 회사로 달려가 버린다. 반면 정희주는 어떤가? 그녀는 매일 유진우를 기다린다. 유진우를 좇아 울면서 달리는 장면이 매 화마다 나올 정도였다. 그리고 시간이 날 때마다 그에게 도움이 될 만한 것들을 찾아보았다. 버그를 발견하는 데 결정적인 힌트를 준 것도 정희주였다. 능동적으로 자신의 할 일을 하는 남자와 수동적으로 그에게 맞춰 기다리는 여자의 모습은 아직도 사회에 만연한 남성 우월주의가 그대로 반영되었다. 사실 이 점은 작가의 고질적인 문제이기도 하다. 전작인 〈W(더블유)〉에서도 여자 주인공이 수동적으로 우는 모습을 자주 묘사해 많은 비난을 받았다. 〈알함브라 궁전의 추억〉은 전작의 비판을 수용하지 않은 채 또다시 같은 실수를 반복했다. 여성은 주체적이고 독립적이지 못하며 남자를 뒷받침하는 역할을 한다. 또 유진우나 정희주는 드라마에서 흔히 볼 수 있던 평면적인 인물을 벗어나지 못했다. 장르물의 특성상 입체적인 인물이 호평을 받는 경우가 많다. 하지만 〈알함브라 궁전의 추억〉은 아침 드라마에서도 흔히 볼 수 있는 수직적 남녀관을 그대로 차용해 남성 중심의 이야기 전개 양상을 확고하게 다졌다.

5. 장르물과 사회적 문제

〈알함브라 궁전의 추억〉은 성대하게 시작했다. 미국 드라마를 보면 자주 접할 수 있는 게임이라는 소재를 우리나라에 도입한 것이 처음이기 때문에 사람들의 기대가 컸다. 이 드라마는 현실적일 수도 있고 비현실적일 수도 있다. 희망적인 것은 언젠가 우리가 플레이할 수 있을 실감 나는 증강현실 게임의 미래에 대해 환상을 보여주었다는 것이다. 가게의 화장실에서 무기를 받고 특정 브랜드 음료수를 마시면 체력이 회복되는 것은 우리의 미래 모습일지도 모른다. 앞으로 10년 안에 광화문광장에서 허공에 검을 휘두르는 척하는 사람들이 이상하지 않게 보일지 모른다는 이야기다. 그런 미래를 만들기 위해 게임 산업을 발전시켜야 하는 것이 우리의 몫이다. 그러나 〈알함브라 궁전의 추억〉은 게임의 부정적인 면모를 강조하고 게임 탓에 정신이상자 같은 행동을 하는 모습을 보여주면서 시청자들에게 불안감을 조성했다. 셧다운(shutdown)제와 게임 중독의 질병 분류로 인해 위태로운 국내 게임 산업에서 과연 제이원홀딩스와 같은 거대 규모의 게임 회사가 살아남을 수 있을까.

〈알함브라 궁전의 추억〉은 우리나라 드라마의 양상도 다시 한번 돌아보게 했다. 우리나라 드라마는 〈꽃보다 남자〉로 대표되는, 뻔한 신데렐라 스토리도 초특급 흥행 배우를 넣으면 곧잘 뜨고는 했다. 로맨스가 주를 이루는 드라마 시장에서 장르물도 로맨스를 빼는 것은 쉽지 않다. 하지만 작가가 스토리에 애정을 가지고 모든 것을 풀어가고자 했다면 결단력 있게 로맨스를 제거하는 것이 좋았을 것 같아 아쉬움이 남는다. 요즘은 여성 인권 신장이 이슈가 되었기 때문에 시청자들은 그에 따라 여성 스스로가 주체가 되어 능동적으로 행동해서 사건을 해결하는 입체적인 인물을 보고 싶어 한다. 하지만 〈알함브라 궁전의 추억〉은 시청자들의 욕구를 채워주지 못했다. 매일 울고 그를 위해 뛰는 정희주를 보며 시청자들은 답답함과 함께 마음 한구석에서 왠지 모를 불편함을 느꼈을 것이다.

매일 새로운 콘텐츠가 쏟아지는 미디어 시장이다. 이 홍수 속에서 살아남으려면 자극적이거나 검증된 안정성이 추구되는 것이 현실이다. 〈알함브라 궁전의 추억〉은 게임이라는 자극적인 소재와 신데렐라 스토리라는 안정성을 둘 다 잡으려다 둘 다 놓쳐버린 드라마가 되었다. 특이한 소재가 없어도, 거물급 배우가 없어도 〈SKY 캐슬〉처럼 진정성 있는 스토리만 있다면 그 진심은 시청자에게도 통하는 법이다.

저기요, 그렇게 아름답지 않아요
2019 좋은 방송을 위한 시민의 비평상 수상집

ⓒ 방송문화진흥회, 2019

엮은이 **방송문화진흥회**
펴낸이 **김종수**
펴낸곳 **한울엠플러스(주)**
편집책임 **최진희**
편집 **조일현**

초판 1쇄 인쇄 **2019년 12월 3일**
초판 1쇄 발행 **2019년 12월 12일**

주소 **10881 경기도 파주시 광인사길 153 한울시소빌딩 3층**
전화 **031-955-0655**
팩스 **031-955-0656**
홈페이지 **www.hanulmplus.kr**
등록번호 **제406-2015-000143호**

Printed in Korea.
ISBN 978-89-460-6841-4 03070

* 책값은 겉표지에 표시되어 있습니다.